地方财经高校新文科建设路径创新研究

——安徽财经大学"新经管"建设的探索与实践

丁忠明　周加来　经庭如等　著

中国财经出版传媒集团
中国财政经济出版社

图书在版编目（CIP）数据

地方财经高校新文科建设路径创新研究：安徽财经大学"新经管"建设的探索与实践／丁忠明等著．――北京：中国财政经济出版社，2021.12

ISBN 978-7-5223-0957-6

Ⅰ.①地… Ⅱ.①丁… Ⅲ.①高等学校-文科（教育）-课程建设-研究-安徽 Ⅳ.①G642.4

中国版本图书馆 CIP 数据核字（2021）第 238026 号

责任编辑：彭 波　　　　责任印制：史大鹏
封面设计：卜建辰　　　　责任校对：张 凡

中国财政经济出版社 出版

URL：http://www.cfeph.cn
E-mail：cfeph@cfeph.cn

（版权所有　翻印必究）

社址：北京市海淀区阜成路甲28号　邮政编码：100142
营销中心电话：010-88191522
天猫网店：中国财政经济出版社旗舰店
网址：https://zgczjjcbs.tmall.com
北京财经印刷厂印刷　各地新华书店经销
成品尺寸：170mm×240mm　16 开　19.5 印张　300 000 字
2021 年 12 月第 1 版　2021 年 12 月北京第 1 次印刷
定价：98.00 元
ISBN 978-7-5223-0957-6
（图书出现印装问题，本社负责调换，电话：010-88190548）
本社质量投诉电话：010-88190744
打击盗版举报热线：010-88191661　QQ：2242791300

本书系 2020 年国家社会科学基金课题（20BGL233）"多元制度逻辑环境下地方高校发展战略选择研究"和 2021 年教育部首批新文科研究与改革实践项目"地方财经高校新文科建设路径创新研究——基于安徽财经大学'新经管'的探索"的研究成果。

序　言

当前，世界正面临百年未有之大变局，中国正处于"两个一百年"的历史交汇期，世界和中国都在发展变化，全面实现"十四五"规划和二〇三五年远景目标，离不开高等教育主动作为和积极贡献。对于我国高等教育而言，坚持用全面、辩证、长远的眼光科学判断和准确把握"两个大局"带来的新要求、"新时代"带来的新使命、"新发展格局"带来的新挑战。超前地"识变"，才能抢抓机遇；科学地"应变"，才能应对挑战；主动地"求变"，才能与时代同行。办中国特色世界水平的高等教育，必然要全面、准确、科学地落实好"九个坚持"，立足高等教育普及化新发展阶段，贯彻新发展理念，构建新发展格局，推动实现高质量发展。就地方财经高校而言，尤为重要的是落实立德树人根本任务，扎实做好"六个下功夫"，深入推进"四个回归"，积极抢抓"新文科建设"机遇，打造高质量育人体系，全面提升财经人才培养能力和水平。

鼙鼓催征程，追梦正当时。新文科建设点多面广线长，安徽财经大学"新经管"（以下简称"安财新经管"）发展战略作为新文科教育改革的一项有益探索和尝试，是基于加快推进高等教育现代化，办好人民满意高等教育的新要求！是大数据、人工智能、云计算等新一代信息技术发展，对高等教育格局、人才需求结构和未来学习模式的新期待！是学校坚持内涵发展、错位发展、特色发展的新需要！

比认识更重要的是决心，比方法更关键的是落实。实施"安财新经管"发展战略以来，我们欣喜地看到，在当前高等教育发展的新形势下，我校"新经管"发展战略的提出恰逢其时，更是全面深入贯彻落实习近平总书记关于教育的重要论述、全国教育大会、新时代全国高等学校本科教育工作会议和新文科建设工作会议精神的重要体现。她有效促进"传统经管"与现代信息新技术的深度融合；促进学校人才培养供给侧和家庭、区域及行业经济社会发展需求侧的有效融合。

为进一步探寻新时代、新文科建设背景下的人才培养规律，打造安徽财经大学经管人才培养特色，我们将实施"新经管"发展战略以来，在创新人才培养、专业建设、课程建设等方面的探索与建设情况进行了总结，形成了《地方财经高校新文科建设路径创新研究——安徽财经大学"新经管"建设的探索与实践》。本书分为理论篇、实践篇两篇，共十二章，从理论和实践描绘了地方财经高校"新经管"建设的蓝图，展现了安徽财经大学"新经管"建设的探索与实践历程，主要内容有以下。

第一章　我国高等教育发展的新时代背景。中国特色社会主义进入新时代，这是我国发展新的历史方位，也是我国高等教育发展新的逻辑起点。面对世界百年未有之大变局和中华民族伟大复兴的战略全局带来的新要求、新使命、新挑战，高等教育超前识变、积极应变、主动求变，可喜的变化已经悄然发生。就地方财经高校而言，要坚定走中国特色社会主义高等教育发展道路，全面、准确、科学地落实好"九个坚持"、扎实做好"六个下功夫"、深入推进"四个回归"、积极抢抓"新文科"机遇，着力打造高质量育人体系，全面提升财经人才培养能力和水平。

第二章　高等教育发展的新文科。培养什么样的人才，如何培养高质量的人才，是新时代高等教育面临的课题，也是哲学社会科学教育的时代命题，同样也是新文科建设面对的机遇和挑战。本章基于新文科提出的时代背景，廓清了新文科的内涵，理清了新文科的基本特征、基本理念，着眼于新文科建设的重点任务，提出了新文科建设的基本思路。构建新文科中国特色的价值体系、树牢新文科系统推进的建设理念、完善新文科协同育人的育人体系、推进新文科契合时代的评价改革是新文科建设的重中之重，我们要认清大势，主动识变、应变、求变，通过多学科交叉融合和系统化、集成式创新突破传统文科思维模式，在建设理念、培养模式、专业课程设置等方面进行有益的探索与实践，为新文科建设注入新动能。

第三章 高等教育发展的"新经管"。随着5G、云计算、物联网、人工智能、大数据等新一代信息技术的蓬勃发展,给高校学科专业建设带来了颠覆性变革。各地财经类高校开始了新文科建设探索与实践。安徽财经大学敏锐地紧跟高等教育改革发展步伐,以最快速度顺应形势、调整思路,在全国率先提出"新经管"发展战略。"安财新经管"发展战略以培育时代新人为根本任务,着力在新的教学理念、新的教学内容、新的教学手段、新的教学方式、新的教学服务、新的教学管理、新的保障体系等方面进行重构,并从人才培养方案修订、专业和课程建设、创新创业教育、教学质量保障、师资队伍建设、信息化建设等方面寻求多点突破,全面发力,纵深推进系列教育教学改革,更好地培养适应区域社会经济发展需要的高层次应用型专门人才。

第四章 "新经管"建设路径:培养方案创新工程。高校本科人才培养方案是本科教学的纲领,对高校人才培养方案的变革即是对新时代高校"培养什么人、怎样培养人、为谁培养人"最直接的应答。在实施"安财新经管"发展战略中,学校于2018年开始部署实施新一轮本科人才培养方案的修订工作,以深化本科教育教学改革,振兴本科教育,提高人才培养质量为出发点和落脚点,紧紧围绕"高教四十条"和学校"新经管"发展战略的要求,紧扣学校办学目标和人才培养定位,落实"以学生为中心"和"成果导向"的教育理念,按照专业类教学质量国家标准,不断优化调整,构建了集融入式、协同性、多元化为一体的创新人才培养新模式。

第五章 "新经管"建设路径:价值引领固本工程。立德树人是"安财新经管"战略的逻辑起点,又是"安财新经管"的最终归宿。学校高度重视思想政治教育工作,在思政课程、课程思政和"三全育人"等方面同向发力。在思政课程建设方面,学校以"教·习·学"综合改革和实践教学课程化改革为突破口,大力推进思政课改革创新,取得了显著成效。在课程思政建设方面,学校牢牢抓住教师队伍"主力军"、课程建设"主战场"、课堂教学"主渠道",深入挖掘各类课程蕴含的"思政元素",实现课程思政与思政课程同向同行、同频共振。在"三全育人"方面,学校全面统筹各领域、各环节、各方面的育人资源和育人力量,推动知识传授、能力培养与价值塑造有机结合,有效推进了"三全育人"综合改革试点工作。今后,学校将持续提供政策供给,通过多部门联动、协同发力,构建大思政育人格局,进一步提升思想政治教育实效,推动"安财新经管"战略向纵深发展。

第六章 "新经管"建设路径:专业质量提升工程。专业是人才培养的平台,专业建设作为推进教育教学改革、促进高校可持续发展的切入点,其质量将直接决定高校人才培养质量。近年来,安徽财经大学围绕地方发展战略和市场对高层次创新型、复合型、应用型人才的需求,大力实施"安财新经管"发展战略,在专业结构的优化调整、一流本科专业建设、专业特色实验班建设、专业内涵建设、专业评估与认证等多方面进行积极探索与实践,并取得一定的成效。今后,学校将在完善专业动态调整机制、做大做强优质特色学科专业、打造一流专业师资队伍、加强与外部交流和合作、健全专业认证评估体系等方面进一步提升专业建设水平。

第七章 "新经管"建设路径:课程内涵提质工程。课程及课程建设作为高校教育教学改革的基本依据和关键,是实现专业教育目标的有力保障。近年来,安徽财经大学通过优化课程结构体系,落实立德树人根本任务,推进课程内涵建设,强化信息技术融入,大力建设实践类、素质类课程,提升教材使用标准等系列举措,构建起"五育并举"课程体系,实现"思政课程"和"课程思政"同向同行,"一流课程"和"一般课程"共同发展、"线上教学"和"线下教学"优势互补,"实践教学"和"理论教学"紧密结合,"第二课堂"和"第一课堂"融合发展,"选用教材"和"自编教材"同步提高。今后,学校将在强化课程体系建设、打造一流课程、创新教学模式、完善课程评价体系、加快教材建设等方面进一步提高课程建设质量。

第八章 "新经管"建设路径:创新创业引领工程。大学生创新创业教育是深化高等教育教学改革、提高人才培养质量、促进大学生全面发展的重要途径。创新创业教育以培养具有创业基本素质和开创型的人才为目标,注重培育在校学生的创业意识、创新精神和创新创业能力。安徽财经大学坚持把加强学生创新创业教育、强化学生创业意识、开发学生创业潜能、激发学生创业热情、增强学生就业竞争力和自主创业能力作为学校教育教学和人才培养的重点工作。特别在

"安财新经管"发展战略指引下,学校经过不断的实践探索,形成了教育发动、竞赛催动、培训拉动、实践带动、研究推动和政策促动的"六轮驱动"创新创业教育模式。今后,学校在完善课程体系、优化教学模式、健全体制机制等方面,持续推进创新创业教育高质量发展。

第九章 "新经管"建设路径:教学质量保障工程。教学质量是每一所学校办学的首要追求,而教学质量保障则是学校可持续发展的根本保证。学校在"安财新经管"发展战略引领下,坚持办学以教师为本、育人以学生为本的原则,围绕办学定位和人才培养目标要求,逐步完善内部教学质量保障体系,初步构建了以提升培养质量为目标,以质量监控系统为核心,以制度建设为引领,以组织建设为保障,以教学质量信息为动力的,学校领导、全体中层管理干部、校院两级教学督导、全体教师与学生共同参与的,通过领导干部听评课、教学督导全方位检查监督、教师互相听课与学习交流、学生期初选择授课教师以及期末评教等方式,涵盖了教学全过程、全方位、多层次、系统化的教学质量保障体系。多年的实践证明,体系运行有效,切实保障并促进了人才培养质量的提高。

第十章 "新经管"建设路径:师资队伍培育工程。师资是学校办学的主体,教师是学校最为重要和最具活力的要素,是学校教育事业发展的基本保障。师资队伍的质量影响"安财新经管"建设的成效,师资队伍的结构影响"安财新经管"建设的内容,师资队伍的发展影响"安财新经管"建设的可持续性。只有师资队伍符合"安财新经管"的要求,才能实现"安财新经管"建设任务,培养出适应社会经济发展的"新"人才。近年来,学校在"安财新经管"发展战略引领下,着力从严格执行教师准入制度、加强教师入职培训、建立教师职后培养体系、健全教师考核制度等方面进行师资队伍培育的探索与实践,并在强化师德师风建设、优化师资队伍结构、提升整体素质、提高国际化水平等方面取得一定的成效。今后,学校将在路径选择和保障措施两个方面强化师资队伍培育工作。

第十一章 "新经管"建设路径:科研教学融创工程。改革创新是现代高水平大学发展的必由之路,科教融创协同育人是高校可持续发展的本质要求。通过科教协同模式,以人才培养为目的,坚持资源互补、合作共赢的原则,创新教育教学模式，不断提升育人成效。本章科学界定了科教融创协同育人的基本内涵，系统回顾了科教融合协同育人的研究现状，细致分析了国内外高校科教融创协同育人的经验借鉴，在此基础上从完善融创制度和制定培养方案两个方面，总结安徽财经大学科教融创协同育人的探索与成效。最后思考进一步加快推进科教融合协同育人工作的相关建议。

  第十二章 "新经管"建设路径：信息技术融入工程。信息技术的发展在倒逼高等教育变革的同时也为教育变革创造了条件，催生了教育信息化，为"安财新经管"建设提供了新思路。学校正努力构建一体化、多功能的教育教学信息化服务支撑空间，依托信息化教育环境，大力推动教育活动方式和教学应用模式的创新与变革，逐步实现信息化教学的规模化与常态化。

  一枝独秀不是春，百花齐放春满园。作为一所不在省会和发达城市的地方财经高校，安徽财经大学一直在探索和深化教育教学改革，虽然一些做法还需要不断完善改进，但我们希望通过对已经形成的具有安徽财经大学特色的育人体系所做的总结，为进一步推进新文科建设特别是地方财经高校新文科人才的培养提供新思路和新方法。我们也会在实践中继续完善"安财新经管"发展战略，以期把安财建设成为国内一流财经类院校。

作　者
2021 年 10 月

目 录

理 论 篇

第一章 我国高等教育发展的新时代背景 ············ 3
    一、经济社会发展的新要求 ····················· 3
    二、高等教育发展的新形势 ····················· 9
    三、高等教育发展的新任务 ···················· 17

第二章 高等教育发展的新文科 ···················· 26
    一、新文科提出的背景及意义 ··················· 26
    二、新文科的内涵与基本特征 ··················· 30
    二、新文科建设的基本理念 ···················· 34
    四、新文科建设的重点任务 ···················· 36

第三章 高等教育发展的"新经管" ················ 44
    一、地方财经类高校新文科建设探索与实践 ········· 44
    二、安财"新经管"战略提出的背景 ············· 45
    三、安财"新经管"的内涵与目标任务 ············ 53

实 践 篇

第四章 "新经管"建设路径:培养方案创新工程 ······ 71
    一、本科人才培养方案的基本分析 ··············· 71

二、国内外高校创新本科人才培养的经验借鉴……………………74

三、安徽财经大学"新经管"人才培养方案的构建与实施…………81

四、创新本科人才培养的进一步思考……………………………86

第五章 "新经管"建设路径：价值引领固本工程……………91

一、立德树人固本培元……………………………………91

二、安徽财经大学思想政治理论课改革与创新……………99

三、安徽财经大学课程思政建设的探索与成效……………105

四、安徽财经大学"三全育人"探索与成效………………110

五、加强思想政治教育的进一步思考……………………114

第六章 "新经管"建设路径：专业质量提升工程……………120

一、专业及专业建设的基本分析…………………………120

二、国内外专业建设经验借鉴……………………………128

三、安徽财经大学专业建设的探索与成效………………130

四、提升专业建设的进一步思考…………………………142

第七章 "新经管"建设路径：课程内涵提质工程……………147

一、课程及课程建设的基本分析…………………………147

二、国内外课程建设的经验借鉴…………………………151

三、安徽财经大学课程建设的探索与成效………………154

四、强化课程建设的进一步思考…………………………171

第八章 "新经管"建设路径：创新创业引领工程……………177

一、创新创业教育基本分析………………………………177

二、国内外高校创新创业教育经验借鉴…………………184

三、安徽财经大学创新创业教育的探索与成效……………192

四、推进创新创业教育发展的进一步思考………………206

目 录

第九章 "新经管"建设路径：教学质量保障工程 ……………… 213
一、教学质量保障基本分析 …………………………………… 213
二、国内外高校教学质量保障的经验借鉴 …………………… 216
三、安徽财经大学教学质量保障的探索与成效 ……………… 225
四、提升教学质量保障体系效能的进一步思考 ……………… 237

第十章 "新经管"建设路径：师资队伍培育工程 ……………… 241
一、师资队伍培育基本分析 …………………………………… 241
二、国内外高校师资队伍培育的经验借鉴 …………………… 244
三、安徽财经大学师资队伍培育的探索与成效 ……………… 247
四、加强师资队伍培育的进一步思考 ………………………… 254

第十一章 "新经管"建设路径：科研教学融创工程 …………… 260
一、科教融创协同育人基本分析 ……………………………… 260
二、国内外高校科教融创协同育人经验借鉴 ………………… 262
三、安徽财经大学科教融创协同育人的探索与成效 ………… 265
四、加快科教融创协同育人的进一步思考 …………………… 268

第十二章 "新经管"建设路径：信息技术融入工程 …………… 272
一、信息技术推动教育变革的基本分析 ……………………… 272
二、国内外高校信息技术推动教育变革的经验借鉴 ………… 277
三、信息技术融入"新经管"建设的探索与实践 …………… 282
四、信息技术融入"新经管"的进一步思考 ………………… 288

后 记 ……………………………………………………………… 294

理论篇

第一章

我国高等教育发展的新时代背景

经过长期的不懈努力和艰苦奋斗,党和国家事业发生了历史性变革、取得了历史性成就,中华民族迎来了从站起来、富起来到强起来的伟大历史飞跃。在客观总结成绩、科学分析形势、正确把握发展的基础上,党的十九大作出了"中国特色社会主义进入新时代"的重大政治判断。这是我国发展新的历史方位,也是我国高等教育发展新的逻辑起点。

新时代,我国基本国情发生了深刻变化,社会主要矛盾已经转化为"人民日益增长的美好生活需要和不平衡不充分的发展之间的矛盾"。享有多样化、个性化的优质高等教育已经成为人民对美好生活向往的重要组成部分。落实立德树人根本任务,培养德智体美劳全面发展的社会主义建设者和接班人,加快教育现代化,建设高教强国,办好人民满意的高等教育,① 为党育人、为国育才,理应是我国每一所高校亘古不变的初心和义不容辞的使命。

一、经济社会发展的新要求

党的十九届五中全会审议通过了《国民经济和社会发展第十四个五年规划和二〇三五年远景目标的建议》。贯穿其中的逻辑主线是立足新发展阶段、贯彻新发展理念、构建新发展格局、推动高质量发展。这是我国全面建成小康社会、实现第一个百年奋斗目标之后,乘势而上开启全面建设社会主义现代化国家新征

---

① 习近平. 坚持中国特色社会主义教育发展道路 培养德智体美劳全面发展的社会主义建设者和接班人. 人民日报, 2018-9-11.

程、向第二个百年奋斗目标进军的重要战略部署。全面实现"十四五"规划和二〇三五年远景目标,离不开高等教育主动作为和积极贡献。① 经济越是发展,社会越是进步,我们对高等教育的需求就愈加迫切,对科学知识和卓越人才的渴求就愈加强烈。②

对于我国高等教育而言,主动满足经济社会发展的新形势新要求,深刻认识和全面把握世界百年未有之大变局和中华民族伟大复兴的战略全局,是科学判断高等教育发展所面临的新形势新任务,准确识变、科学应变、主动求变,建设高质量的高等教育体系和人才培养体系,服务国家经济社会高质量发展的重要前提和基本出发点。

(一) 正确认识世界百年未有之大变局

世界已然不是过去的那个世界。习近平总书记提出的"世界百年未有之大变局"③ 的论断,是对当前和今后世界局势发展的深刻洞察和准确把握,得到了国内外以及社会各界有识之士的广泛认同。

从时间的角度看,"百年未有之大变局"是一个渐进的历史过程,与世界政治经济格局的动态变化同步,与中华民族伟大复兴的进程交织,"西强东弱"态势已经发生了转变。中国共产党带领中国人民从站起来到富起来再到强起来的历史性飞跃④是一个鲜活生动的注脚。

从政治、经济、社会和文化的视角看,"百年未有之大变局"呈现出世界多极化、经济全球化、社会信息化、文化多样化的主要特征。

1. 世界多极化

从世界政治格局演变的角度来看,以强权为核心的世界政治秩序已经进入分解与重构的历史进程,逐步向政治多极化方向加速发展。其主要经历了四个阶

---

① 习近平. 在经济社会领域专家座谈会上的讲话. 人民日报, 2020 – 8 – 25.
② 习近平. 把思想政治工作贯穿教育教学全过程 开创我国高等教育事业发展新局面. 人民日报, 2016 – 12 – 9.
③ 习近平. 在庆祝中国共产党成立100周年大会上的讲话. 人民日报, 2021 – 7 – 2.
④ 习近平. 高举中国特色社会主义伟大旗帜 为决胜全面小康社会实现中国梦而奋斗. 人民日报, 2017 – 7 – 28.

段：第二次世界大战前，以欧洲为中心；第二次世界大战后初期，以雅尔塔体系为基础形成了两极格局；苏联解体后形成了以美国为主导的霸权体系；当前新兴发展中国家群体性崛起，从根本上改变了国际力量对比，世界政治格局逐步走向多极化。

从全球治理体系的视角来看，以帝国主义垄断为核心的全球治理体系不符合和平与发展的时代主题，将逐步被倡导不同制度、不同类型、不同发展阶段的国家之间合作共赢、共建共享的人类命运共同体理念所取代，全球治理体系将朝着更加公平、更加合理的方向发展，走上和谐共生、美美与共的康庄大道。高举和平发展、合作共赢旗帜的中国，正逐步走近世界政治舞台的中央。

2. 经济全球化

以大数据、物联网、云计算、人工智能为代表的新一轮科技革命所催动的产业变革正在加速经济全球化进程，重塑经济全球化新格局。由资本为主到创新为要的新旧动能转化，以及创新链与产业链的相互融合、相互促进，必然会带来更多的新业态、新模式，为新兴发展中国家实现跨越式发展创造新的战略机遇。

当前，全球科技创新进入了密集活跃期，谁能在新一轮科技革命中抢占制高点，谁就将在百年未有的大变局中夺得战略主动权。从近百年来全球经济版图的演变过程看，新兴发展中国家在全球经济总量中所占的比重日益提升，与西方发达国家的经济发展差距不断缩小，且呈现出"东升西降"的态势。2020年中国经济总量迈过百万亿元大关，约占世界经济总量的17%，全年逆势增长2.3%成为推动全球经济复苏的主要力量。

3. 社会信息化

当今世界已经进入高速发展的信息时代。以数字化、网络化、智能化为主要特征的信息化浪潮深刻影响和改变了人们的生产和生活方式。数字化是当前社会信息化的重要基础，其核心是对经济社会活动产生的大量碎片数据的深入认识和高效利用；网络化已经由最初的互联网逐步向物联网和信息物理系统延伸和发展，实现了人对物理世界的认识、交流和控制；智能化是信息化发展永恒的追求，它将使人类的劳动工具和劳动对象具备感知功能、学习功能、判断功能和执行功能。

可以预见，随着社会信息化的快速发展，万物互联、万物智能都将在未来成为可能。由此必然会推动人才、信息、技术在世界范围内的自由流动，各国之间的相互联系将更加紧密，"我中有你、你中有我"的人类命运共同体理念将更加深入人心。

4. 文化多样化

世界文明因多样而多彩，文化的多样性正是推动人类社会进步的不竭动力。截至2020年，世界共有233个国家和地区，他们都在自身发展过程中形成了独具特色的历史文化和社会文明。

进入21世纪以来，现代科技进步大大缩短了各国文化交流的时空距离，促进了不同文化之间的交流、交锋和交融，不同文化之间相互激荡和相互借鉴的现象日趋明显。面对日益错综复杂的国际形势变化，面对政治、经济、科技、文化等领域的激烈竞争，各国都在全力维护自身文化的独立性、维护自身文化的根脉。

中华文明绵延不断五千年，拥有过辉煌灿烂的历史文明，经历过近代落后挨打的苦难斗争，见证过从站起来到富起来再到强起来的伟大历史性飞跃。五千年历史沉淀形成的中华优秀传统文化、党带领人民进行伟大斗争形成的革命文化和社会主义先进文化，是推动实现中华民族伟大复兴的精神源泉、不竭动力和持久力量。

（二）深刻理解中华民族伟大复兴的战略全局

中国已然不是过去的中国。习近平总书记在北京参观《复兴之路》展览时的重要讲话高屋建瓴、全面准确概括了近代以来中华民族的发展历程，指出中华民族的昨天是"雄关漫道真如铁"，中华民族的今天是"人间正道是沧桑"，中华民族的明天是"长风破浪会有时"，并把实现中华民族伟大复兴上升到了中华民族近代以来最伟大的梦想。

2019年习近平总书记在江西考察调研时，进一步提出了"中华民族伟大复兴战略全局"的论述，强调把中华民族伟大复兴作为推动党和国家的事业发展的基本出发点。进入新时代，站在"两个一百年"的历史交汇点上，在国际经济政治形势不稳定性不确定性明显增强的背景下，准确理解和把握中华民族伟大复兴战略全局的深刻内涵和目标要求，对推动高等教育的高质量发展具有重要现实指导意义。

1. 中国特色社会主义进入新时代

习近平总书记在党的十九大报告中从新时代的历史脉络、新时代的实践主题、新时代的人民性、新时代的民族性、新时代的世界性等方面，对新时代的本质内涵作了高度的凝练："这个新时代是承前启后、继往开来、在新的历史条件下继续夺取中国特色社会主义伟大胜利的时代，是决胜全面建成小康社会、进而全面建设社会主义现代化强国的时代，是全国各族人民团结奋斗、不断创造美好生活、逐步实现全体人民共同富裕的时代，是全体中华儿女勠力同心、奋力实现中华民族伟大复兴中国梦的时代，是我国日益走近世界舞台中央、不断为人类作出更大贡献的时代。"①

进入新时代，我们需要不断深化中国特色社会主义的伟大实践，更好进行伟大斗争、建设伟大工程、推进伟大事业、实现伟大梦想，② 把我国建成富强民主文明和谐美丽的社会主义现代化强国，实现中华民族伟大复兴的中国梦。

2. 我国进入了一个新发展阶段

习近平总书记在省部级主要领导干部学习贯彻党的十九届五中全会精神专题研讨班开班式上的重要讲话强调"全面建成小康社会、实现第一个百年奋斗目标之后，我们要乘势而上开启全面建设社会主义现代化国家新征程、向第二个百年奋斗目标进军，这标志着我国进入了一个新发展阶段"。③ 这个新发展阶段是实现中华民族伟大复兴的关键阶段。

在新的发展阶段，具备了新的发展条件，主要有：全面小康社会建成，脱贫攻坚战取得了全面胜利，这是中华民族伟大复兴进程中最新的历史性成就，也是

---

① 习近平. 决胜全面建成小康社会 夺取新时代中国特色社会主义伟大胜利——在中国共产党第十九次全国代表大会上的报告. 求是，2017（21）.
② 习近平. 切实学懂弄通做实党的十九大精神 努力在新时代开启新征程续写新篇章. 人民日报，2017-10-29.
③ 习近平. 深入学习坚决贯彻党的十九届五中全会精神 确保全面建设社会主义现代化国家开好局. 2021-1-11［2021-5-5］，http：//www.xinhuanet.com/politics/2021-01/11/c_1126970918.htm.

最坚实的社会基础；全国经济总量破百万亿元，生产力达到了新的历史水平，具有了雄厚的经济基础；党的全面领导、社会主义各方面制度更加成熟、更加定型，具备了坚实的体制机制保障；最为重要的是全党全国人民在习近平新时代中国特色社会主义思想指导下意志统一，齐心协力、众志成城为实现中华民族伟大复兴而不懈奋斗。

3. 我国社会主要矛盾发生了新的转变

党的十九大从新中国成立特别是改革开放以来我国经济社会发展的重大成就和显著进步出发，对社会主要矛盾的论断重新作了重大调整："中国特色社会主义进入新时代，我国社会主要矛盾已经转化为人民日益增长的美好生活需要和不平衡不充分的发展之间的矛盾。"①

现阶段，人民现实需求和我国经济社会发展的实际之间都有了比较大的变化。从需求侧来看，人们对美好生活向往的范围和层次有了新发展，不仅是物质上的需求，更有精神上的追求。例如，"期盼有更好的教育、更稳定的工作、更满意的收入、更可靠的社会保障、更高水平的医疗卫生服务、更舒适的居住条件、更优美的环境、更丰富的精神文化生活"。②从供给侧来看，我国经济整体实力大幅提升，综合国力显著增强，但发展不平衡不充分已经成为制约社会进步的主要问题。实现中华民族伟大复兴，满足人民对美好生活的向往，需要贯彻新发展理念，更加注重发展公平、质量、效益，大力破解不平衡不充分的问题。

4. 我国发展机遇和挑战有了新的变化

党的十九届五中全会深入分析了我国发展环境面临的深刻复杂变化，认为当前和今后一个时期，我国发展仍然处于重要战略机遇期，但机遇和挑战都有新的发展变化。③

从国际环境变化看，和平与发展仍然是时代主题，人类命运共同体理念深入人心，但是国际力量对比深刻调整，国际环境日趋复杂，不稳定性不确定性因素

---

① 习近平. 决胜全面建成小康社会 夺取新时代中国特色社会主义伟大胜利——在中国共产党第十九次全国代表大会上的报告. 求是, 2017 (21).
② 习近平. 高举中国特色社会主义伟大旗帜 为决胜全面小康社会实现中国梦而奋斗. 人民日报, 2017 – 7 – 28.
③ 习近平. 把握新发展阶段, 贯彻新发展理念, 构建新发展格局. 求是, 2021 (9).

增多,大国博弈、贸易摩擦、地区安全、意识形态领域的冲突事件时有发生,世界面临着重新陷入分裂甚至对抗的风险。

从国内情况变化看,我国拥有超大规模市场优势和巨大的内需潜力,拥有全球最完备、规模最大的工业体系,拥有社会主义集中力量办大事的制度优势,拥有较强的风险防范和应对能力。但在关键的技术和生产领域还有很多"卡脖子"环节,需要以高水平对外开放打造国际合作和竞争新优势。面对发展机遇和挑战新的变化,更为重要的是保持战略定力,办好自己的事,坚定道路自信、理论自信、制度自信和文化自信,加快构建以国内大循环为主体、国内国际双循环相互促进的新发展格局。①

二、高等教育发展的新形势

教育的发展离不开国际国内"两个大局"。世界和中国都在发展变化,教育也必然要发生改变。高等教育的改变已经悄然发生。当前高等教育与经济社会发展相互联系、相互促进日益紧密,教育现代化治理体系加速推进,教育的理念、教育的模式、教育的形态、教育的内容正在重塑重构,更加强调以人为本、以学习者为中心,更加注重个性培养和全面发展,更加突出有教无类、因材施教、人人皆可成才。"人人皆学、处处能学、时时可学"的全民学习、终身学习、个性化学习的理念日益深入人心,多方合作、广泛参与的教育治理体系正在形成。办包容、公平而有质量的高等教育,培养符合时代发展需求的创新型人才已经成为各国的广泛共识和共同追求的发展目标。

对于我国高等教育而言,坚持用全面、辩证、长远的眼光准确把握和科学判断国内外高等教育发展的特征和形势,超前的"识变",才能抢抓机遇、应对挑战,在危机中育新机、于变局中开新局,科学的"应变"。

(一)准确把握世界高等教育发展的新特征

自中世纪大学诞生以来,高等教育的发展经历了精英化时代、大众化时代、

---

① 习近平. 把握新发展阶段,贯彻新发展理念,构建新发展格局. 求是,2021 (9).

普及化时代。进入 21 世纪,在以信息技术和人工智能为代表的第四次工业革命的影响和推动下,人类社会发展进入了知识经济时代,科技和创新成为经济社会发展新的驱动力,各国都更加重视高等教育对科技创新人才的培养,世界高等教育发生了巨大变化。变化主要表现在高等教育普及化进程的加快,与经济、政治、社会发展的联系普遍增强,受众范围和规模的不断扩大,教育质量的要求不断提高。

在"百年未有之大变局"的背景下,在世界多极化、经济全球化、社会信息化、文化多样化的影响下,世界高等教育逐步形成了普及化、信息化、终身化、国际化四个特征。

1. 世界高等教育的普及化

世界高等教育的普及化由精英化、大众化逐步发展而来。高等教育普及化是人类社会自身可持续发展的必然要求,是世界经济社会长远发展的现实选择,是世界高等教育发展的必然趋势。联合国教科文组织从"教育改变人生"美好的愿景出发,在 2015 年发布的《教育 2030 行动框架》中明确提出:"到 2030 年,确保所有人负担得起优质的职业技术教育和高等教育"。[①]

从高等教育整体毛入学率上看,从 17 世纪开始至 20 世纪 40 年代是高等教育精英化阶段;20 世纪 40 年代末至 70 年代中期是高等教育大众化阶段。自 1975 年开始,以美国为代表的西方发达国家的高等教育毛入学率陆续超过了 50%,进入了高等教育普及化阶段。进入 21 世纪,世界高等教育普及化进程进一步加快,2000 年前仅有 20 个国家(地区),但到 2017 年底已有 70 个国家(地区)。

从世界高等教育普及化的区域发展态势上看,发达国家(地区)优势明显,一些发达国家(地区)的 80% 以上适龄人口都能够接受高等教育,而一些落后国家(地区)的这个比例不到 10%。值得欣慰的是,以中国和印度为代表的部分发展中国家(地区)的高等教育正在加速崛起。

---

① 蔡文伯,王亚芹. UNESCO"教育 2030 行动框架"对我国高等教育发展的冲击与启示. 广西师范大学学报(哲学社会科学版),2019,55(1):110 – 116.

2. 世界高等教育的信息化

新一代信息技术的快速发展和广泛应用，深刻改变了人类社会的生产生活和学习思维的方式，使世界各国的信息化程度逐步加深、经济社会的信息化步伐日渐加快。

从教育领域的信息化进程来看，自20世纪90年代世界进入信息化时代以来，新一代信息技术对高等教育的革命性影响日趋明显，对高等教育改革发展的支撑作用不断增强，使知识的生产创造、传授传播、发展应用发生了深刻改变，世界一流大学的教育开放与资源共享更为便捷，优质的教育资源可以实时传递到全球每一个角落。

与此同时，教育的观念、模式和形态发生了革命性变化，改变了教师的"教"、学生的"学"、学校的"管"，形成了人人皆学、处处能学、时时可学的教育新形态；改变了教育决策、管理与服务的模式，实现教育决策由经验驱动向数据驱动转变、教育管理由单向管理向协同治理转变、教育服务由被动接受向主动作为转变，进一步推动了教育的数字化、网络化、智能化、科学化水平不断提升。

随着我国教育信息化的不断推进，信息技术已经在全国高校普及，但普及化程度和应用水平仍不够均衡，中西部高校与发达省市高校之间、部属高校和地方高校之间的差距比较明显。

3. 世界高等教育的终身化

根据联合国教科文组织的报告《学会生存》中对终身教育所做的定义，从接受教育个人的角度来看，教育的终身化是教育在时间上的延伸，是个人在一生中所受到的各种教育的总和。[①] 终身教育思想对世界高等教育的发展产生了深刻影响，高等教育作为终身教育体系的重要组成部分，不再是一次性、终止性的教育，而是为有需要的人提供源源不断的学习机会。

现代社会是信息"爆炸"的时代，是知识经济的时代，每个人只有不断去学习新的知识、掌握新的技能，才能够更好地生存和发展、更好地实现个人的社

---

① 李兴洲，耿悦. 从生存到可持续发展：终身学习理念嬗变研究——基于联合国教科文组织的报告. 清华大学教育研究，2017（1）.

会价值。因此,高等教育不再是人们在一定期限内接受教育的终结阶段,高校应该站在个人终身发展的价值基点上,为培养学生终身学习能力夯实基础,为社会上有学习需求的个人创造学习条件。

世界各国普遍重视终身教育的发展,我国最早在1995年颁布实施的《中华人民共和国教育法》中,第一次以法律规定形式,明确要求"建立和完善终身教育体系",从而推动了终身教育体系进一步健全,大大促进了终身教育的发展,加快了学习型社会的建立。

4. 世界高等教育的国际化

高等教育的国际化主要是指高等教育资源的开放与共享,包括教育观念的国际化、大学制度的国际化、学科专业课程的国际化、教育教学方法的国际化等,表现在知识的流动、人文的交流、师生的交往和课程的共享等上。

20世纪80年代以来,高等教育国际化已经成为世界高等教育发展的重要趋势。随着全球新冠肺炎疫情的持续影响,世界高等教育格局已经悄然发生了新变化。人们对不出国门就能享受优质国际高等教育资源的需求变得越来越强烈。"在地国际化"或将成为世界高等教育发展的一种新趋势。[①] "在地国际化"的概念最早由瑞典马尔默大学本特·尼尔森(Bengt Nilsson)最早提出,狭义的理解是在家国际化,即高校在本土面向国内外全体学生进行国际化人才培养。当前高速发展的信息技术为"在地国际化"提供了现实可能。

我国准确把握高等教育国际化新形势,按照"走出去"和"引进来"相结合的战略,不断扩大优质高等教育资源的引进,加强具备国际化视野的高层次创新人才的培养,推进高等教育领域的人文交流与合作,基本形成了全方位、多层次、宽领域的高等教育对外开放格局。

(二)科学审视我国高等教育发展的新形势

美国社会学家马丁·特罗的高等教育发展理论把高等教育的发展进程分成了精英化、大众化和普及化三个阶段。按照高等教育毛入学率计算,我国于2002

---

① 张伟,刘宝存. 在地国际化:中国高等教育发展的新走向. 大学教育科学,2017(3):10-17.

年进入了高等教育大众化阶段，于2019年进入了高等教育普及化阶段，仅仅用17年的时间就完成了大众化向普及化的转变。根据2019年全国教育事业发展统计公报的数据，截至2019年底，我国各类高等教育在校学生规模达到了4002万人，高等教育毛入学率达到了51.6%，各类普通高等学校共有2688所（含独立学院257所）[1]。

"十三五"期间，我国高等教育的学科专业结构不断优化，研究型、应用型、技能型等各类高校各安其位、各展所长、特色发展，高等教育多样化发展体系正在形成，已建成世界规模最大的高等教育体系。我国高等教育整体上进入世界中上游水平，正在向世界高等教育第一方阵迈进。

党的十九届五中全会对"十四五"时期以及到2035年的我国高等教育发展提出了新的要求和部署，明确提出了"建设高质量教育体系""到2035年基本建成教育强国"等目标任务，重点突出了以改革创新为根本动力，推动教育高质量发展的新时代主题。由此可见，我国高等教育的普及化进程，必然是一种有质量、有内涵的普及化。

立足高等教育普及化新发展阶段，从"两个大局"带来的新要求、"新时代"带来的新使命、"新发展格局"带来的新挑战出发，我国高等教育的自身发展形势和外部发展要求有了新的变化。

1. "普及化"带来的新变化

总的来看，普及化阶段的高等教育是一个开放的体系，面向现代化，面向世界，面向未来；是一个关注终身教育的体系，不仅仅只是个人教育的一个阶段；是一个包容的体系，既包含精英化、大众化，也包含学术的、应用的、技术技能的人才培养；是一个质量的体系，既有规模的扩张，更有质量的提升；是一个多样化的体系，包含各类教育主体的特色发展，尤为重要的是作为我国高等教育主体部分的地方高校要实现特色发展。

高等教育普及化带来的变化很多，如理念有了变化、地位和作用有了变化、类型结构有了变化、环境坐标格局有了变化。其中最为重要的是理念上的变化，

---

[1] 教育部.2019年全国教育事业发展统计公报.中国地质教育，2020，29（4）：120−124.

即倡导的全民的教育、公平的教育、质量的教育、终身的教育。全民的教育是指全部有意愿的适龄青年都能够享受高等教育,高等教育不再是精英化、大众化阶段少数人的权利;公平的教育是指每个人都能够平等地享有接受高等教育的机会,强调的是优质高等教育资源的均衡问题;质量的教育,不仅是指所有类型高等教育统一性的质量要求,更是指高校多样化的办学定位和人才培养规格,以及高校的分类办学、科学定位、特色发展;终身的教育是指高等教育不再是个人学习教育的终止,而是个人终身学习的另一个起点,是学历教育和非学历教育有效融合之后形成学习型社会的一种外在表现。

我国高等教育地位和作用的变化主要表现在,高等教育从经济社会发展的支撑逐步向引领转变,成为推动我国经济社会高质量发展的最大红利、最重要引擎;类型结构的变化主要表现在,从相对单一的"同构化"高等教育向"功能更加合理、类型更加齐全、体系更加完备"的多样化方向发展;环境坐标的变化主要表现在,从高等教育大国向高等教育强国的转变过程中,积极参与国际高等教育治理、高等教育标准制定,推动建设一批拥有中国特色、世界水平的一流大学和一流学科,在高等教育的世界舞台上,发出中国声音,产生中国影响。

2. "两个大局"带来的新要求

世界百年未有之大变局和中华民族伟大复兴的战略全局是谋划和推动我国高等教育发展的出发点。站在"两个一百年"的历史交汇点上,在"变"与"不变"的时代洪流中,"变"的是错综复杂、动荡不安的世界政治经济局势,"不变"的是实现中华民族伟大复兴的中国梦;"变"的是我国综合国力的日益提升和国际影响力的不断扩大,"不变"的是我国处于社会主义初级阶段的基本国情和对人类命运共同体的积极践行;"变"的是机遇和挑战都有新的变化,"不变"的是我国仍然处于重要战略机遇期;"变"的是高等教育外延规模的不断扩张,"不变"的是对高等教育内涵质量的不懈追求。

当前,我国高等教育进入了历史上最好的发展阶段,迎来了历史上最好的发展机遇,同时也面对着历史上最严峻的挑战。如何准确把握机遇、科学应对挑战,"创新"和"高质量"是永恒不变的两个关键词和切入点。从"创新"的角度来看,世界在变、中国在变,相应地,我国高等教育面临的形势在变、要求在变、任务在变。应对变化，重要办法是创新，唯有创新，以改革创新为根本动力，才能以变应变，推动实现我国高等教育高质量发展。创新求变主要在发展理念、思路、路径、标准、方法、评价和人才培养的范式等方面。首先，从"高质量"的角度来看，高等教育核心质量是人才培养质量，必须牢固树立人才培养中心地位，落实立德树人根本任务，切实"把立德树人的成效作为检验学校一切工作的根本标准"①；其次，"高质量"体现在面向世界科技前沿、面向经济主战场、面向国家重大需求、面向人民生命健康②，发挥教育的基础性、先导性、全局性作用，支撑、引领、服务国家战略和区域经济社会发展；最后，"高质量"还包括高等教育体系多样性、资源分布均衡性、治理体系和治理能力现代化等。

3. "新时代"带来的新使命

新时代高等教育的使命是为党育人、为国育才，坚持为人民服务，为中国共产党治国理政服务，为巩固和发展中国特色社会主义制度服务，为改革开放和社会主义现代化建设服务，培养德智体美劳全面发展的社会主义建设者和接班人③。

践行新时代高等教育新使命，需要把新发展理念落实到高等教育发展的全过程、全方位中。创新是我国各项事业前进的根本动力，我国高等教育就是在不断开拓进取、守正创新中发展进步的，创新意味着不能沾沾自喜、不能故步自封，而是需要用冷静的心态看待眼前成绩，用清醒的头脑认识现实问题，用长远的眼光谋划未来发展；协调各层次高等教育的上下衔接、各类高等教育的左右沟通、不同高等教育主体的积极配合、各个区域高等教育的均衡发展、专业链与创新链和产业链的完美匹配，要求各类高等教育主体、要素之间相互配合、相互促进、和谐共生；绿色是高等教育的永续发展问题，要求高校遵循教育规律办学、遵循学生成长规律育人；开放是高等教育内外联动、做大做强的关键一招，需要坚持"引进来"和"走出去"相结合，不忘本来、吸收外来、面向未来；共享是高等教育的根本目的，实现共享的关键在于高等教育公平，要求高等教育进行全方位、深层次的供给侧结构性改革，促进各类优质高等教育资源的合理分配。

---

① 习近平. 在北京大学师生座谈会上的讲话. 人民日报, 2018-5-3.
② 习近平. 面向世界科技前沿面向经济主战场 面向国家重大需求面向人民生命健康 不断向科学技术广度和深度进军. 人民日报, 2020-9-12.
③ 习近平. 思政课是落实立德树人根本任务的关键课程. 求是, 2020 (17): 4-16.

此外，践行新时代高等教育新使命，需要坚持以学生为本、促进学生全面发展，建立健全高质量教育体系，不断完善"五育并举"人才培养体系，服务高教强国战略；需要培养一大批引领未来经济社会发展的科技创新型人才，服务创新型国家战略；需要发挥人才高地作用，推动科技进步、产业转型、经济社会发展由要素驱动向人才驱动转变，服务经济强国战略；需要教育引导学生爱党爱国爱社会主义，培育和践行社会主义核心价值观，传承和弘扬中华优秀传统文化，服务文化强国战略；需要加强高等教育的国际人文交流合作，促进民心相通和文明互鉴，服务构建人类命运共同体。

4. "新发展格局"带来的新挑战

在新发展格局下，高等教育更为重要的是保持战略定力，办好自己的事，坚定走中国特色社会主义高等教育发展道路，① 从外延式发展向内涵式发展转变，满足人民群众从"有学上"到"上好学"的新需求，构建质量更加突出、结构更加优化、体系更加完善的高等教育新格局。客观来看，当前我国高等教育发展还不够平衡不够充分，不能完全满足经济社会高质量发展的新需求、人民群众对多层次、多样化、优质高等教育的新期待。例如，科学的高等教育理念还不够牢固，思想政治工作仍有薄弱环节，政治素质过硬、业务能力精湛、育人水平高超的教师队伍建设仍然在路上；人才培养与社会需求的匹配度还不够高，支撑、引领经济社会发展的能力还不够强；服务终身学习的体制机制还不够健全；高等教育的层次结构、区域结构、学科专业结构、人才培养结构还不尽合理。

问题是推动改革发展和时代进步的动力和源泉，高等教育就是在面临新形势、迎接新挑战、解决新问题的过程中不断发展向前的。当前，高等教育助力构建新发展格局，需要主动把自身摆进去，积极主动发挥基础性、先导性、全局性作用。在畅通国内大循环中，发挥"催化剂"作用，通过高等教育功能、结构和体系再造，推动科技自立自强，推动教育链、人才链、创新链、产业链优化升级，推动内需体系的培育、完善和发展，促进教育与经济间的循环、教育与社会间的循环，实现高等教育体系与人才体系、产业体系、经济社会体系有机衔接。

---

① 程建平. 坚定不移走新时代中国特色社会主义高等教育发展道路. 中国高等教育，2018（2）：9－10.

要在国内国际双循环的相互促进中，发挥"黏合剂"作用，坚持"走出去"和"引进来"相结合，统筹利用国际国内两种资源，扩大教育对外开放和人文交流合作，以更高水平的开放和外循环来支撑和促进内循环，不断提升高等教育质量和水平。

三、高等教育发展的新任务

习近平总书记在 2018 年 9 月 10 日召开的全国教育大会上，从党和国家战略全局的高度，全面总结了我国教育事业发生的历史性变化、取得的历史性成就，深入分析了面临的新形势，将马克思主义基本原理与中国教育新的实践相结合，创造性地提出了"九个坚持"，科学回答了"培养什么人、怎样培养人、为谁培养人、靠谁培养人"[1] 等一系列根本性问题。"九个坚持"是对我国教育规律认识的进一步深化，是坚持中国特色社会主义教育发展道路的核心要义。

就高等教育而言，立足普及化新发展阶段，贯彻新发展理念，构建新发展格局，推动实现高质量发展，需要全面落实"九个坚持"，扎实做好"六个下功夫"，深入推进"四个回归"，着力加强"四新"建设。

（一）全面落实"九个坚持"

1. 坚持党对教育事业的全面领导

东西南北中，党政军民学，党是领导一切的。党的领导是新时代我国高等教育办出中国特色、办出世界水平、实现高质量发展的最大政治优势和最根本保证。高校落实党的全面领导，关键是要严格贯彻落实党委领导下的校长负责制，把党的领导落到管党治党、办学治校、教书育人的全过程，不断健全党的全面领导的组织体系、制度体系、工作机制，有效发挥党委"把方向、管大局、作决策、抓班子、带队伍、保落实"的领导核心作用。

---

[1] 习近平. 坚持中国特色社会主义教育发展道路 培养德智体美劳全面发展的社会主义建设者和接班人. 人民日报，2018-9-11.

2. 坚持把立德树人作为根本任务

尽管高校职责和功能在不断拓展,但立身之本在于人才培养、在于立德树人。高校落实立德树人根本任务,关键是把立德树人作为一切工作的出发点和落脚点,把立德树人融入思想道德教育、文化知识教育、社会实践教育各环节,嵌入学科体系、教学体系、教材体系、管理体系各方面,贯穿人才培养的全过程。[①] 教师围绕这个目标来教,学生围绕这个目标来学,高校围绕这个目标来评价,形成全员全方位全过程育人新格局。

3. 坚持优先发展教育事业

国家发展、民族振兴、社会进步离不开人才、离不开教育。[②] 在社会主义现代化建设和中华民族伟大复兴的进程中,教育具有先导性、基础性、全局性地位和作用。高校是人才第一资源、科技第一生产力、创新第一动力的重要结合点,[③] 是人才培养的高地、科技创新的策源地。在优先发展战略背景下,高校必须坚持人才培养中心地位,落实立德树人根本任务,更加注重特色、质量和内涵建设,加快推进内部治理体系和治理能力现代化,建设高等教育强国。

4. 坚持社会主义办学方向

我国高等教育是社会主义高等教育,这是高校根本的办学方向。习近平总书记在全国高校思想政治工作会议上强调:"我国高等教育发展方向要同我国发展的现实目标和未来方向紧密联系在一起,为人民服务,为中国共产党治国理政服务,为巩固和发展中国特色社会主义制度服务,为改革开放和社会主义现代化建设服务"。[④] 我国高校必须坚持立德树人,把思想政治工作贯穿教育教学全过程,培养德智体美劳全面发展的社会主义建设者和接班人。

5. 坚持扎根中国大地办教育

高等教育规律具有普遍性和特殊性,其特殊性决定了我国高等教育必须走符

[①] 习近平. 坚持中国特色社会主义教育发展道路 培养德智体美劳全面发展的社会主义建设者和接班人. 人民日报,2018-9-11.
[②] 王展飞. 振兴民族的希望在教育. 思想战线,1994(1):3-4.
[③] 习近平. 坚持中国特色世界一流大学建设目标方向 为服务国家富强民族复兴人民幸福贡献力量. 人民日报,2021-4-20.
[④] 习近平. 把思想政治工作贯穿教育教学全过程 开创我国高等教育事业发展新局面. 人民日报,2016-12-9.

合自身实际的发展道路。习近平总书记在全国高校思想政治工作会议上强调："我国有独特的历史、独特的文化、独特的国情，决定了我国必须走自己的高等教育发展道路，扎实办好中国特色社会主义高校。"① 扎根中国大地办教育，必须把高等教育普遍性规律和中国实际相结合，坚持党的领导，坚持文化自信和教育自信，坚持不忘本来、吸收外来、面向未来，坚持中国特色世界水平。

6. 坚持以人民为中心发展教育

人民立场是根本立场。办好人民满意的高等教育是根本的价值追求，也是推进高等教育事业发展的根本出发点和落脚点。坚持以人民为中心就是要紧紧抓住人民最关心最直接最现实的问题，下大气力解决高等教育发展不平衡不充分的主要矛盾，办更加公平更有质量的高等教育，不断提高人民对高等教育的获得感。高校需要牢固树立以学生为本的理念，面向人人、因材施教，使每个学生都能够发展自身、奉献社会、造福人民，享有人生出彩的能力和机会。②

7. 坚持深化教育改革创新

改革创新是我国高等教育大踏步赶上时代并引领时代的重要法宝，是坚持和发展中国特色世界水平高等教育的必由之路，是推进高等教育现代化、建设高等教育强国、办好人民满意的高等教育的关键一招。高校深化教育教学改革，必须全面贯彻落实创新、协调、开放、共享的新发展理念，回应时代要求、社会关注、人民期盼，不断完善"党委领导、校长负责、教授治学、民主管理"的现代大学制度，落实立德树人根本任务，培养一流人才、产出一流成果、做出一流贡献。

8. 坚持把服务中华民族伟大复兴中国梦作为教育的重要使命③

不忘初心，方得始终。中国共产党人的初心和使命，就是为中国人民谋幸福，为中华民族谋复兴。高等教育的初心和使命，就是为党育人、为国育才，培养一代又一代拥护中国共产党的领导和我国社会主义制度、立志为中国特色社会

---

① 习近平. 把思想政治工作贯穿教育教学全过程 开创我国高等教育事业发展新局面. 人民日报，2016-12-9.
② 曹胜利，何雨点. 以教育公平促进社会公平正义. 中国高等教育，2019（15）：49-51.
③ 习近平. 坚持中国特色社会主义教育发展道路 培养德智体美劳全面发展的社会主义建设者和接班人. 人民日报，2018-9-11.

主义事业奋斗终生的有用人才。① 高校必须进一步提升服务经济社会发展的能力，与党和国家事业发展要求相适应，同人民群众期待相契合、同我国综合国力和国际地位相匹配。

9. 坚持把教师队伍建设作为基础工作

百年大计，教育为本；教育大计，教师为本。拥有好老师是学校的光荣，也是学校发展的源动力和核心竞争力所在。根据教育部等六部门印发的《关于加强新时代高校教师队伍建设改革的指导意见》，高校必须把师德师风作为评价教师队伍素质的第一标准，建立健全教师发展支持体系，完善教师管理评价制度，优化教师待遇保障机制，推动形成争做"四有好老师"、当好"四个引路人"、坚守"四个相统一"的教师队伍治理体系，建设一支政治素质过硬、业务能力精湛、育人水平高超的高素质专业化创新型教师队伍。

（二）扎实做好"六个下功夫"

1. 要在坚定理想信念上下功夫

人民有信仰，民族有希望，国家有力量。青年人的信仰是民族的未来。培养有共产主义远大理想和社会主义共同理想的大学生，是中国特色社会主义高校的义务和责任。高校要加强党史、新中国史、改革开放史、社会主义发展史教育，让学生深刻理解中国共产党为什么能，马克思主义为什么行，中国特色社会主义为什么好，推动实现学史明理、学史增信、学史崇德、学史力行，不断提高主动担当民族复兴时代重任的思想自觉、政治自觉和行动自觉。②

2. 要在厚植爱国主义情怀上下功夫

以爱国主义为核心的民族精神，是中华民族生命力、凝聚力、创造力的源泉。爱国，是青年学生成长成才的根本要求，是立德之源、立功之本。培养有爱国主义情怀的学生是高校落实根本任务的核心内涵。高校要引导青年学生将爱国与爱党、爱社会主义相统一，将自己的命运同祖国的前途相联系，把个人的价值

---

① 习近平. 用新时代中国特色社会主义思想铸魂育人 贯彻党的教育方针落实立德树人根本任务. 人民日报，2019-3-19.
② 习近平. 学史明理 学史增信 学史崇德 学史力行. 求是，2021（13）：4-15.

实现与祖国的繁荣发展相结合,始终听党话、跟党走、扎根人民、奉献国家,做社会主义合格建设者和可靠接班人。

3. 要在加强品德修养上下功夫

国无德不兴,人无德不立。德既有文明举止的个人品德,也有公序良俗的社会公德,更有热爱祖国和人民的大德。高校落实立德树人根本任务,培养德智体美劳全面发展的社会主义建设者和接班人,必须始终把德放在首位,把培育和践行社会主义核心价值观贯穿人才培养的全过程,教育引导学生明大德、守公德、严私德,不断自我净化、自我完善、自我革新、自我提高,成为有大爱大德大情怀的人,追求有高度有境界有品位的人生。

4. 要在增长知识见识上下功夫

梦想从学习开始,事业靠本领成就。进入新时代,学习更有意义,知识更有价值,本领更有作为。学知识长见识是青年学生成长成才的重要基础。高校是知识的殿堂,传道授业解惑的地方。既要授人以鱼,更要授之以渔。不但要传授学生知识,而且要锤炼学生思维、增长学生本领。要教育引导学生正确认识世界和中国发展大势,正确认识中国特色和国际比较,正确认识时代责任和历史使命,正确认识远大抱负和脚踏实地。①

5. 要在培养奋斗精神上下功夫

奋斗成就梦想,实干创造未来。在一代又一代人的接续奋斗中,中华民族迎来了从站起来、富起来到强起来的伟大飞跃,迎来了实现伟大复兴的光明前景。② 进入新时代,站在两个一百年历史交汇点上,建设社会主义现代化国家和实现中华民族复兴,需要每个人付出更加艰巨、更加艰辛、更加艰苦的不懈努力。培养新时代的奋斗者和复兴梦的实干家,是高校义不容辞的责任。高校必须教育引导学生锤炼坚韧的品格、砥砺奋进的精神、历练实干的本领。

6. 要在增强综合素质上下功夫

综合素质是指一个人的道德修养、知识水平以及各种能力等方面的综合素

---

① 习近平. 把思想政治工作贯穿教育教学全过程 开创我国高等教育事业发展新局面. 人民日报, 2016-12-9.

② 习近平. 在庆祝中华人民共和国成立 70 周年招待会上的讲话. 人民日报, 2019-10-1.

养。新时代大学生要有正确的人生观世界观价值观、要有一定的科学文化知识、要有健康的体魄和坚定的意志力、要有良好的社会实践能力。高校必须紧紧围绕学生、关照学生、服务学生，不断加强思想道德教育、科学文化教育、身心健康教育、专业创新教育，① 培养德智体美劳全面发展的时代新人，促进学生的人格更加健全、知识更加丰富、体格更加强健、能力更加出众、素质更加全面。

（三）深入推进"四个回归"

1. 回归常识

学生的天职是读书学习。要彻底转变"拼命的高中、轻松的大学"的错误认识，改变轻轻松松就能毕业的情况。坚持以学习成果为导向，合理增负，增加课业挑战度，激发学生的学习动力和专业志趣，促使学生求得真学问、练就真本领。坚持学习与实践相结合，教育引导学生读书、读经典，深入了解党史、国情、民意，沿着明事理、悟道理、求真理的方向发展，不断提升解决实际问题的能力。

2. 回归本分

教师的天职是教书育人。要彻底改变轻教学、重科研的错误倾向，引导教师热爱教学、研究教学、潜心教学，推动以教促研、以研促教、教研相长，引领学生成长。坚持学为人师，行为世范，师德为先、教学为要，把师德师风作为教师素质评价的第一标准，把本科教学工作业绩考评作为教师专业技术职务晋升的前提条件，实施师德师风和教学工作考核不合格"一票否决"制。

3. 回归初心

高等教育的初心是为党育人、为国育才。要全面贯彻党的教育方针，落实立德树人的根本任务，坚持为人民服务，为中国共产党治国理政服务，为巩固和发展中国特色社会主义制度服务，为改革开放和社会主义现代化建设服务②，促进专业教育与思想政治教育相融合、与生产劳动和社会实践相结合，用知识体系

---

① 习近平. 把思想政治工作贯穿教育教学全过程 开创我国高等教育事业发展新局面. 人民日报，2016 - 12 - 9.

② 习近平. 用新时代中国特色社会主义思想铸魂育人 贯彻党的教育方针落实立德树人根本任务. 人民日报，2019 - 3 - 19.

教，用价值体系育，用创新创业体系行，倾心培养德智体美劳全面发展的社会主义建设者和接班人。

4．回归梦想

高等教育的梦想是报国梦、强国梦。要加快推进教育现代化、建设高教强国，办好人民满意的高等教育，有力支撑起中华民族伟大复兴的中国梦。坚持以国家战略需求和经济社会发展需要为导向，紧跟时代步伐，推动办学理念创新、组织创新、管理创新和制度创新，形成高水平人才培养体系，全面提高人才培养能力，努力建设中国特色世界水平的大学，有效提升我国高等教育的综合实力和国际竞争力。

（四）着力加强"四新"建设

1．"四新"建设的提出

"四新"建设，指的是推动新时代高等教育发展的新工科、新农科、新医科和新文科建设。为推动形成面向科技经济前沿、瞄向未来发展需求、覆盖全部学科门类的中国特色世界水平的一流本科专业群，在2018年党中央有关文件中明确提出，"要推动高质量发展、进一步提升教育服务能力和贡献水平，发展新工科、新农科、新医科和新文科"。

2．"四新"建设的内涵

新工科建设，是满足新科技革命、新产业变革、新经济需要，培养战略急需工程技术人才，提升经济硬实力的工科教育新变革；新农科建设，是服务脱贫攻坚、乡村振兴、生态文明和美丽中国建设，培养创新复合应用型农林人才，提升生态成长力的农科教育新变革；新医科建设，是从治疗为主到生命全周期、健康全过程转变，培养好医生、大医生，提升全民健康力的医科教育新变革；新文科建设，是哲学社会科学教育的创新发展，是培养知中国、爱中国、堪当民族复兴大任的新时代文科人才，提升文化影响力的文科教育新变革。

3．"四新"建设的发展

新工科建设，从复旦共识到天大行动再到北京指南，已经进入了全力打造未来技术学院、现代产业学院、特色化示范性软件学院，推动实现学科深度融合再出新的阶段；新农科建设，从安吉共识到北大仓行动再到北京指南，正在探新路、育新才、树新标，正在逐步深化、层层推进；新医科建设，着力打破学科壁垒，加速学科交叉融合，2020年6月医学专业获得了世界医学联合会认证，同年9月国务院办公厅发布了《关于加快医学教育创新发展的指导意见》；新文科建设，准确识变、积极应变、主动求变，2020年11月发布《新文科建设宣言》，对新文科建设进行了全面部署。

本章参考文献

［1］习近平．坚持中国特色社会主义教育发展道路 培养德智体美劳全面发展的社会主义建设者和接班人［N］．人民日报，2018-9-11．

［2］习近平．在经济社会领域专家座谈会上的讲话［N］．人民日报，2020-8-25．

［3］习近平．把思想政治工作贯穿教育教学全过程 开创我国高等教育事业发展新局面［N］．人民日报，2016-12-9．

［4］习近平．在庆祝中国共产党成立100周年大会上的讲话［N］．人民日报，2021-7-2．

［5］习近平．决胜全面建成小康社会 夺取新时代中国特色社会主义伟大胜利——在中国共产党第十九次全国代表大会上的报告［J］．求是，2017（21）：3-28．

［6］习近平．深入学习坚决贯彻党的十九届五中全会精神 确保全面建设社会主义现代化国家开好局［OL］．http：//www.xinhuanet.com/politics/2021-01/11/c_1126970918.htm，2021-1-11/2021-5-5．

［7］习近平．用新时代中国特色社会主义思想铸魂育人 贯彻党的教育方针落实立德树人根本任务［N］．人民日报，2019-3-19．

［8］习近平．高举中国特色社会主义伟大旗帜 为决胜全面小康社会实现中国梦而奋斗［N］．人民日报，2017-7-28．

［9］蔡文伯，王亚芹．UNESCO"教育2030行动框架"对我国高等教育发展的冲击与启示［J］．广西师范大学学报（哲学社会科学版），2019，55（1）：110-116．

［10］教育部．2019年全国教育事业发展统计公报［J］．中国地质教育，2020，29（4）：120-124．

［11］习近平．在北京大学师生座谈会上的讲话［N］．人民日报，2018-5-3．

［12］习近平．面向世界科技前沿面向经济主战场 面向国家重大需求面向人民生命健康

不断向科学技术广度和深度进军［N］．人民日报，2020－9－12．

［13］习近平．思政课是落实立德树人根本任务的关键课程［J］．求是，2020（17）：4－16．

［14］程建平．坚定不移走新时代中国特色社会主义高等教育发展道路［J］．中国高等教育，2018（2）：9－10．

［15］王展飞．振兴民族的希望在教育［J］．思想战线，1994（1）：3－4．

［16］习近平．坚持中国特色世界一流大学建设目标方向 为服务国家富强民族复兴人民幸福贡献力量［N］．人民日报，2021－4－20．

［17］曹胜利，何雨点．以教育公平促进社会公平正义［J］．中国高等教育，2019（15）：49－51．

［18］习近平．在庆祝中华人民共和国成立70周年招待会上的讲话［N］．人民日报，2019－10－1．

［19］习近平．切实学懂弄通做实党的十九大精神 努力在新时代开启新征程续写新篇章［N］．人民日报，2017－10－29．

［20］习近平．把握新发展阶段，贯彻新发展理念，构建新发展格局［J］．求是，2021（9）：4－18．

［21］李兴洲，耿悦．从生存到可持续发展：终身学习理念嬗变研究——基于联合国教科文组织的报告［J］．清华大学教育研究，2017（1）：94－100．

［22］张伟，刘宝存．在地国际化：中国高等教育发展的新走向［J］．大学教育科学，2017（3）：10－17．

［23］习近平．学史明理 学史增信 学史崇德 学史力行［J］．求是，2021（13）：4－15．

第二章

高等教育发展的新文科

当前,世界正面临百年未有之大变局,中国正处于两个一百年的历史交汇期,世界和中国都在发展变化,教育也必然发生改变。对于我国高等教育而言,坚持用全面、辩证、长远的眼光准确把握和科学判断国内外高等教育发展的特征和形势,抢抓机遇、应对挑战,在危机中育先机、于变局中开新局,更加强调以人为本、始终牢记立德树人根本任务,培养符合时代发展需求的创新型人才已经成为我国高等教育的发展目标。

一、新文科提出的背景及意义

(一)新文科提出的时代背景

移动互联网、人工智能、大数据、区块链以及物联网等新技术相继发明并被推广使用,这些新技术所引发的技术革命正日益影响着人类的生产和生活,也逐步渗透到人们经济社会发展的各个方面,正在推动新一轮工业革命。"数字经济"的蓬勃发展,数据必然成为最关键的生产要素,数据的使用价值得到前所未有的重视。人们越来越关注资本、劳动、管理等传统生产要素之外的数据资源,越来越深入地对数据资源的特点、经济形态、运行规律进行探讨。同时,随着经济全球化的深入推进,资本、劳动、技术、数据等要素在全球范围内的空前流通,形成了全球价值链、产业链、供应链,也推动了人类利益共同体和命运共同体的形成。发达国家跨国资本因为其强大的吸引力被大多数发展中国家欢迎,资本所到之处不断优化生产要素配置,经济增长日益加速。中国经过40多年的对外开放和发展，积极融入经济全球化，主动参与国际分工，充分发挥自身的比较优势，已经成长为世界第二大经济体，也是经济全球化的最大受益者之一。40多年来，虽然中国已经深度融入经济全球化，但中国经济社会的高速发展主要还是依靠资源、人口等传统要素，并不断成为主要受益者。

当前，中国面临的国际政治经济环境发生了很大的变化。我国经济发展正处在转变发展方式、转换增长动力、优化经济结构的关键时期，面临着体制性、结构性、周期性问题相互交织所带来的困难和挑战，突如其来的新冠肺炎疫情更是给我国经济增长带来较大压力。习近平总书记强调要坚持用全面、辩证、长远的眼光分析当前经济形势，要从哲学的高度辩证地看待困难，并特别强调我国经济潜力足、韧性强、回旋空间大、政策工具多的基本特点没有变。我国是全球工业体系高度完整的少数国家之一，具有强大的生产能力、完善的配套能力，内需市场规模超大。面对世界百年未有之大变局，实现中华民族伟大复兴的大局，必须不断探索奋斗，不断克服前进中的困难，充分发挥国内超大规模市场优势，逐步构建以国内大循环为主体、国内国际双循环相互促进的新发展格局。

（二）新文科的提出

文科是"人文社会科学"（或称"哲学社会科学"）的简称，是人文科学和社会科学的统称。其中，人文科学主要研究人的观念、精神、情感和价值；社会科学主要研究各种社会现象及其发展规律。按照我国《普通高等学校本科专业目录（2012年）》，除了理学、工学、农学和医学外，哲学、经济学、法学、教育学、文学、历史学、管理学、艺术学等学科门类基本上都可纳入"文科"范畴。新文科是相对于传统文科而言的，是以全球新科技革命、新经济发展、中国特色社会主义进入新时代为背景，突破传统文科的思维模式，以创新、融合、共享为主要途径，促进多学科交叉与深度融合，推动传统文科的更新升级，从学科导向转向以需求导向，从专业分割转向交叉融合，从适应服务转向支撑引领。[①]

"新文科"这一概念由美国希拉姆学院于2017年率先提出，是指对传统文科

---

① 刘小兵. 对新文科的思考和看法[J]. 中国高教研究，2019（10）：12.

进行学科重组、文理交叉,即把新技术融入哲学、文学、语言等诸如此类的课程中,为学生提供综合性的跨学科学习。我国的"新文科"建设发端于2018年,中共中央在所发文件里提出"高等教育要努力发展新工科、新医科、新农科、新文科"(简称"四新"建设),正式提出"新文科"这一概念。2019年4月29日,教育部、科技部、财政部等部门在天津联合召开"六卓越一拔尖"计划2.0启动大会,标志着国家"四新"建设工程正式开启。由此,"新文科"从概念提出走向正式实施。2019年6月20日,在高等学校专业设置与教学指导委员会第一次全体会议上,教育部高等教育司吴岩司长指出:作为一项战略部署,国家试图通过实施"六卓越一拔尖"计划2.0,推进人才培养体制机制创新,提高高校服务经济社会发展能力,最终实现"四新"建设总目标,并特别强调"我们一定要让新文科这个翅膀硬起来,中国高等教育飞得才能平衡、飞得高"。[①]"新文科"这一国家战略的启动,将对未来中国大学文科、中国教育乃至中国社会产生巨大影响。

(三)新文科建设的重大意义

《新文科建设宣言》提出哲学社会科学发展水平反映着一个民族的思维能力、精神品格和文明素质,关系到社会的繁荣与和谐。新时代,把握中华民族伟大复兴的战略全局,提升国家文化软实力,促进文化大繁荣,增强国家综合国力,新文科建设责无旁贷。

1. 开启建设现代化国家新征程的需要

以一流人才支撑现代化国家建设,是大国崛起的基本逻辑。现代化国家的建设,最终要依靠人才。培养什么样的人才,如何培养高质量的人才,是新时代高等教育面临的课题,也是哲学社会科学教育的时代命题,同样也是新文科建设面对的机遇和挑战。习近平总书记在2016年5月17日哲学社会科学工作座谈会上发表重要讲话时强调:"要按照立足中国、借鉴国外,挖掘历史、把握当代,关怀人类、面向未来的思路,着力构建中国特色哲学社会科学,在指导思想、学科

[①] 吴岩司长在高等学校专业设置与教学指导委员会第一次全体会议上的讲话[EB/OL].[2020 - 3 - 7]. https://jdx.cdtu.edu.cn/info/2042/3358.htm.

体系、学术体系、话语体系等方面充分体现中国特色、中国风格、中国气派。"[①] 遵循总书记的重要讲话精神，新文科建设的目标就是培养具有新时代中国特色、能立足中国现实，植根中国大地，把中国精神、中国价值、中国力量阐释好的优秀哲学社会科学人才。

2. 彰显文化自信的需要

文化是一个国家（地区）的独特标记和特有符号，是一个民族的精神内涵和精神象征。文化自信是一个民族对自身文化价值的充分肯定和执着坚守，只有充分认识到自身文化的优秀传统与发展不足，才能传承和发扬自身文化中的精髓，并不断发展创新。这些都是建立在本民族哲学社会科学的不断丰富和发展基础之上的，因为哲学社会科学承载着一个民族以及民族文化的基因。所以，坚定文化自信离不开新文科进一步发展，提升民族文化在世界文明中的影响离不开新文科的进一步发展创新，培养德智体美劳全面发展的时代新人更是取决于新文科的全面价值引领。党的十八大以来，以习近平同志为核心的党中央要求加快建构体现中国气派的哲学社会科学学科体系、展现中国风格的哲学社会科学学术体系、代表中国符号的哲学社会科学话语体系。但是，当下我国的哲学社会科学的学科体系、专业体系和话语体系，在国际学术体系和国际话语体系中还缺乏应有的引领力和主导力，在国家舞台上还存在着"有理说不出、说了传不开、发声较弱小"的情形，在不少的哲学社会科学领域，西强我弱还依然存在、西学东渐还较为强烈，东学西渐还明显不足。[②] 所以，中国的新文科要把握时代发展大势、把脉自身发展趋势，勇于破除陈旧、嬗变创新，探寻中国传统文科教育发展的新方法、新途径、新模式。

3. 应对新经济蓬勃发展的需要

产业的数字化和智能化随着互联网、大数据等新技术的应用不断发展和深化，原有的产业结构、产业形态和产业内容持续变化，新产业、新业态不断出现。信息技术与人文社会科学的融合已经成为一个国际趋势，在互联网、大数据

---

① [20] 习近平：在哲学社会科学工作座谈会上的讲话 [EB/OL]. (2016-5-17) [2020-3-7]. https：//www.xinhuaned.wm/politics/2016-051181c_1118891128.htm.

② 张文显. 在新的历史起点上推进中国特色法学体系构建 [J]. 中国社会科学，2019 (10)：23-42，204-205.

的推动下，已有的人文社会科学成果可以在数字化平台上得到更大范围和更有穿透力的显现、增值和共享，发挥出更大的经济效益和社会效益，这就导致社会发展对人文社会科学人才培养提出更高的要求，同时也为社会提供了新的人才需求和定位，如数字内容产业、数字文化产业、数字创意产业等。新文科建设正是实现哲学社会科学与科技革命交叉融合在高等教育的具体实践。

4. 创新型和复合型人才培养的需要

深化高等教育综合改革的重要目标就是要主动适应和引领新技术、新业态、新模式，不断优化高校专业布局，实现人才培养目标、培养模式与国家需求和社会发展相吻合，真正实现为党育人、为国育才使命。专业是人才培养的"基本单元"，专业结构是否优化决定着我国高等教育能否实现高质量发展。目前不少高校的专业培养目标与定位比较模糊，课程内容与毕业生素质要求的吻合度不高。部分专业在人才培养方案的设计上趋于保守，过于强调专业培养、开放度不够，往往局限在单一学科或专业门类内进行课程设计，跨学科、跨专业的开放选修力度不够，学生学习选择权受到限制，这种学科、专业之间的藩篱或界限不利于创新型、复合型人才的培养。如何打破学科专业壁垒，推动文科专业之间深度融通、文科与理工农医之间交叉融合，让现代信息技术赋能文科教育，新文科的建设旨在改变传统文科教育模式，推动文科人才培养模式和教育组织形式的变革。

二、新文科的内涵与基本特征

（一）新文科的内涵

随着中国社会发展进入新时期，中国作为世界第二大经济体，已经不仅仅是一个客观的巨大存在，无论是人口、地域、经济总量，还是制度、文化、历史。在人类社会发展历史进程中，中国在某种意义上，其所提供的已不仅是一个国家现代化的认识价值，可能是一个文明形态的重新认识。因此，新文科建设的内涵主要应该围绕对中国现代化进程的认识和现代化对高端人才的需求来展开。

信息技术的发展带来了很多技术突破，如人工智能、大数据、区块链、虚拟技术等，这些不仅与信息学科密切相关，而且对文科也产生很大的影响，一些新产业、新业态随之产生，如"互联网＋教育""互联网＋金融"等。这就要求高等教育必须培养出更多知识复合、学科融合的新型人才，也要求高等学校必须呼应社会需求，加大专业结构调整和改革。新文科概念提出至今，学界对它还没有非常明确的定义，仅与传统文科对比来进行。冯果认为："新文科是相对于传统文科而言的，是对传统文科的提升，其目的在于打破专业壁垒和学科障碍，以广博的学术视角、开阔的问题意识和深厚的学术积累为基础，为学生提供更契合现代社会需求的素养训练，是对快速变革的社会生活的主动回应。"[①] 马骥认为："新文科是基于全球新技术发展与新时代中国特色社会主义发展战略安排，突破传统文科的思维模式，注重通过文科内部融通、文理交叉融合来研究、认识和解决学科本身、人和社会中的复杂问题，构建中国特色社会主义的学科知识体系，并引领学科发展。"[②] 但大体上它的内涵主要体现在两个方面：第一种是循序渐进式推进。即在现有文科专业基础上，保存现有专业以及专业核心能力与核心素养，同时赋予人才培养的新内容，以不断适应科学技术和社会发展的新需求，渐进式更新教学内容，推动教学模式改革。第二种是突破性改革。在文科人才培养模式上实现跨学科专业的新突破，即突破现有文科人才培养的学科专业限制，在更大范围内实现文理、文科等各专业之间的交叉，对文科人才培养的目标定位、培养理念、组织形式、课程设置等重新定位、认识和重构。这种教育改革源自新文科内涵创新驱动，是对现有文科专业教育教学内容的再认识、再深化，体现了运用新理念对文科人才培养模式的全方位探索。

（二）新文科的基本特征

从"新文科"内涵可以看出，我国"新文科"产生的背景至少体现为新技术的发展以及新时期对文科人才培养重大使命的要求。新技术的发展促进了学科之间的交叉，不仅文科内各学科的交叉变得越来越明显，文理之间的交融也越来越需要。自然科学的发展需要人文学科适合国情发展需要，要体现中国特色，在

[①] 冯果．新理念与法学教育创新［J］．中国大学教学，2019（10）：32－36．
[②] 马骥．新文科背景下《决策理论与方法》课程教学改革分析［J］．知识经济，2019（30）：144－145．

世界文化舞台上有更加自信的表现。基于此,新文科的基本特征大概体现在以下几个方面。

1. 交叉融合

"新文科"要突破"小文科"思维,构建"大文科"视野,交叉融合主要体现在:传统文科自身交叉融合,如文史哲;文科与工科交叉融合,如设计艺术哲学、新媒体;文科与医科交叉融合,如医学信息学、健康管理;文科与农科交叉融合,如可持续发展与乡村建设、农业经济学;文科与理科交叉融合,如大数据管理与应用、金融科技,等等。美国国家科学基金会(NSF)的社会行为经济(SBE)学部,在2010~2020年学科发展战略报告"Building the Mosaic"指出,未来10年学术研究特点是:数据密集、跨学科、强合作、问题驱动。这四大特点都指向SBE的交叉融合:数据密集(泛在)自不待言,跨学科和强合作几乎就是交叉融合的同义语,而问题驱动则是倒逼交叉融合,因为没有哪一个问题是某个单一学科的问题,必须打破学科壁垒、综合考量、协同施策,方能解决问题。①

2. 研究范式

新文科的提出是第四范式在文科教育中的应用尝试和实践探索。20世纪60年代以来,在新兴技术发展的强劲支撑下,人文社会科学研究的方法发生了重大变化,伴随人文资料的数字化及其网络分享,人文知识的获取、分析、集成和展示所形成的数字化场景,彻底改变了人文学者进行人文资料组织、标引、检索和利用的习惯,以全新格局接续人文研究,并维持一致性和高效性。② 人文科学、社会科学以及自然科学中惯习的第三范式,是指遵从问题是什么、有什么假设、提出问题、搜集数据再进行验证,它主要关注的是问题或数据之间的因果关系。而第四范式则是先有了大量的已知数据,然后通过计算得出之前未知的理论。第四范式为人文和社会科学研究提供了"第三只眼"——数据之眼,即可以通过对数据采集、分析和挖掘,发现和揭示新的问题,再运用和发展相应的理论,使理论基于数据和事实,它更多关注的是问题或数据之间的相关关系。这也打破了

---

① 徐飞. 新文科建设:"新"从何来,通往何方?. 光明日报,2021-3-20.
② 刘炜,叶鹰. 数字人文的技术体系与理论结构探讨[J]. 中国图书馆学报,2017,43(5)32-41.

人文社会科学研究"单打独斗"的封闭研究模式，转而走向开放和共享的协作研究和学习模式①。人文社会科学研究可以摆脱"独狼式"的工作方式，学会与不同学科背景的学者共同完成研究项目。这就要求人文社会科学不仅需要在方法论和研究范式上的创新，更需要学科体系和教学模式上的同步改革。

3. 话语主导

世界历史的早期，以中国为首的东方在思想、科技等领域均在西方文明之上。但是从文艺复兴之后，西方文明迅速发展并日益取得强势地位。改革开放经过四十多年的发展，中国经济发展举世瞩目，也产生了与之相匹配的重大经济理论和具有世界影响力的重量级学者。新文科就是要讲好国家经济社会发展成绩背后的原理、学理、哲理和法理，为全球思想界、学术界贡献智慧，为构建人类命运共同体贡献中国智慧、中国方案和中国力量。21世纪以来，大批中国学者已经快速学习并掌握了西方规范化的研究方法。当下，本土学者最应该做的就是扎根中国发展实践，通过问题导向深刻把握世界形势变革中涌现的新问题和新机遇，认真反思本土情境对于学术研究的意义和价值，揭示中国经济快速发展的理论逻辑和实践规律，进而博采众长，构建具有中国特色的原创性经济社会发展新理论和新思想积极应对世界"百年未有之大变局"。

4. 发展路径

从新文科的发展内涵来看，新时期的新文科建设突出强调人才培养质量的全面提升，对内涵式发展路径提出了革命性的探索。一是对现有文科课程体系、课程内容、评价体系等进行升级改造，其方向是在原有人才培养目标的基础上实现该专业领域内卓越拔尖人才培养，强化文科人才在行业或专业领域充分发挥创新和引领作用；二是全面呼应新兴领域的实践需要，探索出一个全新的文科人才培养路径，以适应新兴领域对文科人才的特定需求，这种新型路径要求高等教育在人才培养方案设置上应具有明确的指向性和针对性，在专业设置、培养目标、课程设置上必须突破既有的路径或方法依赖，探索革命性的尝试，进而实现人文社会科学与理学、工学的更大范围的交叉融合。两种发展路径将质量优化作为新文

---

① 王涛. 数字人文的本科教育实践：总结与反思 [J]. 图书馆论坛, 2018, 38 (6): 37-41.

科建设的指导思想，都是文科教育在更高质量发展道路上的探索和实践，都是以培养高质量创新型、复合型文科人才为总目标。

5. 培养模式

新文科人才培养可以借鉴工程教育专业认证的理念和要求，明确能力结构、素质要求；引进质量管理理念，建立质量评价体系，对教学过程、教学效果和人才培养体系等进行全流程控制；在课程体系与课程组织方式上，着重项目化课程建设与实践环节的要求，特别是与服务地方经济社会发展需求相结合；对标一流本科专业建设，实现新文科教育过程重组和结构再造。这种人才培养模式将创新创业教育融入全过程，对文科学生的应用能力素养进行升级培养，通过项目化学习，深化跨行业和跨领域的协作，注重培育文科教育的创新文化，充分利用数字化学习资源，提升学生的数字素养，不断培养学生创新能力、批判能力、沟通能力、团结协作精神等，对文科教育整个体系的功能规划、资源建设、方法创新、环境设计都将带来一定的影响，对现代教育方法与现代技术的应用提出更高的要求。

三、新文科建设的基本理念

教育是国家大计，也是民生之基。建设教育强国是一项系统工程，其中的关键是落实立德树人的根本任务。只有把立德树人贯彻到教育事业发展的各领域、各方面、各环节，做到以树人为核心、以立德为根本，培养社会主义建设者和接班人，才能真正建成教育强国。

现代高等教育是建立在知识细分的基础上的，而知识的标准是可以测定的有效性，不是难以界定的德行。工具性导向的人才培养是对有效性原则的贯彻，本身无可厚非。人才本身也是人的内涵的重要组成部分，甚至也是居于核心位置的。问题是当工具性导向的人才培养几乎成为高等教育的全部，德行的思考与品行的修为没有相应的位置，其结果便是工具性的追求致使人的功利欲望膨胀。功利欲望自始就是人类创造文明的源动力，本身也无可厚非，只是社会发展到今天，在市场导向的教育体系面前，培养人才的高等教育机构早已被裹挟其中，一味地应对社会需求；作为教育生产链的成品终端，大学的人才生产目标，成功地引导着上游的生产线，使本该承担塑造人类心灵的基础教育，乃至学前教育都出现高度的功利认同，甚至在现实生活中我们会轻易地被俘虏于"不能输在起跑线"的广告语上。功利的导向虽然足以为社会提供一定的动能，却不能引导方向，引导人类前进方向的还是应该关于德行的思考与培养。

习近平总书记在全国高校思想政治工作会议上精辟阐述了加强和改进高校思想政治工作的重大意义、根本方向、目标任务和基本要求，深刻回答了高校培养什么人、怎样培养人以及为谁培养人这个根本问题，提出要坚持把立德树人作为中心环节，把思想政治工作贯穿教育教学全过程，实现全员育人、全程育人、全方位育人，努力开创我国高等教育事业发展新局面。作为以知识性和价值性为学科命脉的文科教育，价值引领是其育人育才的重要安身之本、立命所在。因此，新文科要落实好立德树人的根本任务，要培养好政治坚定、道德高尚、情怀深厚、本领卓越的新时代创新型复合型人才，深刻领会把握习近平总书记关于教育的重要论述，始终牢记为党育人、为国育才使命，全面聚焦立德树人的根本任务。

立德树人的意思是培养有品德的人才。立德，就是坚持德育为先，通过正面教育来引导人、感化人、激励人；树人，就是坚持以人为本，通过合适的教育来塑造人、改变人、发展人。立德树人的着眼点既在"德"，又在"人"，在注重人才培养的同时更注重人自身的发展，而人自身发展的依据就是人赋予自身以内涵，这就是德。德行的思考与培养，很难界定为具体的工具性的专业知识，尽管这些专业知识和专业课程当中也含有相当部分的思政元素。德行的养成需要人们超越工具性的专业知识，在统合贯通各种专业知识的基础上来思考与修习人自身。这里所说的统合贯通各种专业知识，并不是在学了各种专业知识之后，而应该是在专业知识学习的同时，能够保持另一个统合贯通的维度，它不是指向工具性的，而是统合贯通于自己的思想与行为[①]。

综上所述，新文科建设要始终以立德树人为根本任务，以文化人，坚持"德

---

① 陈凡，何俊. 新文科：本质、内涵和建设思路新文科：本质、内涵和建设思路[J]. 杭州师范大学学报（社会科学版）2020（10）.

才兼备、以德为先",建立和完善符合文科教育规律、具有鲜明中国特色的人才培养体系,把引导学生树立正确的世界观、人生观、价值观作为首要课题,培养更多有情怀、有眼光、有格局、有专长的人才,推动"人的现代化"。当前,新文科的建设正是在当代中国的改革开放取得巨大进步、中国社会进入新时代、中华民族伟大复兴展现出光明前景的背景下提出的人文社会科学的建设愿景,有着鲜明的时代要求,同时又肩负着伟大的历史重任。由于文科本质上是关于人的知识,因此,要想在树人的同时注重对德行的养成,就必须在传统文科的基础上深入理解新文科的内涵,全面把握新文科的建设理念,站在两个百年交汇的历史起点上为中华民族伟大复兴持续推进中国特色文化建设,致力于追求中国传统文化的创新性解释与创造性发展,不断坚定文化自信,从知识生产与立德树人两个维度思考建设路径,在知识生产的维度上,要直面40多年的改革开放所呈现出来的中国现象,在中国文化与历史的脉络中,吸收外来知识,给出自己的解释,从而提炼出中国的学术话语;在立德树人的维度上,要能够深刻反思近代以来的以反传统作为前提的中国现代化过程,不断彰显新文科建设的时代特征和现实内涵,不断强化文化认同,培植文化自信,以便在做好知识生产的同时,更加注重传统中国文化的推陈出新。

四、新文科建设的重点任务

《新文科建设宣言》提出推动文科教育创新发展,构建以育人、育才为中心的哲学社会科学发展新格局,建立健全学生、学术、学科一体的综合发展体系,推动形成哲学社会科学中国学派,创造光耀时代、光耀世界的中华文化,不断增强自信心、自豪感、自主性,提升影响力、感召力、塑造力。

(一)把握好新文科建设的几个基本原则

新文科是党中央推动高质量发展和提升教育服务能力重要举措的"四新"建设主要环节之一,是提升国家文化软实力的切入点,是中国高等教育卓越人才培养和拔尖人才培养的重要着力点。这里的"新"强调的是哲学社会科学与新科技革命交叉融合的"新"。因此,新文科建设要切实把握内容求新、提防形式追新。

1. 要把握文科的本质

新文科要根据文科的本质,以党的十九届五中全会关于高等教育"新成就、新目标、新要求、新动力"的精神为根本指向,彻底贯彻强化价值引领的新文科建设根本要求,紧紧抓住要建构以育人育才为中心的哲学社会科学发展新格局这条创新红线,牢牢把握提升国家形象的新文科建设时代使命,坚持守正创新的新文科建设必由之路,努力推进加强分类的新文科建设基本方略,抓好"促进专业优化、注重课程提质、加强模式创新"的新文科建设基本举措。[①] 全力做好专业设置创新、培养方案革新,教学内容更新,着力完成新文科建设培养时代新人的根本任务和改革初衷。

2. 把握好创新的实质

新文科不是表面的简单重组,也不是形式意义的排列组合,而是无论在目标使命上还是在内容质量上,均有实质性的突破和创新。一是目标上的创新,"新"在进行紧扣教育软实力、信息新技术、社会新产业的专业优化与改造升级,围绕交叉融合、实践训练的课程改革与教材迭代,大力倡导校企之间、校际之间双向协同的新型育人机制培养模式。二是使命上的创新,"新"在新文科肩负着传承发扬中华传统文化和弘扬中国精神、凝聚中国力量的新时代重任,肩负着为实现国家繁荣富强、民族伟大复兴和人民生活幸福的伟大梦想提供精神动力和人文涵养的新时代重托。三是内容上的创新,"新"在技术与文学、哲学、法学等学科进行融合的改革上,为学生跨学科学习搭建交流平台,既保持着人文社会科学的一般规律和特征,又体现着新文科的战略性、融合性、创新性。四是质量上的创新,"新"在以学生为中心,以目标为导向,以教会学生如何学为核心,以"大数据为基础、新技术为条件"建构新文科教育质量常态检测体系,确保新文科人才培养能力的持续提升,提高新文科高等教育的人才培养质量[②]。

---

① 吴岩. 积势蓄势谋势,识变应变求变 [J]. 中国高等教育,2021 (1):4-7.
② 李海良. 新文科发展之路:传承、融通与嬗变 [J]. 高教研究. 2021 (5):39.

3. 把握好融入新技术的特质

在人工智能、大数据、物联网、区块链等新技术、新业态方兴未艾的"百年未有之大变局"时期,新文科要抓住时代机遇重新布局和规划,防止机械重组、急功近利,防止"西学东渐"形成的盲目崇拜西方学术话语体系的"文化缺钙"。新文科不是文理之间的加减乘除,也不是文科与技术的两者之和,更不是"文、史、哲"加乘"法、经、艺";而是将新文科真正地融入新技术、拥抱新产业,借助新技术和新产业重新审视传统文科的新观念、新思维,重塑新文科的学术体系与专业类型,反之,新文科也要回应新技术、新产业发展的人文之需和伦理所求。因此要把握好新文科的"文"之特性和"文"之本质,找准传统文科与新科技、新产业发展的不协调之处,认真分析当下文科与新时代发展不合拍之处,切忌盲目追新、急于求成、仓促应改。要突破现有专业和学科的局限,瞄准创造视野宽、综合知识厚、专业技能高、学术能力强的人才培养目标,进行重塑文科思维体系、夯实文科知识塔基。[①] 遵守文科教育发展和人才培养的基本规律,加强文理交叉和融合,推动协同育人向纵深发展。

(二) 新文科建设的基本思路

新文科建设的本质追求在于因势而谋、应势而动、顺势而为,不断深化高等教育教学改革,引领学科方向,打破学科壁垒,坚持问题导向,回应社会关切,办人民满意的高等教育,以解决新时代提出的新问题。我们要认清大势,主动识变、应变、求变,通过多学科交叉融合和系统化、集成式创新突破传统文科思维模式,在建设理念、培养模式、专业课程设置等方面进行有益的探索与实践,为新文科建设注入新动能。

1. 构建新文科中国特色的价值体系

新文科是对新时代、新技术发展的积极回应,是重塑人文精神,繁荣中华文化的战略举措,必须充分考虑并尊重时代、国家需求、高等教育和文科发展的历史及其规律。我们要牢牢把握经济社会发展的历史方位,高站位、高要求、高质

---

① 陈鹏. "新文科"要培养什么样的人才[N]. 光明日报, 2019-5-20 (8).

量推进新文科建设。建构新文科理论体系应该坚持传承与发展，不忘本来，吸收外来，把握已来，面向未来。既要扎根中国大地，厚植中华文明，坚定文化自信，坚定中国精神、中国力量、中国价值，提升中国文化影响力；又要善于借鉴和吸收，主动学习世界各民族一切有价值的优秀理论成果和实践方案，坚持守正创新，贡献学术新知和学理创见，不断为人类命运共同体拓展知识疆域和理论边界。既要关注现实生活，回应社会关切，把握创新主题，反映时代巨变，深刻解读历史性变革中蕴藏的内在逻辑，更好用中国理论解读中国实践，解决实际问题；又要未雨绸缪，高瞻远瞩，为新时代理论创作和学术研究引领方向，为进一步深化改革开放提供强大精神动力和理论支撑。新文科建设要牢牢把握文科教育的价值导向性，要不断强化文科学者的自主性意识，鼓励立足中国传统、当下实践和未来发展的自主性理论建构；要始终坚持立德树人根本任务，牢记为党育人、为国育才使命，鼓励出版自主性理论体系建构的教材，推动育人模式、育人方法改革，全面推进习近平新时代中国特色社会主义思想进教材、进课堂、进头脑，提高学生思想觉悟、道德水准、文明素养，培养担当民族复兴大任的新时代创新型、复合型文科人才。

2. 树牢新文科系统推进的建设理念

新文科建设是一项系统性、开创性、面向未来的伟大工程，并不局限于高等教育领域，也不只是教育机构的专职专责，需要各级政府、教育主管部门、教育机构、社会各界秉持系统思维、树立大局意识、各负其责、协同推进、共同努力。各级政府和教育主管部门要深入调研、精准施策。教育主管部门及其内部职能部门、政府相关各职能机构要达成共识，形成合力，同向而行，在学科建设、科学研究、专业设置、课程建设、人才培养、学术评价等方面精准施策，促进形成有利于新文科建设的社会导向和生态环境。教育机构内部要整体协作、步调一致，新文科建设绝非仅是某一类别教育机构或教育机构内部某个部门的职责，而是关乎所有教育行业、单位、学科、专业的整体工程，需要基础教育、职业教育、高等教育等各类教育共同作为，协同努力。如高等教育要推进学科重构和学术研究范式、研究方法、知识理论、育人模式创新，基础教育和职业教育要推进课程改革，推出适应新文科发展方向的课程设置、教学内容，为新文科打好观念基础、素质基础、社会基础。社会各界要共同参与、共担责任,新文科建设是影响深远的浩大工程,仅靠教育界的努力无法达成,需要社会各界支持与合作,社会各界都要树立新文科意识,积极推进新文科建设,做到守土有责、守土负责。

3. 完善新文科协同育人的育人体系

教育现代化的本质与核心是人的现代化。建设新文科必须注重在人才培养过程中让学生拥有更多获得感、成就感、幸福感,促进学生思想观念现代化。坚持将立德树人根本任务贯穿于人才培养全过程,遵循人的成长规律与教育教学规律,探索多元化人才培养机制,构建全生命周期的人才培养体系和服务全民终身学习的教育体系,推动构建实现人才培养结构、培养模式与国家需求相匹配,学科专业体系、人才培养体系与产业链、创新链相衔接,具有创新创业和跨专业知识应用能力的复合型、创新型文科人才。坚持打造一流本科专业和课程,将新文科建设理念融入"双万计划"一流本科专业和一流本科课程建设,以专业优化、课程提质、模式创新为抓手,提高新文科人才培养质量;要进一步优化学科结构和专业布局,全面提升专业动态调整机制,推动人工智能、大数据等现代信息技术与文科专业深入融合,探索建设适应引领时代发展的新专业,打造文科"金专",筑牢新文科的基础性工作;要大力推进教学课程建设,用好课堂教学主渠道,强化价值引领,让文科的内容、手段、方法、考查标准等发生一系列变化,不断丰富形式载体,创新方法手段,通过运用必要的新手段让学生的思维更活跃,理解更深刻,学习更有效,更具启迪性和创造性,切实提高课程质量和学习成效。拓展校内外协同联动,学校与相关行业可以互聘导师、共建研究基地,加大实践导师聘任力度,注重从现实生活与社会实践中寻求新课题,形成高水平的研究成果,培养高素质人才;加强国际学术文化交流,实行"走出去、请进来"策略,推进中西文化互学互鉴,从而不断提升中国文化国际传播力,进一步提升中国文化软实力。全力推进研究生培养机制创新,突出新文科跨学科、综合性、融通性特征,以更加宽广的学术视角、强烈的问题意识和深厚的学术积累为基础,为新文科研究生提供更契合现代社会需求的素养训练。[①]

[①] 郁建兴. 以系统思维推进新文科建设[J]. 探索与争鸣,2021(4).

4. 推进新文科契合时代的评价改革

对于新文科建设而言,教育评价是"指挥棒",关乎人才培养的标准、学科平台的建设、资源的配置和基础设施的保障。在学科建设中,曾经过于注重分数、论文、帽子在评价体系中的作用,结果出现了教育评价偏离主流、过于功利的现象。为此,习近平总书记深刻指出,要扭转不科学的教育评价导向,坚决克服"唯分数、唯升学、唯文凭、唯论文、唯帽子"的顽瘴痼疾。在新文科建设过程中,需要我们推进教育评价体制改革,打破单一性评价方法,建立多元评价模式。要改变仅靠分数评价学生、论文和项目评价教师的简单做法,坚持德智体美劳的多元评价体系考评学生,坚持教学、科研、社会服务多维指标评价教师。要改变仅靠项目规格、刊物等级等作为考评唯一权重,坚持以绩效为导向,以解决国家重大理论和实践问题、服务地方经济社会发展问题为重要权重,使真正有一批能够在解放生产力、发展生产力进程中发挥重大作用的人才脱颖而出,并得到应有的荣誉和奖励。要改变工具性评价,转向人文精神评价,从人的存在、发展和价值出发,从对人的成长性评价入手,不断激励人的自我价值与社会价值同向同行。①

总而言之,推进新文科建设还面临很多的困难,需要我们鼓足勇气直面挑战,破除障碍。对于高等教育而言,主要是树立新时代育人新观念,完善制度体系,改善制度供给,深刻认识新科技革命与产业革命对高等学校文科人才培养的新要求,深刻理解新时代文化传承创新和文化自信对高校文科人才培养的新要求,全面把握中华民族伟大复兴对高校人才培养内容方法的新要求。高等学校必须进行顶层设计和制度创新,解决新文科建设中各级教学机构、广大师生关心关注的"瓶颈"问题,鼓励跨学科联合建设新专业,强化学科融合,鼓励教师教学能力发展提升,加大师资队伍,鼓励校企合作,实现校内外资源共享。

本章参考文献

[1]《新文科建设宣言》,2020年11月3日发布.

[2] 吴岩司长在高等学校专业设置与教学指导委员会第一次全体会议上的讲话 [EB/

---

① 夏文斌. 新文科建设的目标、内涵与路径. 高教研究. 2021 (5): 35 – 36.

OL]．[2020-3-7]．https：//jdx.cdtu.edu.cn/info/2042/3358.htm.

[3] 乔·古尔迪，大卫·阿米蒂奇．历史学宣言 [M]．孙岳，译．上海：格致出版社，上海人民出版社，2017：6.

[4] 刘小兵．对新文科的思考和看法 [J]．中国高教研究，2019 (10)：12.

[5] 国务院科教组．全国教育工作会议经验教材选编（大学部分）[M]．国务院科教组，1972：105.

[6] 吴岩．积势蓄势谋势 识变应变求变 [J]．中国高等教育，2021 (1)：4-7.

[7] 樊丽明．对"新文科"之"新"的几点理解 [J]．中国高教研究，2019 (10)：10.

[8] 郝春文．新方法、新领域、新手段——近30年来的中国历史学 [M] //论坛文集编委会．改革开放与理论创新（第二届北京中青年社科理论人才"百人工程"学者论坛文集）．北京：首都师范大学出版社，2008：316.

[9] 张盖伦．新文科来了这是场跨界融合的探索 [N]．科技日报，2019-6-13 (8).

[10] 吴岩．加强新文科建设培养新时代新闻传播人才 [J]．中国编辑，2019 (2)：4-8.

[11] 张胜，王斯敏，胡海男．新文科"新"在哪儿？并非"科技+人文"那么简单 [N]．光明日报，2019-7-23 (8).

[12] 习近平．在哲学社会科学工作座谈会上的讲话 [EB/OL]．(2016-5-17) [2020-3-7]．https：//www.xinhuaned.wm//politics/2016-051181c_1118891128.htm.

[13] 吴岩．新时代高等教育面临新形势 [N]．光明日报，2017-12-19 (13).

[14] 陈跃红．新文科：智能时代的人文处境与历史机遇 [J]．探索与争鸣，2020 (1)：11-13.

[15] 魏琛．新文科视域下认知语言学研究的五个维度 [J]．北京科技大学学报（社会科学版），2020 (1)：39-50.

[16] 刘艳红．新文科建设背景下的高校图书馆服务研究 [J]．图书与情报，2019 (4)：115-118.

[17] 周毅，李卓卓．新文科建设的理路与设计 [J]．中国大学教学，2019 (6)：52-59.

[18] 夏文斌．新文科新在何处 [J]．石河子大学学报（哲学社会科学版），2019，33 (6)：133.

[19] 田晓明．文化建设的思考与隐忧 [J]．苏州大学学报（哲学社会科学版），2012，33 (6)：1-10.

[20] 胡明宇．苏州大学"理解广告"教学的创新实践 [J]．中国广告，2019 (12)：

87-89.

[21] 李秀娟,张志辉,邹猛,等. 需求视角下的交叉仿生学科及专业设立必要性分析 [J]. 高等工程教育研究,2019 (2): 46-49.

[22] 王新才,杨千,王海宁. 国内与国际跨学科研究人员文献需求的对比分析——以南海争端问题为例 [J]. 图书情报工作,2018 (5): 6-14.

[23] 张春美,郝凤霞,闫宏秀. 学科交叉研究的神韵——百年诺贝尔自然科学奖探析 [J]. 科学技术与辩证法,2001 (6): 63-67.

[24] 田晓明,徐维英. 思考与探索:大学人文社会科学科研管理 [J]. 苏州大学学报(哲学社会科学版),2014,35 (3): 11-23.

[25] 朱丽·汤普森·克莱恩. 跨越边界知识、学科、学科互涉 [M]. 姜智芹,译. 南京:南京大学出版社,2005: 71.

[26] 田晓明,张婷婷. 思考与探索:新型智库建设 [J]. 苏州大学学报(哲学社会科学版),2015,36 (6): 14-20.

[27] 孙建群,田晓明. 人文社会科学研究评价的基本遵循 [J]. 苏州大学学报(哲学社会科学版),2019,40 (6): 23-31.

第三章

高等教育发展的"新经管"

近年来,随着5G、云计算、物联网、人工智能、大数据等新一代信息技术的蓬勃发展,给高等院校学科专业建设带来了颠覆性变革。多学科、跨学科、交叉学科成为学科建设的主流形式。安徽财经大学"新经管"发展战略就是在新时代新技术新变革背景下,进行了诸多探索,积极将数字经济、数字贸易、区块链、大数据、人工智能等技术融入经济管理类学科,不断优化学科专业布局,打造交叉融合学科。在尊重教育教学和学生成长成才规律的基础上,坚持以本为本,通过不断调整优化学科专业结构和人才培养目标,科学构建新时代学生知识结构体系,注重培养学生"跨界思维能力""跨平台整合能力"以及新一代信息技术综合素养,更好地培养适应区域社会经济发展需要的高层次应用型专门人才。

一、地方财经类高校新文科建设探索与实践

地方财经类高校在新文科建设中进行了诸多探索,上海对外经贸大学积极将数字经济、数字贸易、区块链、大数据融入经、管、文、法等学科,优化学科专业布局,打造交叉融合学科。江西财经大学通过课程教学改革与产教协同育人"双轮并行",为资源整合提供驱动力,多措并举推进专业转型升级,按下了"新商科"人才培养的"快进键"。中南财经政法大学坚持财经、政法融通发展优势,实施"大文科、新文科、强文科"特色发展战略,打造"学科创新高地",构建特色鲜明的学科建设体系,巩固和发挥经管法学科的主体地位和传统

优势。创新学科交叉融合、协调互动的可持续发展机制，推进学科协同创新发展。浙江工商大学通过经、管、法、文、理、工、史、哲、艺等跨学科交叉，将专业教育、通识教育和创新创业教育进行深度融合，并依托"一体多元"课堂协同等手段，构建了"大商科"人才培养有效途径。南京审计大学在建设现有优势学科的基础上，将云计算、大数据、人工智能等新一代信息技术与品牌专业交叉融合，设立了大数据审计、金融科技、智能会计等满足新时代需求的专业方向，运用新技术对财经问题进行再发现、再解析、再挖掘，实现文理交叉、多学科交融，构建"大学科"视野。

高等教育作为知识生产、研究探索和创新创造的主体，在重新审视教育目的时，必须面对当前和未来错综复杂的全球性挑战，密切关注人类社会发展，主动承担应对全球性挑战的社会责任和全球责任，意味着人类社会中的每个个体在当地及全世界层面采取负责的行为，构建多样性与包容整合的学习型社会，实现人人共享的更美好的未来。在此环境下，2018年1月安徽财经大学率先提出"新经管"建设工程，并强调"新经管"建设工程是为适应高等教育改革发展新形势以及经济社会发展新需求，努力提升学校支撑和引领经济社会发展能力而提出的一项重要战略任务，学校顺应5G、云计算、物联网、人工智能、大数据等新一代信息技术与经济社会发展和教育教学深度融合新形势的需要，更是拥抱新时代、践行新使命、抢抓新机遇、实现先发新优势的需要。

二、安财"新经管"战略提出的背景

（一）新时代财经类高校面临的挑战

1. 高质量发展的要求

2016年5月17日，习近平总书记在哲学社会科学工作座谈会上的讲话中指出："坚持以马克思主义为指导，核心要解决好为什么人的问题。为什么人的问题是哲学社会科学研究的根本性、原则性问题。我国哲学社会科学为谁著书、为谁立说，是为少数人服务还是为绝大多数人服务，是必须搞清楚的问题。我国哲学社会科学要有所作为，就必须坚持以人民为中心的研究导向。""按照立足中国、借鉴国外，挖掘历史、把握当代，关怀人类、面向未来的思路，着力构建中国特色哲学社会科学，在指导思想、学科体系、学术体系、话语体系等方面充分体现中国特色、中国风格、中国气派。"这是习近平总书记对高校财经类学科专业建设提出的具体要求。因此，在哲学社会科学学科专业建设中，高等院校一方面必须坚定"四个自信"，构建具有中国特色的财经类学科专业；另一方面必须坚定中国高等教育自信，扎根中华大地，办好中国特色高水平经管类高等教育。

2. 科学技术迅猛发展的要求

随着新一代信息技术的发展，新技术与高等财经教育教学的交叉融合引发了一系列的变革。一是新一代信息技术对社会经济产生了颠覆性的影响。"互联网+""人工智能+"类复合型人才备受青睐。2017年8月，麦肯锡公司全球研究院发布《中国数字经济：引领全球》研究报告[①]。研究报告认为："中国拥有全世界最大的电子商务市场，已成为塑造全球数字化格局的重要力量，其数字全球化进程方兴未艾，将从产业投资、商业模式和全球治理等多个领域引领全球新趋势。中国拥有全球最活跃的数字化投资与创业生态系统。据估计，中国电商交易额现已超过英、美、日、法、德5国的总和。中国与个人消费相关的第三方移动支付交易额相当于美国的11倍，2014～2016年，中国与数字经济有关的风险投资金额达770亿美元，占全球总额的19%。"二是学科专业出现新变革。学科专业界限日益模糊，交叉学科逐渐引起政府和市场的双重重视。科技革命引发的信息大爆炸、知识更新周期短、智慧经济、流量经济、共享经济、数字经济、物联网、大数据、区块链、人工智能等新经济模式，给财经类高等院校学科专业建设带来了前所未有的挑战。三是教与学"双重革命"。移动互联网的广泛应用提供了人类获取知识的新渠道，MOOC、微课、SPOC、翻转课堂等新教学模式应运而生，互联网成为重要的学习平台。高校教师必须主动适应学习模式的新变化，加强互动教学，提高学生学习积极性，培养学生有计划自主学习，养成良好的自学习惯，提升教学效果。

---

① 中科院网信工作网：http://www.ecas.cas.cn/xlbg/zgkxyxxhgzdt/dt201719/ml/xxhzlyzc/201804/t20180426_4539595.html.

3. 高等学校开放式发展

我国高等教育对外开放带来的竞争压力不可小觑。一方面导致优质生源减少；另一方面也一定程度加剧了高等院校办学竞争。随着生活水平的不断提高，我国国际化教育需求日趋旺盛。据教育部公布的数据，2019年我国出国留学人员总数为70.35万人，较2018年度增加4.14万人，增长6.25%。[①] 对外开放办学拓宽了我国高等院校的办学视野，为提高办学质量和效益带来了新机遇，也为推进我国优质教育教学资源的国际拓展带来了新挑战。

（二）新时代对"新经管"人才提出新的要求

1. 新时代新经济的特点

新经济是一种由技术到经济的演进范式、虚拟经济到实体经济的生成连接、资本与技术深度黏合、科技创新与制度创新相互作用的经济形态。新经济具有以下四个明显特征。

（1）聚合共享。随着互联网技术的不断发展，各类海量分散的资源借助互联网聚合起来，有效地促进信息流、物流、资金流、人流重新聚合，供需双方资源达到高效配置，打破了工业社会崇尚资源与财富占有的理念，更加注重最佳体验与物尽其用。

（2）跨界融合。新时代新经济给产业组织方式以及商业模式带来了颠覆性变革。信息技术推动价值链上下游的分工向价值网络上的交互与协同转变、推动产业内部的精耕细作向跨界的组合式创新。以技术应用、模式创新为内核的跨界融合成为新经济的显著特征。

（3）快速迭代。新一轮科技革命和产业变革带来颠覆式技术创新。互联网思维、技术、产品、模式等变革升级时间远远短于传播普及时间，快速迭代倒逼我们要更加专精、更加开放、更加主动高效适应，否则就顾此失彼、被动应对。

（4）高速增长。技术创新推动新技术、新产品、新业态、新模式爆发式井喷，新经济呈现指数型增长趋势。企业成长的速度不再是缓慢由小及大，而是跃

---

① 中华人民共和国教育部：http://www.moe.gov.cn/jyb_xwfb/gzdt_gzdt/s5987/202012/t20201214_505447.html。

迁式快速成长。在独角兽群体中，可能3~5年就会成长出一个引领世界的企业。

2. 新时代对"新经管"人才的要求

人才培养从教育学的视角理解，是指被教育者通过一定时期的教育培养后，应该达到什么样的标准，对受教育者发展期望、培养方向和规格、教育质量评价提供明确而具体的依据。人才培养目标是高等院校人才培养工作的核心，又是各项工作的出发点和最终目标，无论对高等院校整体的教育还是对具体专业而言，确立正确的本科教育人才培养目标是高等教育非常重要的，同时对教育的发展意义重大，否则，本科人才培养工作就会失去发展方向。

产业发展的变革和创新，对高等院校所培养人才提出了新的需求。这就要求高等院校在培养人才的过程中，密切关注产业、行业发展对人才的新需求、新变化、新导向。与传统产业发展对人才需求的能力和素质要求相比，新时代产业发展所需人才提出了更好的要求，主要表现在以下几个方面。

（1）具有责任担当和家国情怀。习近平总书记在全国高校思想政治工作会议上强调，高等院校肩负着培养中国特色社会主义事业建设者和接班人的重大任务，这就要求大学培养的人才必须具有国家至上、民族至上、人民至上，胸怀大局、心有大我的家国情怀和民族脊梁，具有优秀的道德品质和强烈的社会责任感。

（2）能够应对变化和解决复杂问题。大数据、人工智能、区块链、物联网、量子科技、生命科学等正迅速崛起并改变着人类的生活、学习、工作方式。多学科、跨学科、交叉学科成为学科发展的主要方式，人类迈入大科学时代。因此，现代高等院校需要培养的不仅仅是专业人才，更是具有思维整合能力、能够应对变化和解决复杂问题的跨学科复合型人才。

（3）具有国际视野、通晓国际规则、能够参与国际事务和国际竞争。随着全球化进程的不断推进，世界各国之间业务往来越来越普遍，各国之间的联系越来越密切，正日益结成人类命运共同体。我国也由于综合国力的不断提升，逐渐走到了世界舞台的中央。因此，越来越多的青年学生在未来会逐渐走向国际舞台，标准也逐渐成为世界标准，这就要求我国的高等院校培养更多具有国际化视野、通晓国际规则、能够参与国际事务和国际竞争的专门人才。

（4）富有创新精神、具备创业素质、勇于创新实践。创新精神是社会进步的阶梯，创业素质是推动经济社会发展、改善民生的重要手段。青年学生是国家和民族的希望，青年学生具备较强的想象力和创造力，是创新创业的主力军。建设创新型国家，走自主创新的发展道路，要求高等院校培养更多具有创新、创业素养和实践能力，可以在各个领域为人类发展和社会进步做出开创性贡献的优秀人才。

（三）借力"新工科"，建设安财"新经管"

1. 因势而谋、理念先行，在全国高校率先吹响"新经管"号角

大数据、互联网、云计算、人工智能、区块链等新一代信息技术的发展，彻底颠覆了传统的学科专业思维，学科专业界限越来越模糊，学科交叉融合越来越明显、越来越普遍。作为安徽省地方特色高水平大学，办学60多年来，安徽财经大学坚持传承和不断弘扬经济管理学科专业优势与特色，为社会培养了大批高层次应用型经济管理类人才。教育部着力推行"新工科"建设背景下，安徽财经大学因势而谋、再接再励，在2018年1月第六次校党代会上明确提出要"大力实施'新经管'建设工程，着力打造学校先发新优势"，并强调"新经管"建设工程是为适应高等教育改革发展新形势以及经济社会发展新要求，努力提升学校支撑和引领经济社会发展能力而提出的一项重要战略任务。

2. 智慧碰撞、凝聚共识，集思广益共绘"新经管"发展蓝图

安徽财经大学"新经管"战略自提出以来，学校便围绕"新经管"建设工程的社会背景、核心内涵、宗旨目标及其对学校学科专业建设、人才培养模式改革与优化、教师教育教学能力及科研能力提升、教育教学管理制度与机制改革的具体影响等方面展开广泛且深入讨论。安徽财经大学先后出台《安徽财经大学"新经管"建设工程总体方案》《"新经管"建设工程思想大讨论及学科专业建设发展等规划编制工作方案》等工作实施方案，明确一个思想、四个原则、三个目标。一个思想是指：按照教育部唱响"一流本科、一流专业、一流人才培养"主旋律和"工作谋划顶到天、工作视野宽到边、工作落实立到地"的总体思路和要求，科学研判和准确把握现阶段高等教育发展趋势以及经济社会发展新要求，特别是新一代信息技术对高等教育改革和发展的支持与促进，积极更新并有

效确立先进教育教学理念,坚持以学生为中心,以学科建设为龙头,以专业建设为抓手,以提高人才培养质量为核心,落实立德树人根本任务,实现内涵式发展,全面完成学校"十三五"建设发展目标任务基础上,尽快建成有特色高水平教学研究型大学。四个原则是指:坚持理念先行、坚持立德树人、坚持内涵发展、坚持协调推进。三个目标是指:学校人才培养供给侧和区域及行业经济社会发展需求侧结构要素得到有效融合,学校支撑和引领区域及行业经济社会发展能力水平得到有效提升;毕业生适应新一代信息技术要求的知识、能力和素质得到全面提升,高层次应用型经济管理类专门人才培养质量得到全面提升;学科专业动态调整机制更加完善,办学优势和办学特色得到进一步彰显,学校地方特色高水平大学建设有效推进。

3. 实践初探、高效实施,落实九大任务推进"新经管"建设

"新经管"建设理念要落地,做是关键。而如何做,没有先例,没有参考。新时代安财人以敢为人先的智慧和勇气,边探索边实施。学校将实施步骤落实在9个重点工作上:①继续开展"新经管"建设工程思想大讨论;②制订并实施学校中长期学科专业建设发展规划方案;③全面修订人才培养方案;④有效推进创新创业教育;⑤着力加强优势特色课程建设;⑥进一步深化改革实践教学体系;⑦多措并举提升教师教学科研能力;⑧改革完善本科专业评估机制;⑨切实加快智慧校园建设等。

根据"新经管"建设工程总体方案,按照9个重点工作的部署,全校上下纷纷行动起来。学校结合干部培训工作,邀请国内外知名专家就新一代信息技术及其应用等领域做专题报告,围绕教育部"新工科"建设背景下学校工科专业建设、招生考试改革与学校招生教育就业联动机制构建等主题进行深入研讨。围绕"新经管"建设工程要求,启动新一轮本科人才培养方案修订工作。此轮修订工作涉及重构课程体系,如在一二年级公共基础课程模块中,增设计算机运用、互联网、大数据等相关课程;在三四年级专业课程模块中,结合新一代信息技术应用,调整专业课程教学内容,如互联网金融、智能会计、大数据税务管理、智慧外贸等。修订工作还涉及再造课程形式、优化教学模式和革新教学方法;学科交叉、专业融合,培养复合型人才;产教融合,协同育人,培养创新型人才。与此

同时，学校在相关学科及专业开始实践，如作为学校的主干学科之一的经济学，依托国家级和省级一流专业、国家级和省级特色专业、省级专业综合改革试验区、省级卓越人才计划等平台，通过瞄准新兴学科方向，如共享经济学、量子经济学等，对专业设置实施动态调整，加快传统学科专业的升级改造；作为学校主干学科之一的管理学重要力量的会计学，推出"携手'中兴财务云'，培养新时代高端财会人才""力推'互联网+会计教学改革'，促进本科教学创新""着力培育和引进师资，打造'新经管'教学团队"三大改革举措，力图在新时代实现新飞跃。统计与应用数学学院、管理科学与工程学院更是责任在肩、砥砺前行，紧跟新一代信息科学技术发展以及相关学科专业建设新进展，全面升级改造理工类本科专业，适时设置数据科学与大数据技术等新专业，着力加强《数据科学概论》《数据科学编程基础》《回归分析》《机器学习》《大数据应用》等新开课程建设，积极支持、密切配合"新经管"建设工程。

4. 聚焦难点、避免误区，建立健全教学质量保障体系

安徽财经大学"新经管"建设工程的提出，不仅是适应高等教育改革发展新形势以及经济社会发展新要求的需要，也是学校在新时期通过内涵建设实现跨越式发展，甚至是"弯道超车"的重要发展战略。基于教育教学理念更新的"新经管"建设工程，不是简单地强调互联网、云平台等教育教学技术手段的应用，也不是将经济管理类学科专业与信息技术类及相关专业的知识简单地复合。"新经管"建设工程是在内涵界定及制度设计的基础上，强调以学生为中心、突出产出导向、突出持续改进等基本原则，继续坚持培养"高层次应用型经济管理类专门人才"这一目标定位，但人才培养更加强调经济管理类学科专业知识与信息技术等学科专业知识复合（更加宽口径），突出新一代信息技术及其应用的充分了解和基本掌握等能力和素质要求，思维模式和专业技能培养和训练更加强调创新性、系统性、开放性、科学性。与此相适应，专业建设在定位与目标上要有突破，课程体系与教学内容更加突出学校自身特色与优势，教学方式方法推陈出新，充分利用现代化教育技术手段，将MOOC、SPOC、翻转课堂、线上线下混合式等教学模式引入课程教学。

为了确保"新经管"建设工程扎实推进，学校提出要进一步规范管理，完

善考评机制,健全完善教学质量保障体系,具体实施环节如下:

一是按照"三级认证"要求,严格落实《普通高等学校本科专业类教学质量国家标准》,做好"兜底线、保合格、促引领"三级专业认证筹备工作。在建立健全有效的自我评价、自我完善、自我发展机制下,解决学校每一个本科专业"何去何从"问题。

二是坚持以专业评估为抓手,建立健全专业建设质量评价机制。点面结合,把握不同学科专业国家标准与学校自身优势和特色关系、把握不同学科专业的定位目标与彼此之间的内在关联。既要考察各个学科专业的现状,还要考察学科专业的发展前景和趋势;既要考察各个专业之间的内在关联及其结构与布局,还要考察专业建设与发展的学科引领与支持。

三是把专业评价结果与单位绩效考核等挂钩,注重实效、责任到位。组织设计、考核评价主体在学校,组织实施、具体推进主体在学院。

教育部网站2018年5月10日报道了我校"新经管"建设,如图3-1所示。

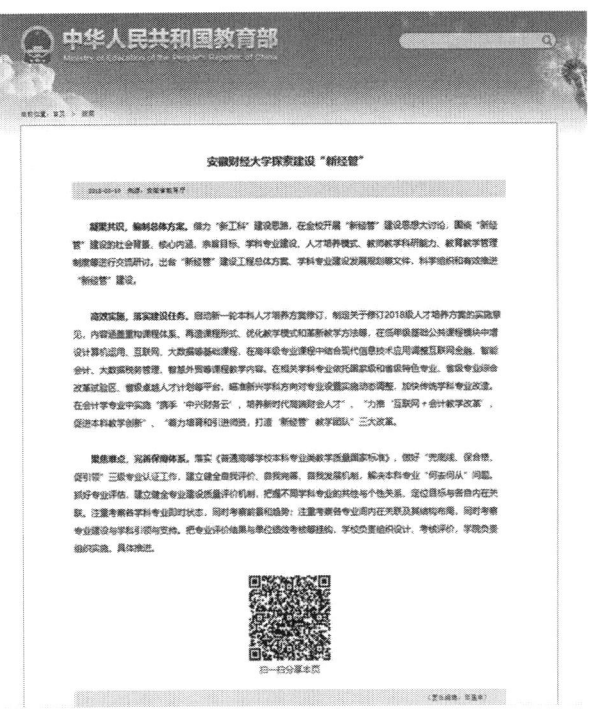

图3-1 安财"新经管"建设示意图

2018年12月20日,教育部经济和管理类教指委主任委员联席会议暨工商管理类专业教指委第一次会议也聚焦"新时代 新文科 新经管",教育部高等教育司司长吴岩做题为"新时代、新文科、新经管,培养经世济民的经济和管理卓越拔尖人才——经济和管理类专业教指委工作的第一要务"专题报告。

三、安财"新经管"的内涵与目标任务

(一)安财"新经管"的内涵

1. 综合性的交叉融合,"新经管"恰逢其时

从学科发展的角度看,学科之间的交叉融合推动了高等院校产生新学科或新专业。学科的竞争优势在很大程度上决定了高等院校之间的竞争优势,形成特色鲜明、方向凝练的优势学科是当代学科竞争的最主要方向所在。高等院校应积极有效地支持交叉学科的发展,寻找新的学科增长点,通过学科内部的组织生长,融合社会经济发展的外部牵引力,形成新兴学科的生长点和重大创新的突破点。

学科一般按照自然科学、社会科学、人文科学三大类进行划分。自然科学、社会科学、人文科学分别以"物""事""人"为研究对象,追求物理要"对"、事理要"明"、人理要"通"。传统的学科教育往往呈现专业细分、强化研究领域的状况。而目前,学科间的交叉融合,已经成为推动学科建设和发展的重要途径之一。以财经领域为例,财经目前研究除了利用数学、系统科学、运筹学、统计学、计算机科学和数据科学之外,越来越多地综合利用经济学、管理学、法学、哲学、伦理学、社会学、行为科学、脑科学、神经科学、认知科学、心理学以及认知心理学等学科。因此,"新文科"背景下各学科专业之间界限更加模糊,学科专业间交叉融合是新文科的显著特征。实际上,商业分析与商业智能就是将商业管理、统计学、计算机科学等商科与理工科融为一体的产物。"新文科"就是要突破"小文科"思维,构建"大文科"视野。

安徽财经大学现有本科专业分为理工类专业、经管类专业、文法艺等非经管类专业,三大类专业互相支撑、相互融合。学校按照"发展新工科、改造旧经管、融入新经管"思路对经管类专业进行改造升级;按照新工科建设要求改造发

展理工类专业，重点培养计算机、工程技术、大数据应用等领域人才；对现有非经管专业按照重点按照新经济发展和新技术发展要求，融入"新经管"发展中，形成"经管"特色进行再造。同时，注重发挥对"新经管"建设工程的课程建设、师资队伍等支撑作用。

淡化专业边界，强化宽口径，运用信息技术打造经管专业新方向，以新技术为载体，通过"互联网＋专业"的形式重新定义专业方向，实施经济、管理专业交叉融合，如数据分析与金融贸易、数据分析与电子商务、会计税务一体化、商务智能与企业管理等交叉融合。

根据"新经管"建设工程的战略部署，制订"新经管"人才培养方案，持续更新教学内容，改进教学方法与教学手段。开展新一代信息技术运用等方面的师资培训工作，不断加大智慧校园的建设力度，进一步改造"新经管"环境条件等。

2."新文科"创新之"新"，"新经管"恰逢其是

"新文科"不仅是对文科内涵、边界、结构的一次革命性重构，同时还将在一定程度上改变理、工、医等学科体系。也就是说，"新文科"需要打破传统观念，立足于不同专业、学科和文化的交叉点，将各种知识串联起来，产生不同于传统文科的颠覆性想法。信息时代知识体系与获取方法已发生本质改变，发散思维让原有学科知识体系在不同维度上得以延展。如数字化带来的学科破壁现象，如在音乐、美术、历史、哲学、文学等领域研究的基础上分别提出了语音识别、图像识别、社会网络、人工智能、文本发掘等研究主题，这些都完成了知识重构和升级的过程，同时也带来全新问题。可以说，数字化的发展为人文社会科学研究带来了新的机遇和挑战。因此，只有将云计算、大数据、人工智能、物联网、区块链等新一代信息技术与人文社会科学研究进行深度和广度地融合，才能全方位、全领域、全要素地构建数字化时代人文社会科学研究体系。

安财"新经管"战略就是在适应新技术、新时代、新变革背景下，对经管类高级专门人才的知识、能力、素质结构进行全面梳理，坚持以学生为中心，通过科学建构学生知识结构体系，注重培养学生专门思维和专业技能以及互联网、大数据、人工智能等综合素养，更好培养适应区域社会经济发展新需求高层次应

用型专门人才。

（1）新的教育教学理念。教学理念作为师生对教学工作的认识、看法和思想，直接影响教学策略和教学行为，是指导我们行动的指南。"新经管"的教学理念就是用新一代信息技术渗透在教学活动各个环节，厚植于教学要素各个方面，真正把"互联网+教学""大数据+教学""人工智能+教学"的思维特征融入教育教学改革实践中。以创新精神、创业意识和创意能力培养为目标，全面深化人才培养模式和教育教学方法改革，不断提高学生专门思维和专业技术以及互联网、大数据、人工智能等方面综合素养，推动专业教育与创新创业教育有机融合。

（2）新的教育教学内容。为更好地适应新时代发展对人才培养需求，学校立足于人才培养特色和优势，推进学科交叉、专业融合实施方案。对原有的七大教育平台进行全面革新，形成思想政治理论与实践平台、通识教育平台、学科基础课平台、专业理论与实践平台、创新创业实训平台、应用与发展教育平台。将新技术课程体系嵌入各个平台的课程结构中，实现无缝对接。推动和完善实践教学育人体系，设计完整的实践教学体系，将实践教学融入人才培养全过程。

（3）新的教育教学手段。推进新一代信息技术在教学中的深层次应用，实现以知识传授为主向以能力素质培养为主的教学方式转变，广泛开展翻转课堂、MOOC、SPOC、线上线下混合式教学模式，鼓励学生利用线上教学平台开展自主学习和合作学习，利用线上远程互动协作平台，建设一批具有学科特色的课程体系，提高学生在教学活动的参与度，提升学生学习积极性和主动性，使学生真正成为课堂的主角。

（4）新的教学方式。改革课堂教学和实践教学评价办法，激励和引导教师采用探究式、混合式教学、翻转课堂教学方法；加大智慧教室建设，形成线上线下混合式教学模式，建立以促进知识探究、能力提升、素质培养为主的新型课堂教学方式；积极探索问题式、案例式、课题式互动教学方式，培养学生独立思考与批判性思维能力。

（5）新的教学服务。坚持学生第一、注重学生参与、助推学生发展。以学生为中心，实现从"以教师为中心"向"以学生为中心"转变，根据学生发展需求，构建全方位、全过程、高质量"两全一高"教学服务体系；构建分类、分层、分阶段教学服务机制，提供多元化、菜单式、协作式、高效率教学服务项目。不断满足学生对优质教育教学资源的迫切需求，促进学生全面成长成才。

（6）新的教学管理。打造"智慧校园"，不断加强校园基础设施建设，加强信息资源开发与整合，推进教学管理服务现代化、高效化。利用先进线上教学平台，在手机端APP功能实现课堂考勤、设置分组讨论、作业推送等功能，同时根据大数据信息整合和反馈，建立学生学业过程管理，真正实现学生过程考核，采用无纸化考试和网络阅卷方式，实现考试模式的创新改革。

（7）新的保障体系。做好"兜底线、保合格、促引领"三级专业认证工作，严格按照《普通高等学校本科专业类教学质量国家标准》要求，着力解决学校每一个本科专业"为谁培养人，如何培养人，培养什么样的人"的问题；以本科专业评估为抓手，建立健全专业建设质量评价机制。

3. "价值重塑"，"新经管"任重道远

文科教育注重人文精神的养成教育，然而不同时期人文精神的主题要求存在明显的差异。随着5G、大数据、物联网、区块链时代的到来，人机深度融合，在这种环境下，需要更加重视人文情怀的培养，人文学科必定需要介入更广阔的现实社会文化生活空间中，防止人的异化与历史虚无主义。

新文科建设的提出，是其应对时代发展的必然之举。新文科之"新"，是对人文学科古典主义色彩的超越，也是对知识产生方式的弥合。在新文科建设中，随着学科专业知识不断重构，思维方式发生深刻变革。

安徽财经大学是以经济、管理、法学为主体的综合性财经高校，安财"新经管"以现有的学科专业为基础，实施学科交叉、专业融合，培养基础厚、技能强、复合型、高层次应用型人才。

坚持"德才兼备、德在才先"为人才培养和人才选拔的首要标准。新时代办好中国特色社会主义大学的首要任务是立德树人，是回答好"为谁培养人、培养什么人、怎样培养人"的中心环节。财经类高校要培养和造就好老师、好干部和好学生。安徽财经大学秉承"诚信博学，知行统一"校训精神，推进安财"新经管"战略，在课程中加强课程思政建设；在实践中，通过多种形式的社会实践活动，增强学生的家国情怀；在考试和评奖评优中，加大道德品质考核的比重，加强诚信教育，注重品格养成，培养与造就德智体美劳全面发展社会主义事业建设者和接班人。

（二）"新经管"目标

1. 培育时代新人："新经管"建设的根本任务

进入新时代，不仅是国家战略任务、发展坐标、社会主要矛盾、国际影响等发生变化，而且个人的思想观念、思维方式、行为准则等也发生改变，传统的、陈旧的、僵化的观念与新时代的要求越来越不适应。从高等教育的学科专业来说，新一代信息技术的不断发展，已经彻底颠覆了传统的学科思维。学科之间的交叉、渗透与融合是一种必然趋势。孤立的学科已不再存在，自然科学与社会科学虽然研究对象不同，实则殊途同归。某一社会问题或社会现象已不能简单地用单一学科来解释说明，必须用系统的观点、多学科的思维来阐释。例如，房价问题看似一个经济学问题，但不同学科都能从各自的学科立场得出不同的结论。只有回归"房子是用来住的，不是用来炒的"，才能找到问题的症结。走内涵发展的道路，办出有特色的高水平财经大学，就要求我们用全新的视野审视新时代的到来。打造"新经管"，既要看到安财传统学科的优势，又要准确回答"为谁培养人、培养什么人、如何培养人"这个大学本质问题。

随着新兴信息技术推进，打破原有学科界限，学科交叉成为趋势，学科融合开始流行起来，传统的经管学科正面临着诸多的挑战。据有关媒体报道，传统的会计方法逐步会被电算化、人工智能所取代；如金融机构在选择人才时，已经从以金融学专业为主转变到既懂金融又懂信息技术的复合型人才为主。数字经济、共享经济、智慧经济、流量经济已经进入普通人的视野；只有拥抱新时代、敞开新胸怀，才能打造好"新经管"。

（1）要用新视野审视学科的发展。当今世界学科发展越来越没有疆界，物理学中的概念被经济学引用，如"引力场"，医学的概念被经济学、管理学引用，如"神经科学"，自然科学与社会科学的交叉渗透已成为一种趋势。打造"新经管"人才培养模式，必须突破经管类学科的窠臼，借鉴、吸收其他学科的理论与方法。在课程设置上，应设置自然科学、社会科学、人文科学等课程模块，用灵活多变的模式鼓励学生注重学科之间的交叉、渗透。大类招生解决了专业的画地为牢，适应了学生的兴趣发展。但大类不是固定在某一学科上，必须是多学科的融合，实现文理交叉，工科、理科与经管的渗透；在科学研究上，必须突破单一学科思维，用多学科交叉、融合去认识问题。大多数高质量的科研成果无不是理论创新、方法创新和制度创新的结果。大数据的处理、各种软件的开发利用，大大提高科研的方法与手段。

（2）拥抱新时代，要用宽广的胸怀打造"新经管"。新时代不仅给我国政治、经济、社会、文化等方面带来了翻天覆地的变化，高等院校培养人才所面临的环境、学科的设置、培养的方法与手段等也都发生了深刻的改变。"新经管"的"新"，就是在主动适应这种变化。从人才培养环境讲，高等院校所面临是一个快速变化的环境，互联网、大数据、区块链、人工智能等现代化方法与手段广泛运用，给教学与科研带来根本性的变革；数字经济、共享经济、流量经济、智慧经济、物联网、大数据处理等近几年涌现的新事物对学科专业的设置提出了新的要求。而这些附带信息技术的新事物都与经管类学科密切相关。高等院校只有敞开胸怀，接纳这些新事物，设置相关学科才是正确的选择；从培养人才的方法与手段看，MOOC、移动课堂、混合式教学等新兴教学手段不断涌现，对传统的灌输式教学带来更大冲击。

（3）适应新时代，改造旧经管。打造"新经管"，不仅是安徽财经大学人才培养方案的升级，而且在培养过程、师资力量、管理能力、服务水平等方面也面临调整。从培养过程看，始终把培养高素质、复合型人才作为学校人才培养的行动指南。培养"新经管"人才必须制订"新经管"人才培养方案，在课程体系、教学设计、教学计划、教学内容、教学方法与手段等方面都要全面优化升级；师资力量是培养人才的根本，只有确保师资力量符合"新经管"的要求，才能培养出满足时代需求的高素质人才。传统教学模式大多采用教师为主角、"满堂灌"的形式，对信息技术与方法应用较少，这种教学模式远远不适应新时代的要求，更不用说培养"新经管"人才。因此，提高现有师资队伍的素质与水平是"新经管"建设工程的重要环节，学校通过全员培训、集中学习、访学进修的形式提升教师队伍的水平。从学校来讲,要瞄准学科发展前沿和科学技术发展新趋势,密切跟踪对手的新动向,及时调整、应对学校发展的新政策,做好顶层设计。从部门来讲,各项工作要围绕学校的目标进行分解,进行目标考核,劲往一处使,目标才能实现;全面提升服务水平是我们实现"新经管"环境条件,智慧校园建设与"新经管"人才培养密不可分。

2. 守正创新:"新经管"建设的必由之路

"新经管"建设工程从高层次人才队伍建设、学科特色发展、政产学研协同创新"四轮驱动"、信息化建设四个维度进行重构,为我校实现教育现代化的重大战略目标提供决策参考。

(1)重视高层次人才队伍的建设,建立一流师资队伍。"双一流"背景下,实现"新经管"建设工程的人才培养目标依赖于一流的师资队伍。在我国,高层次领军人物缺乏是制约高等院校"双一流"建设的关键问题,从根本上讲,高等院校之间的竞争主要是人才的竞争。高校为加快推进"双一流"建设的步伐,必须大力引进和培养高层次拔尖人才。只有聚集了高层次拔尖人才,才能打造重点团队,稳步提升师资队伍水平,服务产业转型升级和经济社会的发展。通过提高高层次拔尖人才的待遇,充分发挥高校教师的主动性和能动性,采取长期、短期相结合、项目合作等形式,建设高水平的科研平台等策略吸引高层次拔尖人才来校工作。以高度的热情和超常规的措施,广纳人才,发挥人才优势。在做好人才引进工作的同时,也同样重视做好对现有师资力量的培养,通过不断完善教师培养机制,全面提高教师整体素质和水平,建立一流师资队伍。

(2)优化学科布局,坚持特色发展。高等院校一般都具有良好的学科基础,学科布局要从实际出发,着眼于"中国特色,世界一流"的目标优化学科布局,坚持特色发展。然而,由于我国高校特色优势学科不是很多,不仅降低了"新经管"建设工程的进展速度,同时还制约了一流学科的发展。因此,需要重构与"双一流"建设相适应的学科布局。首先,高等院校应加强基础学科建设,重视发展特色优势学科。高等院校在加强基础学科建设的同时,根据经济社会发展需要与促进自身发展相结合,集中力量重点发展某个或者某几个特色优势学科,引领高水平大学建设。其次，围绕特色优势学科，努力打造优势学科群。高等院校必须以特色优势学科为突破口，立足地方经济需要，通过围绕特色优势学科带动其他相关学科发展，形成优势学科群，从而提升整个学校的学科建设水平。

（3）建立政产学研协同创新"四轮驱动"机制。在实践中，高等院校与社会各部门之间缺少协同，这阻碍了"双一流"建设的进一步发展。为推动"双一流"建设合力的形成，需要在高等院校内部建立政产学研协同创新"四轮驱动"机制。政产学研协同创新是一项复杂的社会协作过程，企业、大学、科研机构和政府是"四轮驱动"结构模型的核心要素。通过建立政产学研协同创新"四轮驱动"机制，充分发挥企业的技术创新、大学的技术转移、科研机构的成果转化、政府的创新环境多方作用。政产学研协同创新机制具有几个显著的特点：组织和系统综合为一个有机整体，实现要素的共享；建立发达的内部知识管理和信息数据库，鼓励彼此知识学习和分享；建立有效的外部知识联结，实现资源系统加速提升。可以采用如政府与高校互派人员挂职、高校专家担任企业技术负责人或直接持股加盟科技企业、高校研究生毕业后到企业工作、企业技术骨干在高校参加技术培训、引进龙头企业的高层次人才作为学校兼职教授等方式建立紧密型产学研合作关系。

（4）依托智慧校园服务推进"新经管"信息化建设。"新经管"建设需要借助现代化信息技术。然而，我国高等院校现代信息化技术和方法相对滞后，达不到"双一流"建设的水平。为实现"新经管"现代信息化建设，必须依托智慧校园等服务。智慧校园，是在大数据、云计算、物联网概念的影响下应运而生的产物，是高等院校信息化的高级形态。智慧校园为广大师生提供了一个全面的智能感知环境以及获取和加工信息的综合服务平台，将基于计算机网络的信息服务融入学校的各项事务中，为学校与外部世界提供一个相互感知的接口。依托智慧校园服务，建立完善的信息化基础设施、应用系统与信息资源，促进信息技术与学校各类业务的深度融合，实现开放互动的泛在学习、融合创新的网络科研、透明高效的校务治理、绿色健康的校园生活和精准主动的个性服务，使信息化建设水平达到一流大学水平。

（三）"新经管"建设的基本任务

1. 专业优化：夯实基础学科、发展新兴学科、推进学科交叉融合

坚持"以学生为中心"理念。提高培养目标达成度、社会需求适应度、师资和条件支撑度、质量保障运行有效度以及学生和用户满意度。重点培养学生的多学科知识应用能力、复杂问题分析能力、复杂系统设计与开发能力、研究与实验分析能力、现代工具使用能力、社会责任意识、环境与可持续发展意识、沟通交流能力。安财"新经管"就是在新时代新技术新变革背景下，满足经济社会发展对经济管理类高级专门人才的知识、能力、素质结构提出的全新要求，在尊重教育发展规律和学生成长规律基础上，以学生为中心，通过调整学科专业建设发展目标、学科专业人才培养目标，优化学科专业人才培养方案，科学建构学生知识结构，注重培养学生"跨界思维能力"以及互联网、大数据、人工智能等方面的综合素养，更好地培养适应区域和行业经济社会发展新需求的高层次应用型经济管理类人才。看上去人才培养的类型和层次不变，但人才培养的品质规格已经变了：知识结构上更加强调与信息技术等学科专业知识的交叉复合（口径更宽），思维能力上突出互联网、大数据、人工智能等技能和思维训练（要求更高）。切实提高学生培养质量，以人才培养为中心统筹大学职能的协同发展，切实改变"以教师为中心""以课堂为中心""以教材为中心"的传统教学模式。要以学生为中心，第一课堂和第二课堂有机结合，改革教学内容，切实提高教育教学质量。

2. 课程提质：全面推进课程思政建设，打造"金课"

历史经验表明，但凡成功人士都具有一些共同的优秀品质，如热爱祖国的情怀、追逐梦想的激情、积极进取的精神、克服困难的勇气、顽强拼搏的意志、扎实深厚的学识、脚踏实地的作风、理性缜密的思维、善于学习的能力等。这些都是人才应该具有的核心素养，也是高等院校人才培养的目标追求和人才培养质量的衡量标准。思政课程在传授基础理论知识的同时，注重价值理念的塑造，增进学生对优秀品质的理性认识；专业课程可以通过刻苦地、系统地训练学生对这些优秀品质的感性认识，两者相得益彰，共同促进人的全面发展。正如习近平总书记所要求的，思政课要"满足学生成长发展需求和期待，其他各门课都要守好一段渠、种好责任田，使各类课程与思政课同向同行，形成协同效应"。

安财"新经管"建设战略要求，把社会主义核心价值观教育融入教育教学全过程，加强理想信念教育，厚植爱国主义情怀。在全面压缩课堂教学课时前提下，总体上提高了思想政治理论课课时比重，思政课程学分同时增加至16个，重点加强面向全体学生的马克思主义理论教育，大力推进习近平新时代中国特色社会主义思想进教材、进课堂、进头脑。在构建"三全育人"大格局过程中，加强课程思政和专业建设，各专业在课程体系和课程内容设置方面，有机融入思想政治教育元素，形成专业教育与思政理论课教育有机融合、同向同行的育人新格局。

3. 模式创新：培养适应新时代要求的应用型、复合型人才

安徽财经大学新的人才培养方案基于"拥抱新时代、践行新使命、抢抓新机遇"背景，遵循高等教育规律，围绕立德树人的根本任务，立足学校"有特色高水平教学研究型大学"总体目标定位，牢牢把握"新经管"发展战略内涵，顺应互联网、云计算、大数据、人工智能等新技术的发展形势，遵循"按类培养、专业分流、多元出口"的基本原则，促进经济社会与教育教学的深度融合。方案以新技术发展与应用为支撑，以经济社会需求和学生全面发展为导向，强化学生实践能力，全面提升学生自学能力，不断完善"知识探究、能力提升、素质培养、人格养成"四位一体人才培养体系，培养"厚基础、强技能、高素质"的高素质应用型人才。

（1）构建德智体美劳全面育人体系，提升人才培养综合能力。构建德智体美劳全面培养的教育体系，全面加强学生体育、美育和劳动教育。学校整合资源、协同创新，出台了体育俱乐部、文学艺术俱乐部和劳动教育管理办法，推进体美教育教学改革，提高学生审美和人文素养；强化劳动教育，弘扬劳动精神，促进学生身心健康，构建学科教学和校园文化相融合，学校、家庭和社会相衔接的综合劳动、实践育人机制。

新的本科生人才培养方案从培养学生兴趣，构建学科交叉、渗透、融合体系出发，对原有的七大教育平台进行全面革新，形成思想政治理论与实践、通识教

育、学科基础、专业理论与实践、创新创业实训和选择类等六大平台。通过人才培养模块调整，凸显知识的碎片化、微课化与网络化特征，博雅并举，拓宽了学生视野，激发了学生热情，优化了学生知识结构、增强了学生综合素质。

为满足学生多样化发展需求，真正实施分类培养目标，新的人才培养方案新增了分类教育模块，学生可以根据自己的兴趣爱好和职业发展选择相关分类学习模式，充分满足学生报考研究生、出国留学深造、参加公务员及各类职业资格考试和创业实践等多样化发展需求。

（2）准确定位、完善体系，彰显办学特色。科学的指导思想是修订人才培养方案的重要基础。针对学校目前部分专业仍然存在专业培养目标不够明确，专业课程体系不能支持培养目标的实现等问题，新修订的培养方案结合学校的办学目标及定位，立足于学校的人才培养特色，将新一代信息技术植入课程体系中。在一二年级公共基础课程模块中增设计算机应用、大数据等相关基础课程，在三四年级专业课程模块中，以现代信息技术改造相关课程内容，信息技术模块学分由5个调增至12个，体现"新经管"发展战略的要求。以现有的学科专业为基础，结合学科专业优势和特色，按照学科交叉、专业融合实施方案，综合确定各专业人才培养目标和培养规格，打造"新经管"，旨在培养"厚基础、强技能、高素质"的复合应用型人才。

专业培养目标方面，各专业科学定位人才培养目标，综合考虑卓越工程师教育培养计划等各类人才培养模式改革试验区及综合改革试点等专项改革的要求，在适应专业质量国家标准的基础上，融会教育部专业人才培养规范、国内外专业认证标准、行业最新从业标准等重要规范和标准，认真分析专业培养方案与社会发展和学生发展需求的契合度，力求做到强化基础、注重交叉、重视信息素养和科研训练，突出科学教育与人文教育、通识教育与专业教育的有机融合。

专业培养要求方面，增加专题课程、创新创业课程、分类课程开设，实施社会实践、科学研究、创新创业、学科竞赛学分认定，满足学生具有可实现性、可衡量性的毕业要求，建立健全目标导向质量监控体系，形成课程教学、专业培养和人才培养多层监控反馈循环改进体系。

（3）转变教育观念，变革教学模式。构建与培养目标相适应的内涵丰富、层次多样的课程范式，注重学生的多样性、个性化学习和成长需要，促使课程目标逐渐从"以知识传授"向"以能力提升"转变。推进探究型教学方法改革，提倡讨论式、启发式、参与式教学，通过问题引领的研究性教学、探究性教学、翻转课堂等激发学习活力，鼓励"大班上课—小班研讨""小班上课—分组研讨"等多种课堂教学互动形式，逐步提高研究性课程教学比例，营造以学生为中心、问题为导向的教学氛围，实现从"教"课到"学"课，从"听"课到"问"课，从"课堂教学"到"课内外结合"的转变。

推进新技术在教学中的深层次应用，利用互联网远程互动协作平台，建设一批具有学科优势和特色的课程体系，开展翻转课堂、MOOC、SPOC、混合式课堂教学模式，有序有效推进一流课程和虚拟仿真实验教学项目建设、应用和管理，加快用信息技术改造传统教学、提高教学水平的进程，推进优质资源共建共享，推动信息技术与教育教学的深度融合；形成贯穿于人才培养全过程的系列化研究型课程，实现"知识灌输"向"能力提升"转变，开展混合式教学方法改革，鼓励学生自主学习和合作学习，提高学生教学活动的参与度、自主性，同时尊重学生个性化发展需求，让学生真正成为课堂的主角。

（4）培养创新型人才，把创新创业教育融入人才培养全过程。以创新精神、创业意识和创意能力培养为目标，全面深化人才培养模式、改进教育教学方，推动专业教育与创新创业教育有机融合。学校秉持"面向全体、因材施教、结合专业、强化实践"创新创业教育宗旨，以学生为中心，分类指导，尊重差异，不断加强创新创业教育；以学科竞赛为抓手，将创新创业教育融入人才培养全过程；以项目为平台，引导学生探索创业实践，体验创业过程；以政策激励为保障，加强创业指导和服务，以创业带动就业，培养符合时代需要、行业特征、安财特色的创新创业人才。

新版培养方案将增加学科竞赛学分和创新创业学分，出台《安徽财经大学学科竞赛类学分认定指南》和《安徽财经大学创新创业类学分认定指南》，面向全校学生开设创新实践、项目研发、创业基础等必修课程。将学生创新实验作品、论文、专利授权以及自主创业等活动转换为创新学分，进一步完善学生用创业成果进行论文替代的相关管理办法。将学生参与课题研究、项目实验等活动认定为课堂学习。实施弹性学制方案，放宽学生修业年限，允许自主调整学业进程、鼓励保留学籍（休学）开展创新创业活动。推进专业教育与创新创业教育的有机融合，专业课建设突出知识交叉，在专业课程知识模块中融合创新能力与素质培养。

（5）强化实践教学，完善实践育人体系。推动和完善实践教学育人体系，设计完整的实践教学体系，将实践教学融入人才培养全过程。建立以培养学生动手能力和创新创业能力为目标的多元化实践教学模式、考核方式，强化综合性、设计性、创新性实验项目的开发，在综合课程设计、系列专题设计、毕业设计中突出创新创业的实践要求。新的培养方案确保经管类专业实践学分占总学分不低于25%，理工类专业实践学分占总学分不低于30%，艺术类专业实践学分占总学分不低于50%，其他专业实践学分占总学分不低于20%。

完善创新创业实践基地建设，各级各类实验室免费向本科生全面开放，培养学生创新创业意识，鼓励学生通过创新创业实践进行科技成果转化。建设"创新创业实验室""校企合作实验室"，提高大学生创新创业实践能力。建立并完善"高校、科研院所、企业"参与的"三位一体"人才培养模式。广泛开展社会调查、志愿服务、专业调查、勤工助学等多种社会实践活动，在第二课堂中设置10个必修学分，强化社会责任教育，增强学生表达能力、团队合作意识、组织协调能力，全面提升学生综合素质。

本章参考文献

［1］丁宁，丁华．"新经管"战略下本科课程教学模式创新研究［J］．黑龙江教育（高教研究与评估），2021（7）：39－40.

［2］周伟，张雨婷．指向核心素养的"新经管"战略——现实困境与推进策略［J］．长春大学学报，2021，31（6）：64－67.

［3］程俊，刘龙雾．"新经管"战略下财经类高校学科建设变革路径研究——以安徽财经大学为例［J］．重庆第二师范学院学报，2021，34（1）：108－111.

［4］蒋玲，李朝林．"新经管"下财经类学科培养模式研究［J］．合作经济与科技，2021（2）：86－87.

［5］郑军，张璐．"新经管"战略的创新融合与路径探索——安徽财经大学创新人才培

养的案例研究[J].成都中医药大学学报(教育科学版),2020,22(4):21-25.

[6]纪纲,程昔武."新经管"建设目标下《财务管理》课程教学方法改革探究[J].河北工程大学学报(社会科学版),2020,37(4):112-115.

[7]纪纲,程昔武."新经管"背景下财务管理课程体系重构设想[J].财经界,2020(31):133-134.

[8]郑军,张心阳.基于PDCA模型的高校"新经管"战略与师资队伍建设[J].长春大学学报,2020,30(10):67-71.

[9]钱力,汪琛琛,郑秀文."新经管"建设背景下经济类专业人才培养模式研究[J].宁波工程学院学报,2020,32(3):83-89.

[10]郑军,蒋成飞."双一流"背景下"新经管"的发展路径探究[J].天津大学学报(社会科学版),2020,22(5):400-405.

[11]汪琛琛,陈洪梅,郑秀文,贾天悦."新经管"下经济类专业人才培养研究[J].合作经济与科技,2020(17):100-103.

[12]周凤珍,余红艳,储德银."新经管"战略下财经类高校教学科研协同育人分析[J].高教学刊,2020(27):9-12.

[13]张俊."新经管"视阈下智慧教学实施逻辑与推进策略[J].齐齐哈尔大学学报(哲学社会科学版),2020(8):166-170.

[14]周伟,王静."新经管"建设中大学生创新能力养成教育探究——以安徽财经大学为例[J].重庆科技学院学报(社会科学版),2020(4):109-112.

[15]宋俊秀,吴艳萍."新经管"战略下高校"招生、培养、就业"联动机制研究——以某财经大学为例[J].北京城市学院学报,2020(3):67-73.

[16]杨红霞."新经管"背景下财经类高校非思政专业辅导员职业胜任力探究[J].吉林工程技术师范学院学报,2020,36(6):19-21.

[17]郑军,杨柳.基于CDIO模型的"新经管"建设与大学生创新能力培养[J].华北水利水电大学学报(社会科学版),2020,36(3):31-38.

[18]郑军,王晋烨."双一流"建设背景下高校"新经管"战略的反思与重构[J].齐齐哈尔大学学报(哲学社会科学版),2020(4):179-183.

[19]郑军,段少东."新经管"建设背景下高校金融类专业建设的意蕴、困境与对策[J].锦州医科大学学报(社会科学版),2020,18(2):72-76.

[20]刘晶晶,王艳波,王莹."新经管"战略下基于SPOC的混合式教学模式研究——以创业基础课程为例[J].黑龙江工业学院学报(综合版),2020,20(3):64-67.

[21] 李刚. "新经管"建设工程的时代背景、总体思路及设计方案 [J]. 山东农业工程学院学报, 2020, 37 (3): 39-42.

[22] 石川, 齐欣, 刘丹. "新经管"理念下财经类高校环境设计专业建设路径探析——以安徽财经大学为例 [J]. 城市建筑, 2020, 17 (4): 90-91, 104.

[23] 郑军, 蒋成飞. 基于 PDCA 模型的高校"新经管"建设与大学生就业能力提升 [J]. 华北理工大学学报 (社会科学版), 2020, 20 (1): 47-52.

[24] 郑军, 孙铭昊. "新经管"战略背景下金融学类专业建设的反思与重构 [J]. 河北科技大学学报 (社会科学版), 2019, 19 (4): 88-93.

[25] 谢瑞军, 张圩, 陈富媛. "新经管"理念下线性代数教学改革的研究与探索——以大数据技术与应用专业为例 [J]. 教育教学论坛, 2019 (45): 150-151.

[26] 周泽炯, 虞鲲. "新经管"战略下大学生心理健康教育课程教学改革研究 [J]. 黑河学院学报, 2019, 10 (10): 138-140.

[27] 杨晓妹, 王有兴. "新经管"背景下学科竞赛与专业实训"阶梯式"融合模式研究 [J]. 景德镇学院学报, 2019, 34 (5): 106-110.

[28] 郑军, 孙铭昊. 基于 STAR 模型的高校"新经管"建设与大学生创新能力培养 [J]. 锦州医科大学学报 (社会科学版), 2019, 17 (5): 64-68.

[29] 徐洁香, 邢孝兵. "新经管"背景下贸易实务类课程教学模式改革研究——基于安徽财经大学国际经济贸易学院的分析 [J]. 佳木斯大学社会科学学报, 2019, 37 (5): 207-210.

[30] 孙娜蒙, 魏国彬. "新经管"背景下的大学生创新创业智慧空间建设模式研究——以安徽财经大学科普曼双创智慧空间为例 [J]. 开封教育学院学报, 2019, 39 (8): 99-100.

[31] 李侠, 李会. "新经管"视域下大学生创新能力培养路径探究 [J]. 对外经贸, 2019 (7): 138-140.

[32] 钱力, 宋俊秀, 廖信林. "新经管"视域下人才培养模式创新研究——以经济分析方法与手段实验课教学改革为例 [J]. 安阳工学院学报, 2019, 18 (4): 107-110.

[33] 高新宇. "新经管"建设背景下公共管理类人才培养路径研究 [J]. 蚌埠学院学报, 2019, 8 (3): 76-79.

[34] 周泽炯. 经济类专业创新创业教育实践平台体系构建研究——基于"新经管"战略背景 [J]. 滁州学院学报, 2019, 21 (3): 108-112.

[35] 孟莹莹. 基于超星学习通网络平台的《税法》课程教学改革——以安徽财经大学为

例 [J]. 高教学刊, 2019 (11): 97-99.

[36] 颜廷峰, 孔月月, 任森春. "新经管"工程、"六位一体"协同支撑体系与精品视频公开课程——以安徽省省级精品视频公开课程金融学建设探索为例 [J]. 内蒙古师范大学学报（教育科学版）, 2019, 32 (4): 77-82, 124.

[37] 李敬明, 胡笑梅, 张子振, 李会. "新经管"战略下的《管理信息系统》课程教学改革研究 [J]. 菏泽学院学报, 2018, 40 (5): 98-101.

[38] 王平水. "新经管"战略下的计算机公共基础课程教学改革研究 [J]. 黑龙江工业学院学报（综合版）, 2018, 18 (4): 16-18.

实践篇

第四章

"新经管"建设路径：培养方案创新工程

随着互联网、大数据等新技术的不断发展和深化，原有的产业结构、产业形态和产业内容持续变化，新产业、新业态等不断涌现。已有的人文社会科学成果可以在数字化平台上得到更大范围和更有穿透力的显现、共享和增值，发挥出更大的经济效益和社会效益，这也催生出社会对高校人才培养的新要求，产生了新的人才需求和定位。"新经管"建设过程中实施本科人才培养创新工程的重要目标就是要主动适应和引领新技术、新业态、新模式，深入挖掘新时代、新使命、新机遇背景下创新人才培养的新内涵，不断优化高校教育教学资源，科学构建培养体系，实现人才培养目标、培养结构、培养模式与经济社会发展的实际需求相吻合，同时也是高等教育创新人才培养的新模式的具体实践。

一、本科人才培养方案的基本分析

（一）本科人才培养方案的意义与作用

高教大计，本科为本。本科不牢、地动山摇。没有一流本科，何谈一流人才，何谈一流大学与一流学科建设？人才培养是大学的本质职能，本科教育是大学的根和本，在高等教育中是具有战略地位的教育、是纲举目张的教育。[①] 高校人才培养质量的高低取决于本科人才的质量，也直接决定了中国未来高层次人才

---

① 新时代全国高等学校本科教育工作会议．坚持以本为本 推进四个回归 建设中国特色、世界水平的一流本科教育，2018-6-21.

整体质量的高低。作为高等教育的基础和载体,近年来,高校本科教育正受到前所未有的关注与重视。2018年6月21日,教育部召开改革开放40年来首次全国高等学校本科教育工作会议,吹响了建设一流本科教育的集结号。

专业人才培养方案是高校落实党和国家关于人才培养总体要求,组织开展教学活动、安排教学任务的规范性文件,是实施人才培养和开展质量评价的基本依据。专业人才培养方案应当体现专业教学标准规定的各要素和人才培养的主要环节要求,包括专业名称及代码、入学要求、修业年限、职业面向、培养目标与培养规格、课程设置、学时安排、教学进程总体安排、实施保障、毕业要求等内容,并附教学进程安排表等。各高校也可以根据区域经济社会发展需求、办学特色和专业实际制订本专业人才培养方案。高校专业人才培养方案是高校人才培养目标和规格的具体化与实践化形式,它集中体现了一所高校的育人思想和办学理念,是一所高校人才培养的总体实施蓝图和根本性的指导文件,[①]也是高校人才培养教学目标、培养教学过程、培养教学方法等各个方面的基本教学设计。

(二) 当前本科人才培养方案存在的不足

改革开放以来,中国高等教育逐渐抛弃了传统的精英化教育,逐步转型成普及化、大众化教育,教育体系逐步完善,并为国家各领域输送大量人才,显著提高了高层次人才服务社会的比率。但是,高校人才培养在"应然"和"实然"两个方面仍存在不足。[②]

1. 注重科研,忽视基础教学

中国高校在不断改革教育教学任务的历程中,单一的"教育教学"不断向"科学研究"拓展,其国际学术研究与科技创新影响力不断提升。然而,以人才培养为中心与以教育教学为基础的教育教学逐渐被弱化。其主要表现为高校教育教学由人才培养"一个核心"分化为以学科建设为"主核心"和以人才培养为

---

① 江小明. 对落实《教育部关于职业院校专业人才培养方案制订与实施工作的指导意见》的认识与思考. 中国职业技术教育,2019(23).
② 袁靖宇. 高校人才培养方案修订的若干问题. 中国高教研究,2019(2).

"分核心"的双重点建设。"高校基本功能的摆位问题不解决,高校资源配置体系不改变,教育教学滞后于科学研究的状况就不会改变。"①

2. 注重工具属性,忽视价值属性

中国高等教育在不断改革的历程中,其蕴含的价值观也发生着演变,是由知识本位过渡到能力本位再过渡到价值本位的转变。高等教育不断改革中,始终将教育工具属性放在首位,忽视了教育价值属性的重要性。这导致教育教学中将传授知识视为使命,忽视了对学生思维、情感的培养。自20世纪90年代起,高校教育教学由职业教育开始,更加重视能力本位弱化知识本位。尽管教育成果的本质是产生与社会生产劳动高度契合的高层次应用人才,产学研相结合的思想与实践已成为高等教育的共识,但在实践层面,产学研融合仍处于高校教育与企业(社会)生产结合的初步阶段。此外,随着高等教育的价值观转变,对于人才,爱国主义核心价值观的树立也愈发迫切和重要,认识到培养对象拥有完善的人格和遵纪守法在社会活动中的重要性。"人的现代化和人的全面发展的滞后,不仅对于生产活动产生阻力,也同样会对社会发展带来负向影响。"②

3. 注重技能,忽视创新创造

集中对系统性、专业性、权威性知识与技能进行传授是高校教育比较优势之所在,体现在教育成果能够适应"工业2.0"时代以及以"模仿和改进"为特征的社会生产方式,能够为处于"微笑曲线"中低端产业提供发展的重要动力和优势补给。然而,如今高校教育培养的人才如果仅仅满足"整齐划一、协调配合"的要求,而不能深入产业研发设计、营销、售后服务等高附加值环节,不能参与标准制定、团队组织、流程管理、作业控制,最终将面临产业周期压力、竞争压力以及生存压力。

4. 注重传统优势,忽视发展趋势

一是以数字技术为核心的科技革命对传统高校教育教学产生冲击。未来科技发展趋势将改变人类行为、产业形态和商业模式,将彻底改变社会发展传统范

---

①② 袁靖宇. 高校人才培养方案修订的若干问题. 中国高教研究, 2019 (2).

式。① 如今，互联网课程平台不断涌现，尤其是在发生重大公共卫生安全时期，使网上教育获得迅猛发展，由此对传统高校教育产生了一系列冲击。例如，网上课程平台的一门课程是否比线下教育的一门课程更具有优势？甚至多家网上课程平台推出的课程是否比线下实际的大学更有优势？也由此产生了质疑，未来大学存在的价值在哪里？二是企业技能需求变化挑战大学人才培养。未来企业对于职业技能的需求可能发生重大改变，尤其是除原本岗位需求之外的其他方面技能。这使高校教育对于人才培养目标、创新教育理念、完善专业体系等方面必须做出新的要求。②

5. 注重教育投入，忽视人才产出

高校教育教学人才培养方案主要以教学投入为出发点，传统观念认为投入决定产出，很少进行反向思考，从高质量产出逆向推导、设计教育投入，导致高校对社会人才需求未能及时匹配，从而不能应对市场需求的是什么人、培养的人才是否达到市场需求等问题，无法满足社会实际生产分工中对人才技能的要求。目前，高校本科人才培养方案修订主要采取了"打补丁"的方式，或是在保持原有理念和课程框架前提下有针对性的修补，或是适应经济社会发展的新要求增加一些新成分甚至新标签，没有触及人才培养的根本性问题。③

二、国内外高校创新本科人才培养的经验借鉴

（一）当前国外高校本科创新人才培养的具体做法

1. 美国高校的"以学生为中心"

美国高校教育认为学校的根本任务是培养社会人才，满足学生成长需求，服务学生发展实际，培养学生自我负责意识。具体来说，一是自由选择专业。美国高校学生在进入学校学习之前，学校将专业选择权赋予学生，学生依据自身兴趣爱好，自主选择所感兴趣的专业。二是自由转换专业。美国高校学生在选定专业后并不是一成不变的，而是可以根据自己实际情况的变化进行调整，如想中途换

---

① 《2016~2045年新兴科技趋势报告》，https://max.book118.com/html/2019/0109/8117032117002000.shtm.
②③ 袁靖宇. 高校人才培养方案修订的若干问题. 中国高教研究，2019（2）.

其他专业，可以通过申请进行转换专业，且之前所获学分保留。三是提供个性化专业。为了更好地满足广大高校学生朝着面向社会个性化、多样化学习方向不断发展新的学习活动需求，学校为学生个性化定制兴趣的课程。其主要是将相关知识领域的学科进行组合，形成交叉学科，如经济学、数学、法学等专业进行交叉培养，目的是满足学生获取综合性知识需求，进而提升学生的综合能力。四是自由选择课程。美国普通高校学生可以进入高等学校本科学习，学校将本科课程学习选择权直接赋予高校学生，学生依据自身学习兴趣爱好，在所选专业内自主搭配所感兴趣的课程。五是自我管理学业。美国高校教育教学强调以学生为中心，突出学生自我管理、自主选择的权利。因此，多数高校采取学分制，学生只须完成所规定的学分即可获得学位证书，而对于学期年限等没有硬性要求，学生可以自主选择学习时间进行学习规划。六是开展研讨式教学。研讨式教学是美国教育典型特征，强化教学成果，实施小班教学，使老师与学生能够充分研讨交流。七是自愿选择社区学习。美国高校不仅重视课堂教学，还主张学生管理、学业管理、文化体验相结合，通过领导、政治、艺术和文化、体育、公共服务等项目让学生在社区中接触不同的文化体验。①

2. 德国高校的"双元制"

德国国家议会通过《高等学校总纲法》规定高等学校的任务在于通过研究、教学和学习，以培植、发展科学和艺术，并为大学生从事需要运用科学知识和方法或艺术创造能力的职业作准备。② 可以看出，早期德国高校就已经将学校教育与学生未来的职业发展相联系，注重学校教育的同时更注重教育成果与社会发展的一致性。

德国的"双元制"创新人才培养模式体现了"能力本位"的教育理念。这一理念保障了德国制造业的繁荣，在国际上被广泛学习，"双元制"是指校企合作、工学结合的创新人才培养模式，其核心是建立以企业培训为主体、以校本培训为调节的教育模式，德国"双元制"职业教育制度以能力本位为课程

---

① 陈学东，陈姝姝. 个性化教育：美国大学创新人才培养对我国素质教育的经验启示［J］. 江西师范大学学报（哲学社会科学版），2020，53（6）：101-108.

② 《高等学校总纲法》［EB/OL］. https://zhidao.baidu.com/question/2124767884428833227.html.

目标,在课程设置和实施上注重实用性、系统性和全面性。例如,慕尼黑工业大学以问题为导向,以解决问题为出发点,将培养计划分为练习、研讨、实习等几个模块,且部分培养计划中该类型课时占到总课时的30%以上,充分体现教学、研究、实训的有效融合。①"双元制"教育下的人才兼具专业能力与创新力、综合素质与行业前瞻,大学生既有理论基础和科研实力,又有实践能力和先进技能,杜绝了学习与实践相脱节的现象,提高了就业率,促进了经济的发展。

3. 英国高校的"导师制"与在线教育

"导师制"产生于14世纪早期的牛津大学,目前其主要方式是通过老师与学生每周至少一次见面交流为主,主要为学生答疑解惑,了解学生发展需求,提供相应的指导与帮助,并为学生制订个性化的教学方案。导师以导为主,培养学生的独立思考能力、批判性思维能力以及跨学科知识融合能力,是英国教育培育创新人才的特色。此外,英国率先将人才培养与互联网教育协同创新,实现高校间共享网络课程,对学生全天候开放,助力学生拓展学习兴趣,深受学生追捧。网络课程共享平台不仅推动学生学习兴趣、交流互动、拓展启发,而且推动了学术活动的普及,使参与人数达到新的高峰。随着经济社会发展与需要,英国高校将创新创业实践纳入人才培养方案。为了加强大学与企业关系,2002年英国政府设立了大学基金——企业知识转移的统一基金——高等教育创新基金,第一轮融资达到了1.87亿英镑,得到该基金支持的大学有100多所,进一步深化了高校机构的社会服务职能,为创新型人才的培养提供充足动力。②

(二) 当前国内财经高校创新本科人才培养的具体做法

1. 中南财经政法大学人才培养

(1) 坚持学生中心、目标导向。依据《本科专业类教学质量国家标准》、各类专业认证要求、各专业教学指导委员会制定的专业人才培养规范和卓越培养计

---

① 詹一虹,周雨城.国外高校创新人才培养的现状、特色及启示[J].社会科学战线,2017(6):232-238,2.

② 黄兆信,张中秋,赵国靖,王志强.英国高校创业教育的现状、特色及启示[J].华东师范大学学报(教育科学版),2016,34(2).

划 2.0 通用标准，按照学校办学定位以及人才培养总目标，结合本学科专业特色，在充分调研毕业生、用人单位、社会需求以及学科专业支撑条件的基础上，科学设定人才培养目标和毕业要求。围绕毕业要求设计课程体系，保证内外需求与培养目标、培养目标与毕业要求、毕业要求与课程体系之间具有良好的对应关系，切实提高人才培养的目标达成度和社会适应度。

（2）坚持完善体系、持续改进。结合学校人才培养质量目标、专业人才培养目标和规格、学科专业领域的发展趋势、社会对人才的毕业要求、专业教学条件以及对现有培养方案的问题进行分析，不断完善培养体系。培养体系的内容能够通过教学检查、专项评估以及毕业生跟踪调查等手段进行实施情况验证，方便查找薄弱环节、分析存在问题和实现持续改进。

（3）坚持课程优化、内容综合。按照知识、能力、素质结构的内在联系和教育教学实际，依据人才培养计划的目标和途径，将课程课时依据相应专业的人才培养计划按合理比重进行分配，最终确定各类课程在人才培养计划中的比例，整体优化课程体系，形成课程设置先行后续关系恰当、教学内容前后衔接、知识结构科学合理的课程体系。加大课程的整合力度，提高课程的综合化程度，为学生终身学习和可持续发展夯实基础。明确专业核心课程、创新课程，保证学生专业素养教育质量。

（4）坚持凸显特色、引领教改。充分发挥学校主干学科优势，强化财经政法融通教育，使学生具有基本的当代财经政法融通的综合素质。人才培养方案能够依据不同学科发展的特点，规划培养路径、阶段性目标与最终目标，引领实践实验教学和创新创业教育、通识教育改革、大学英语课程改革，实行专业核心课程制度和创新课程制度，实行辅修学位（专业）和双学位制度等。

2. 中央财经大学人才培养

（1）以立德树人为根本。全面贯彻国家教育方针，坚持以立德树人为根本，以理想信念教育为核心，培育和践行社会主义核心价值观，把思想政治工作贯穿教育教学全过程，构建一体化育人体系。

（2）以学生发展为中心。坚持以实现学生全面发展为中心，围绕教育教学成果和人才培养要求的目标达成，重视学生和用人单位满意度，合理进行课程体系设计、教学资源配置和教学活动安排，充分体现学习内容的系统性与开放性、学习过程的主动性与参与性、学习成果的多样性与创造性，体现学生在教育教学过程中的主体地位。

（3）开展大类培养、鼓励个性发展。各学院在全面推进学分制改革的总体思想指导下，以大类招生培养改革为基础，课程设置趋向基础性和广博性。在通识选修和学科专业课的基础上，根据不同学科发展的特点以及卓越专业人才、卓越复合人才培养目标和发展路径，对专业知识结构进行相应调整。学校通过打造"学程项目"课程和全校选修课程、实施夏季小学期，充分扩大学生选课自主权，为学生打造个性化发展平台。

（4）强化创新创业教育。各学院发挥办学优势，根据学科专业特点，将创新创业教育融入人才培养全过程，分层次、分阶段、分群体推进创新创业教学体系建设，通过教学环节的整体设计，在理论知识和实践锻炼的基础上，突出学生创新思维、创业意识和创新创业能力的培养。

3. 西南财经大学人才培养

（1）促进互融共通。坚持立德树人为根本任务，坚持培育和践行社会主义核心价值观，建设好思想政治课程体系；依托思想政治教育，完善"通识教育＋宽口径专业教育"的人才培养体系，推动思想政治教育、通识教育、专业教育与创新创业教育的互融共通。完善人才培养全过程，推动劳动教育与德、智、体、美育深度融合。

（2）注重协同育人。围绕创新驱动、"人工智能＋"等国家重大发展战略，针对"新财经"人才需求，进一步加强与企业、实务部门、兄弟院校和国际组织的合作，有效整合各类资源。完善"跨专业、跨学科、跨学院、跨部门、跨学校"的协同育人机制，积极营造"全员育人、全过程育人、全方位育人"氛围，将社会优质资源转化为教学资源。

（3）实施大类培养。确立按学科大类培养专业人才的主导思想，适应大类招生制度改革，继续夯实通识教育和学科平台建设，进一步打破学科壁垒，拓宽专业口径，着眼于课程内容的基础性、系统性与先进性，科学重组和有效整合教育教学资源，构建通识教育、学科基础平台教育和专业教育三位一体的教学体系。

（4）强化个性化培养。主动适应区域经济发展和行业产业转型升级，满足多元化人才需求，实施多样化人才培养模式。完善拔尖人才培养体系，通过光华学院、光华实验班、双学位、分类培养、联合培养项目等为学生发展提供更多选择；通过优化课程设置与课程体系，设置专业方向模块化课程，为学生自主学习、研究和创新创业创造条件；进一步丰富荣誉课程和荣誉学位，激发学生学习潜能，为学生人格养成和个性发展提供多样化机会和充分条件。

（5）拓展国际视野。借鉴吸纳国内外知名高校人才培养的先进经验，加强全英文专业和全英文课程建设，积极推动与国际知名大学开展联合培养，继续开展暑期国际夏令营，鼓励本科生利用假期开展国际游学，为学生扩大国际交流、拓展国际视野创造条件。

（三）当前国内外高校创新本科人才培养的启示

1. 产学研一体化，培养拔尖创新人才的创新能力

仅仅通过知识的传达来培养一流的创新才能是不够的。建立生产、教育、研究相结合的创新平台，提供一系列科学研究和实践的机会，使学生的创新思维和意识转变为创新能力；建立大学、科研机构和企业之间相互关联的机制。大学是科学研究和革新方面新力量训练的主要据点，企业和科研机构为一流创新人才提供了反映价值的平台。同时，企业的存续和发展与技术创新是分不开的。大学、科研机构、企业都达到了互补、相互成就的关系。在全球化的背景下，以创新的目标为中心，需要在多个领域解决复杂的社会问题，进行全面合作。生产、教育、综合研究、科学分别与教育相结合，是世界一流大学成功的唯一规则。例如，斯坦福大学和硅谷的相互推进和合并培育了很多创新型人才，成为卓越的一流创新才能和技术革新的典范。在保证学生完成通常学业的同时，增加参加科学研究的人数；在确保科学研究项目正常运用的同时，继续增加科学研究活动的新鲜血液。

2. 跨学科交叉融合，创新复合型人才培养

所谓"跨学科"，并不是代替以往的学问领域，而是指实现不同学问领域的

相互渗透和整合，以及不同思考方式的整合与合并。跨学科的课程系统不是简单的课程积累，而是将课程之间的乘法和知识系统的重新构建，以主题为导向，建立知识图和思考能力图，划分知识和能力系统。根据课程系统的设计，有必要相应地变更教育团队和教育模式。跨学科的整合可以扩展学生的知识，让学生使用知识，拥有科学创新能力。作为交叉复合型人才培养模式的辅导班、双学位教育，调动学生的热情，让学生充分利用学校的跨学科教育资源。为了提高学生的综合性，可以学习更多的知识和技能，提高学生的品质和学术竞争力。以复杂多样的知识网络为基础，知识和背景的交叉点打破了惯性思维，拓宽了思考的幅度，成为达成原创结果的源泉。而且，学术是全面的、跨学科的产品，有助于解决人类所面临的主要、复杂的社会问题。国外一流大学办学经验证明，办学是培养具有跨学科实力和综合领域的一流创新人才的主要渠道。打破专业壁垒，整合科学与工学，深入艺术与科学，构建一系列的通识教育课程，是世界级大学教育与教育改革的方向和目标。

3. 将"个性化"理念，贯穿于创新人才培养全过程

创新型不是个性化受欢迎的程度，而是个人化的程度。从国外大学的创新人才培训目标、专业设置、教学计划体系、教育系统和管理体系来看，一个培养创新人才的国家，非常注重个人化，认识到学生的个体差异的重要性，体现了"以人为本"的现代教育的概念。我国的大学需要确立科学的、独立的人才培养概念，形成合理的研修目标，引导和设计专业的设定模式、课程设置方法、教育系统等要素。第一，要开拓创新与创业精神相关的专业，从调整专业转换时期、扩大专业设置口径、优化系统设计的角度进行改革；第二，从课程结构的观点来看，有必要增加通识教育课程在课程结构中的比例，促进通识教育课程和专业课程的整合；第三，关于教学方法，必须变更单一化、封闭化的教育模式。在教育过程中，教师必须实施个别教育，创新教育内容，尊重学生个人差异，鼓励创新思维，加强学生创新能力的培养。

4. 树立国际化教育理念，创新培养人才的全球视野

习近平总书记在全国高校思想政治工作会议上强调，中国高等教育发展方向要同中国发展的现实目标和未来方向紧密联系在一起。作为负责任的大国，中国

在构建共享人类未来家园的过程中,应该承担更全球化的责任和义务。这是大学培养创新人才的目标和教育理念,需要有大的模式和大的理想。因此,在培养一流创新人才的过程中,必须实行以下教育概念:第一,必须以全球化的视角,应对全球问题,解决人类共同关注的事项,构筑理想家园;第二,实现开放性、共享性和宽容性,在这样一个信息共享时代,高等教育要更加注重各高校之间合作,促进资源的整合和共享;第三,构筑可持续发展战略,培养具有国际眼光、深谙国际规则、善于国际交流、在国际组织和业务中承担重要责任、抓住机会、主动努力的一流创新人才的团队。

三、安徽财经大学"新经管"人才培养方案的构建与实施

人才培养方案是进行教育教学工作的纲领性文件,对学校办学定位与人才培养目标的实现、对规范教育教学过程起着重要的保障作用。在实施"新经管"发展战略中,学校率先于2018年开始部署实施新一轮本科人才培养方案的修订工作,以深化本科教育教学改革,振兴本科教育,以提高人才培养质量为出发点和落脚点,紧紧围绕"高教四十条"和学校"新经管"发展战略的要求,紧扣学校办学目标和人才培养定位,落实"以学生为中心"的教育理念,按照专业类教学质量国家标准,不断优化调整,构建了集融入式、协同性、多元化于一体的创新人才培养新模式。

(一)指导思想

基于"拥抱新时代、践行新使命、抢抓新机遇"背景,遵循高等教育规律,以实现有特色高水平教学研究型大学为目标,以新技术发展与应用为支撑,以经济社会需求和学生全面发展为导向,实施人才培养方案创新工程,深入推进创新创业教育和社会责任教育改革,不断完善"知识探究、能力提升、素质培养、人格养成"四位一体人才培养体系,全面凸显"宽口径、厚基础、强能力、多样化发展"要求,发挥学科优势,形成专业特色,着力培养基础实、能力强、素质高,富有诚信笃行品德和社会责任感,具有创新精神、创业意识、竞争合作意识

以及社会需要的高层次人才。

（二）具体做法

1. 以德为先、德才兼备，构建起"五育并举"人才培养体系

全面修订2018年版本科人才培养方案，构建起德育、智育、美育、体育和劳动教育"五育并举"的本科人才培养体系，着力培养德智体美劳全面发展的社会主义建设者和接班人。

坚持德才兼备，以德为先，不断强化理想信念教育，厚植爱国主义情怀，把社会主义核心价值观教育融入教育教学全过程各环节。在第一课堂全面压缩课堂教学课时的前提下，总体上提高了思想政治理论课课时比重，思政课程学分同时增加至16分。坚持以"新经管"发展战略为引领，改革优化专业人才培养方案和教育教学方法，科学建构学生知识结构，注重培养学生专门思维和专业技术、创业意识和创新能力以及互联网、大数据、人工智能等综合素养。出台《安徽财经大学体育俱乐部实施方案》《安徽财经大学文学艺术俱乐部实施方案》《安徽财经大学本科生劳动教育实施方案》及其实施细则，将体育、美育和劳动教育纳入人才培养方案，贯穿人才培养全过程，构建起课内与课外相结合、自我教育与学校教育相结合的教育体系，将素质教育落实在专业教学和校园日常生活中，构建学科教学和校园文化相融合，学校、家庭和社会相衔接的综合实践育人机制。

2. 构建"以学生为中心"人才培养的能力结构框架

该框架旨在促进学生学习知识与能力锻炼相融合，分析了"新经管"发展战略对当前人才培养体系的影响，阐述以人才能力为中心的人才培养体系实施的必要性与可行性，注重信息能力、表达能力、沟通能力、实践能力、研究能力与创新能力的培养，在锻炼能力中实现对知识的需求，在获取知识中强化能力的培养，满足学生成长、成才的欲望和特性需求。"以学生为中心"的"知识—能力"融合结构如图4-1所示。同时，结合"新经管"建设目标，分析信息能力、表达能力、沟通能力、实践能力、研究能力与创新能力培养的实施路径，具体设计并分解相关任务，为课程体系设计与实施奠定基础。

```
        知  识
    ┌─────┬─────┬─────┐
    │信息 │表达 │研究 │
知  │能力 │能力 │能力 │  知
    ├─────┼─────┼─────┤
识  │沟通 │实践 │创新 │  识
    │能力 │能力 │能力 │
    └─────┴─────┴─────┘
        知  识
```

图 4 - 1　知识—能力融合结构

3. 整合教育平台，优化必修课程体系

基于"新经管"建设目标，结合经济社会和信息技术发展要求，对原有必修课程体系进行了整合，形成思想政治理论与实践、通识教育、学科基础、专业理论与实践、创新创业与实训、分类教育六大教育教学平台，强化现代信息技术基础与前瞻教育，注重创新创业与实训等实践能力培养，分类指导学生报考研究生、出国深造、参加公务员及各类职业资格考试，满足学生个性化需求与多样化发展；遵循《普通高等学校本科专业类教学质量国家标准》（2018）的要求，重构学科基础和专业类课程的总学分、单门课程学分，优化专业课程结构，实施课程的碎片化、微课化、信息化与网络化教学，提升学生快速学习能力。平台课程结构与学分要求如表 4 - 1 所示。

表 4 - 1　　　　　　　　　　课程结构与学分设置

课程类别		学分	课程名称
思政理论与实践		16	中国近代史纲要、马克思主义基本原理等
通识教育	外语	8	英语精读、英语听说等
	数学	11	线性代数、概率论与数理统计等
	信息技术与应用	12	数据库应用、数据科学导论、信息技术与应用专题讲座等
	体育	2	体育1、体育2
	军事训练	4	包括军事理论与军事技能两门课
	写作与沟通	2	写作与沟通
	心理健康与安全教育	3	劳动、安全与健康教育
	通识选修课	7	通识选修课分为5个模块，包括自然科学、社会科学、四史教育、文学艺术素养和体育素养

续表

课程类别		学分	课程名称
通识课小计：49（必修42、选修7）			
学科基础	核心课程	20	按学科设置
	交叉课程	10	
专业理论与实践	专业必修课	15	每专业均有各自的专业导论课；其余课程按照专业特点，紧跟时代需求设置
	专业选修课	12	
创新创业与实训	创新创业必修课	8	毕业论文、专业调查与实习等
	专题讲座	2	按照《安徽财经大学讲学类课程实施方案》规定执行
	学科竞赛	10	按照《安徽财经大学学科竞赛类学分认定指南》规定执行
	跨专业综合实验	5	经济类综合实验、管理类综合实验等按照专业设置
	创新创业选修课	3	创新思维训练、创业人生等
分类教育		10	考研、考公、留学、创业类课程
学分总计：160			

4. 深度开发课程资源，完善课程建设机制

探讨激励性和考核性政策措施，引导教师开发更多对接经济社会发展需求、实现以能力为中心的课程开发，精开必修课，增加选修课，加大在线课程的建设与管理；课程建设项目化，优先立项建设核心课程，推进新知识、新理念和新技能的引入；实施"合格课程建设计划"，落实课程对应用型人才培养目标的有效支撑，完善课程建设机制。重构课程内容，如讲学类课程、专业导论课程、学科竞赛训练、创新创业实践等。针对讲学类课程、专业导论课程、学科竞赛训练、创新创业实践等特点，制定了《安徽财经大学〈专业导论〉课程实施方案》《安徽财经大学讲学类课程实施方案》等课程实施细则。结合毕业论文、专业调查与社会实践，出台《安徽财经大学专业调查与实习实施方案》《安徽财经毕业实习管理办法》《安徽财经大学校企合作实践教育基地建设与管理办法》等管理办法。

5. 开展"以赛促学，以赛促改，赛课结合"教学模式

将学科竞赛训练、创新创业实践纳入课程体系，专门针对学科竞赛增加10

个学分，实现赛课结合、赛教联合。出台《安徽财经大学大学生学科竞赛管理试行办法》《安徽财经大学创新创业类学分认定指南》等系列文件，将各类学科赛事分为国家级、省级、校级不同层级和类型，鼓励学生在大学四年中全过程参与学科竞赛，以赛促学、学后创赛、人人参与，从而实现学生综合性经管能力和素养的提升。

6. 探讨不同的课程教学形式，实现线上线下教育教学的融合

出台《安徽财经大学本科教学课程类别与课时系数认定办法》《安徽财经大学利用现代信息技术进行教学改革认定指南》，积极引入超星平台"一平三端"功能，连续举办移动教学大赛，推动任课教师使用智慧教学手段激活课堂，实施学情诊断分析、记录课堂教学过程、开展多元化智能化评价，不断提高教学效果。推进研究性、自主性学习，强化研讨式、实践式教学方式的应用；推进智慧校园建设进程，改善网络条件，支持网络课程资源建设，构建以精品课程为核心的网络课程资源，积极推进"慕课"等在线课程资源开发和应用模式，更新课程教学方法。

7. 完善课外教学体系，增加新的学分要求

为了进一步规范本科生课外教学活动项目与学分的管理，培养学生创新精神与实践能力，提高学生综合素质，引导学生德智体美劳全面发展，充分发挥第二课堂在人才培养中的重要作用，出台《安徽财经大学普通本科学生课外教学学分制实施方案（修订）》，专项安排10个学分，不计入课堂教学学分，为在校学生课外活动必修。本科生课外教学学分按课程分类，分为明德志远、智圆行方、艺美体健、让逸竞劳四类课程。明德志远课程主要包括思想政治与道德修养类活动；智圆行方课程主要包括学术科技、创新创业类活动以及社会工作履历；艺美体健课程主要包括文化艺术与身心发展类活动；让逸竞劳课程主要包括社会实践与志愿服务类活动。

（三）创新之处

"以学生为中心"的人才培养方案构建，强调学生综合能力的培养，创新点主要体现在以下四个方面。

1. 体现"以学生为中心"的人才培养理念

2018级人才培养体系的设计是基于"以学生为中心"的理念。第一，将思想政治理论教育与实践结合起来，强化社会主义核心价值观与坚持立德树人的实践教育，培养践行解决了"培养怎样的人"问题；第二，大幅增加了现代信息技术教育教学的学分，增强学生熟练运用现代信息技术的能力，适应"互联网+"时代的需求；第三，提高学科基础课程中的交叉课程比例，进一步促进学科融合，为复合型人才培养奠定坚实的基础；第四，将实验实训教学与学科竞赛实践、创新创业教育结合起来，设置了固定的学分，大大提高了大学生创新创业教育的力度；第五，在分类教育平台中，增加了学生报考研究生、出国深造、参加公务员及各类职业资格考试的课程，满足学生个性化需求与多样化发展。

2. 强调"能力第一，知识第二"的人才培养目标

基于现代信息技术的发展，在人才培养过程中，学生获取知识的手段已经趋于实时化、全天候，体现"全员、全过程、全方位"育人要求，反映当今大学生教育在培养能力中获取知识已成为必然趋势，"干中学"有利于挖掘大学生的技能潜力，增强学习的主动性和趣味性。

3. 强化能力培养是本科学习的基础

对现有的人才培养方案进行修订，整合教育平台，优化专业课程结构，将实践教学贯穿于不同阶段、不同课程的教学中，特别是将学科竞赛、创新创业纳入课程体系，强化了学生实践能力训练。创新创业与实训教育平台共设置了28个学分，实现学生将所学知识运用于实践中，大大增加学生锻炼能力的机会。

4. 凸显课程内容和体系设计的碎片化、微课化、信息化与网络化

基于当代经济社会科技发展的快节奏，剔除了长时间传授某一知识给学生带来的疲劳感，不断地更换内容和变换教师的角色，提高学生获取知识的主动性和兴趣性，进而促进学生学习能力、研究能力与创新能力的提升。

四、创新本科人才培养的进一步思考

（一）深化产教融合，创新合作协同育人

要培养一流的创新才能，就必须加强高等教育与工作世界的关系。大学教育

有两个方面：一方面是内向教育，也就是大学教育是指学生的精神和灵魂，培养学生的理想、信念和价值观；另一方面是对外教育，即学生的能力和专业知识，培养学生的专业技能和应用能力。产业和教育的统一是产业系统和高等教育系统的统一，强调了人们在企业和大学之间紧密合作的共同教育。

在宏观层面上，统合生产和教育需要改进公共政策。第一，是为了促进生产和教育的统一而颁布的法律；第二，发布与生产和教育合并相关的政策实施计划；第三，建立多个相关人员协调开发的长期机制。在微观层面上，高等教育和工作世界的关系需要重建。一是革新大学的管理模式。大学和评议会的成员共同治理大学的大学评议会的设立，从根本上动员企业参加学部教育的积极性，促进一体化的主体的彻底整合，即产教融合。二是建立将学校和企业紧密结合的人才培养机制。大学应积极适应国家战略和区域经济发展的需要，并开设社会经济发展急需的新专业。与企业合作，培养应用型人才，设立研究机构来解决企业开发中的技术问题。开发课程和教材，为学生创造实际的职业状况设置工作室，并安排学校的教师作为企业的工程师和经理，在企业里进行练习和锻炼。

（二）营造自主学习氛围，充分发挥同辈效应

创新才能的成长与良好的学习环境是分不开的。良好的学习环境常常会给大学培养人才带来正向的协同效应。因此，大学必须努力构建自由平等、积极向上、共同进步的学习环境。首先，加强对创新活动的认识，通过学校的各种媒体渠道推广，积极推进创新教学法。教师和学生要创新地学习，展示创新的榜样，用优秀的表现回报创新的才能。其次，设立创新实验室、工程研讨会等各种创新机构，为学生提供创新活动的平台，开展各种创新活动和竞赛，促进教师和学生积极参与。最后，学校为一流创新人才提供一定的成长空间，全面支持学生的创新活动。

同时，可以充分发挥"同辈效应"。在大学校园里，学生之间的经验和交流很相似，所以他们的价值观和想法有一定的共同点，在无意识中互相影响的情况很多，可以充分发挥"同辈效应"。通过建立新生与老生之间的交流平台，可以为学生提供有效解决问题的渠道。此外，鼓励俱乐部的各种活动，促进学生之间

的交流,建立宿舍的选择系统,让学生有机会与不同专业和不同年龄的其他学生取得联系,也可以设置几个讨论班和活动组。学校必须发挥积极作用,引导同伴的效果,为优秀的个别学生和小组提供报酬,做出榜样,营造积极的氛围,为学生团体提供必要的支持和支援,防止干涉控制小组,进行适当的指导。

(三)强化基础设施建设,搭建数据资源环境

在 DT 时代,数据思考对于各个领域的创新来说是不可缺少的。因此,在本科教育中,应着重培养学生创新的数据思维,以及数据预处理、大数据分析和挖掘、大数据安全和隐私保护等数据技术,开设专业基础课程或研究方向的课程。同时,进一步推进教育信息化,积极探索大数据人才培养的新模式,将大数据、人工智能、语音识别等新兴技术与教育深入融合有效促进教师和学生的信息素养和创新能力的提高(促进资源服务系统的构建、优化平台功能、充实平台的高品质教育资源、所有级别的平台相互连接的加速等)[1]。加强大数据的灵活运用,在教育的近代化中积极发挥教育信息化的主导作用。同时,要有效改善数据科学教育的训练条件,满足大数据科学研究的实际需要,改进大数据人才创新和训练的大数据测试场。数据科学提供大规模数据源的相关分析和挖掘,以及培养大数据人才的实际环境,这为创新奠定了重要的基础。

(四)加强师资队伍建设,用优秀的人去培养更优秀的人

加强教师的培养是培养创新人才的关键。要建立一支创新的教师队伍,必须注重师风师德的建设,提高教师服务意识,提高教师教育能力。构建青年人才储备系统,同时高校要创新人才选择的方式,"让识才、爱才、用才蔚然成风"。可以借鉴企业管培生的培养理念与方式,促进当代青年人才快速成长。同时,实行"引才是重点,而不是终点"的理念,实行在各种各样的层次上引进优秀教师。配备相应的薪资待遇和合理的工作时量计量方式,基本上构建引进、选拔、培养三者之间的人才队伍建设体系,加大对青年教师起步阶段的扶持。大学调整

---

[1] 李华青. 大数据时代研究生创新能力培养的系统实践——以跨界复合型大数据人才创新能力培养为例. 西南师范大学学报(自然科学版), 2020 (11).

教师工作量的会计方法,调整教师职务的评价方法,设立教师培训中心,科学安排系统和持续的培训,邀请经验丰富的教师和研究专家进行授课教师的专业能力以多方面和多种方式发展,组织教育技能竞赛,经常调整工资和利润,调动教师的热情和积极性。

本章参考文献

[1] 江小明,李志宏,王国川.对落实《教育部关于职业院校专业人才培养方案制订与实施工作的指导意见》的认识与思考 [J].中国职业技术教育,2019 (23):5-9.

[2] 詹一虹,周雨城.国外高校创新人才培养的现状、特色及启示 [J].社会科学战线,2017 (6):232-238,2.

[3] 周雨城.我国高校文化产业管理人才培养研究 [D].华中师范大学,2019.

[4] 程家福,刘青,潘和平,窦艳,张玉波,陆娟.基于成果导向教育的一流本科专业培养方案创新设计研究 [J].淮北师范大学学报(哲学社会科学版),2020,41 (4):98-102.

[5] 袁靖宇.高校人才培养方案修订的若干问题 [J].中国高教研究,2019 (2):6-9.

[6] 任丽蓉.新时代高校本科人才培养方案修订建议——基于国内外一流大学的研究 [J].智库时代,2020 (2):101-102.

[7] 王百成,张显军,侯宇新,张昂悦,王刚.新工科视阈下地方本科高校应用型人才培养方案设计 [J].黑龙江工程学院学报,2020,34 (6):72-76.

[8] 申天恩.成果导向教育理念指引下的人才培养方案核心问题分析 [J].教学研究,2017,40 (4):53-57.

[9] 陈学东,陈姝姝.个性化教育:美国大学创新人才培养对我国素质教育的经验启示 [J].江西师范大学学报(哲学社会科学版),2020,53 (6):101-108.

[10] 彭进.OBE 理念下地方高校法学本科人才培养方案的构建 [J].现代交际,2020 (19):46-48.

[11] 徐厚峰.基于 AGIL 模型的我国高校创新人才培养研究 [D].兰州大学,2013.

[12] 王秀梅.工科高校创新人才培养及评价研究 [D].华北电力大学(河北),2009.

[13] 周绪红,李百战.国际化引领新时代高校拔尖创新人才培养 [J].中国高等教育,2018 (2):28-30.

[14] 乔玉香,安立龙,张光亚.以学生发展为中心的学分制培养方案的构建与实施——

以广东海洋大学为例 [J]. 高教论坛, 2019 (6): 60-63, 89.

[15] 黄兆信, 张中秋, 赵国靖, 王志强. 英国高校创业教育的现状、特色及启示 [J]. 华东师范大学学报 (教育科学版), 2016, 34 (2): 39-44, 114.

[16] 林江玲. 十八大以来新疆高校思想政治工作探析 [D]. 新疆大学, 2019.

[17] 李华青, 夏大文, 王林, 冯夫健, 严晓波, 魏嘉银, 张乾, 郭靖. 大数据时代研究生创新能力培养的系统实践——以跨界复合型大数据人才创新能力培养为例 [J]. 西南师范大学学报 (自然科学版), 2020, 45 (11): 171-175.

第五章

"新经管"建设路径：价值引领固本工程

立德树人是安徽财经大学"新经管"人才培养的逻辑起点，又是安徽财经大学"新经管"人才培养的最终归宿。安徽财经大学高度重视思想政治教育，在思政课程、课程思政和"三全育人"等方面同向发力，通过价值观引领，为大学生思想发展固本培元。

一、立德树人固本培元

（一）立德树人是人才培养的根本要求

中国传统文化有重教崇德的传统。《礼记·大学》言："大学之道，在明明德，在亲民，在止于至善"。唐代韩愈说："师者，所以传道授业解惑也。""明明德"和"传道"虽表述不同，但核心思想就是立德树人。中国共产党继承和发扬了我国教育的优良传统，始终将立德树人作为教育的根本任务。早在新中国成立初期，毛泽东就明确指出："我们的教育方针，应该使受教育者在德育、智育、体育几方面都得到发展，成为有社会主义觉悟的有文化的劳动者。"[1] 1995年颁布的《中华人民共和国教育法》，也有类似的规定："教育必须为社会主义现代化建设服务，必须与生产劳动相结合，培养德智体等方面全面发展的社会主义建设者和接班人。"[2] 2007年党的十七大报告进一步指出："坚持育人为本，德

---

[1] 中共中央文献研究室. 毛泽东文集（第七卷）. 人民出版社，1999：226.
[2] 唐朝纪等. 依法治教：《中华人民共和国教育法》学习回答. 人民出版社，1995：256.

育为先，实施素质教育，提高教育现代化水平，培养德智体美全面发展的社会主义建设者和接班人，办好人民满意的教育"。① 在强调德智体美全面发展的基础上，党中央首次提出了"育人为本，德育为先"的要求，反映了在这个教育根本问题上一以贯之的思考与探索。

党的十八大以后，习近平总书记从国家繁荣、民族复兴的高度，紧紧围绕"培养什么人，怎么培养人"，明确提出立德树人是教育根本任务的时代命题。2014年9月，习近平总书记考察北京师范大学，语重心长地说道："好老师应该懂得，选择当老师就选择了责任，就要尽到教书育人、立德树人的责任"。② 2016年12月，习近平再次强调："高校立身之本在于立德树人""要坚持把立德树人作为中心环节，把思想政治工作贯穿教育教学全过程，实现全程育人、全方位育人，努力开创我国高等教育事业发展新局面。"③ 学校是立德树人的主阵地，教师是立德树人的领路人，这是习近平总书记对新时代中国特色社会主义教育发展做出的重要判断。

坚持立德树人，不仅是新时代教育的必然要求，也是人才培养与成长的客观规律。习近平总书记指出："人才培养一定是育人和育才相统一的过程，而育人是本。人无德不立，育人的根本在于立德。这是人才培养的辩证法。"④ 育人与育才是辩证的统一体。"才者，德之资也；德者，才之帅也。""德才兼备是正品，有德无才是次品，无德无才是废品，有才无德是危险品"。⑤ 社会主义现代化建设需要德才兼备的人才，坚持育人与育才相统一也必将为社会主义现代化培养德才兼备的人才。

立德树人关键在落实。党的十八大以来，习近平总书记多次就如何落实立德树人做出重要指示。在党的十九大报告中，习近平总书记明确指出："要全面贯彻党的教育方针，落实立德树人根本任务，发展素质教育，推进教育公平，培养

---

① 胡锦涛. 高举中国特色社会主义伟大旗帜 为夺取全面建设小康社会新胜利而奋斗——在中国共产党第十七次全国代表大会上的报告. 人民日报，2007 – 10 – 25.
② 习近平. 同北京师范大学师生代表座谈时的讲话. 人民日报，2014 – 9 – 10.
③ 习近平. 把思想政治工作贯穿教育教学全过程 开创我国高等教育事业发展新局面. 人民日报，2016 – 12 – 9.
④ 习近平. 在北京大学师生座谈会上的讲话. 人民日报，2018 – 5 – 3.
⑤ 靳诺. 立德树人：高等教育的根本任务和时代使命. 中国高等教育，2017（18）.

德智体美全面发展的社会主义建设者和接班人。"① 落实立德树人，首先要改变教育评价标准。2018年5月，习近平总书记在同北京大学师生座谈时指出："要把立德树人的成效作为检验学校一切工作的根本标准，真正做到以文化人、以德育人，不断提高学生思想水平、政治觉悟、道德品质、文化素养，做到明大德、守公德、严私德。"② 2018年9月，习近平总书记在全国教育大会上进一步指出："要深化教育体制改革，健全立德树人落实机制，扭转不科学的教育评价导向，坚决克服唯分数、唯升学、唯文凭、唯论文、唯帽子的顽瘴痼疾，从根本上解决教育评价指挥棒问题。"③

落实立德树人不仅需要改变教育评价机制，还需要将其作为中心工作贯穿教育各个环节。2018年5月，习近平总书记明确指出："要把立德树人内化到大学建设和管理各领域、各方面、各环节，做到以树人为核心，以立德为根本。"④ 同年9月，习近平在全国教育大会上进一步要求："要把立德树人融入思想道德教育、文化知识教育、社会实践教育各环节，贯穿基础教育、职业教育、高等教育各领域，学科体系、教学体系、教材体系、管理体系要围绕这个目标来设计，教师要围绕这个目标来教，学生要围绕这个目标来学。凡是不利于实现这个目标的做法都要坚决改过来。"⑤ 2021年3月，习近平总书记再次强调："教育是国之大计、党之大计。要从党和国家事业发展全局的高度，坚守为党育人、为国育才，把立德树人融入思想道德教育、文化知识教育、社会实践教育各环节，贯穿基础教育、职业教育、高等教育各领域，体现到学科体系、教学体系、教材体系、管理体系建设各方面，培根铸魂、启智润心。"⑥

习近平总书记的系列重要论述为"为什么坚持立德树人""怎样坚持立德树人"提供了根本遵循。作为社会主义经济管理类高校，承担着为党育人、为国育才的重任，更应牢记总书记的殷切嘱托。

---

① 习近平. 决胜全面简称小康社会 夺取新时代中国特色社会主义伟大胜利——在中国共产党第十九次全国代表大会上的报告. 人民日报, 2017-10-28.
②④ 习近平. 在北京大学师生座谈会上的讲话. 人民日报, 2018-5-3.
③⑤ 习近平在全国教育大会上强调：坚持中国特色社会主义教育发展道路 培养德智体美劳全面发展的社会主义建设者和接班人. 人民日报, 2018-9-11.
⑥ 习近平在看望参加政协会议的医药卫生界教育界委员时强调：把保障人民健康放在优先发展的战略位置着力构建优质均衡的基本公共教育服务体系. 人民日报, 2021-3-7.

(二) 思想政治教育贯穿人才培养全过程

1. 思想政治理论课是落实立德树人根本任务的关键课程

作为高校受众最多、覆盖范围最广的一类课程，思想政治理论课在学校课程体系中占据十分重要的位置，它集中体现了我国高校办学的社会主义性质和方向，直接关系到每一位学生的成长成才，在全面贯彻党的教育方针，落实立德树人根本任务的过程中发挥着至关重要的作用。有鉴于此，中国共产党在革命、建设、改革和发展的各个历史时期，都非常重视思想政治理论课建设，并将其作为一项重中之重的任务加以部署。尤其是自党的十八大以来，以习近平同志为核心的党中央更是站在实现中华民族伟大复兴的高度，并根据世界面临百年未有之大变局、中国特色社会主义进入新时代国内外形势的新变化，对思想政治理论课建设作出一系列新动员、新论述、新部署。[1] 2013 年 11 月，在对高校思想政治理论课的重要批示中，习近平总书记强调，思想政治理论课必须办好。2016 年 12 月，他在全国高校思想政治工作会议上发表重要讲话，提出"在改进中加强，在创新中提高"的思想政治理论课建设思路。2018 年 9 月，在全国教育大会上，他再次强调了思想政治理论课建设的极端重要性。[2] 2019 年 3 月 18 日，习近平总书记在北京主持召开学校思想政治理论课教师座谈会并发表重要讲话，就如何办好思想政治理论课这一关键课程作了全面论述和具体部署。习近平总书记的讲话提纲挈领、字字珠玑，就思想政治理论课的战略地位和关键作用作了突出强调和充分论述，尤其是提出了"思想政治理论课是落实立德树人根本任务的关键课程"这一重要论断。这一崭新论断具有很强的战略性、针对性和指导性，鲜明表达了思想政治理论课在学校育人工作中的特殊地位和重要作用，体现了党和国家对思想政治理论课的高度重视，[3] 也为新时代全面推进思想政治理论课建设指明

---

[1] 袁银传，史素花. 论思想政治理论课是落实立德树人根本任务的关键课程. 学校党建与思想教育，2020 (4).

[2] 艾四林.《思政课是落实立德树人根本任务的关键课程》导读. 2020 - 10 - 16 [2021 - 5 - 5], https://www.thepaper.cn/newsDetail_forward_9598246.

[3] 刘建军. 思想政治理论课是落实立德树人根本任务的关键课程. 社会主义核心价值观研究，2019 (2).

了前进方向、提供了基本遵循。

思想政治理论课是筑牢意识形态阵地的关键课程。当今世界正处于大发展大变革大调整时期，我国面临的挑战也更加多样。特别是随着国际环境发生和正在发生的深刻复杂的变化，不同类型思想文化的交融跌宕，不同意识形态的斗争长期存在且有时会相当尖锐。新形势下，意识形态工作的极端重要性就显得尤为突出，它事关党和国家的前途命运、事关全国各族人民的凝聚力和向心力。[1] 作为世界上最大的社会主义国家，我国的主流意识形态是马克思主义。我们不仅要做好主流意识形态的宣传引导，而且还要时刻警惕西方非马克思主义意识形态的腐蚀渗透，直面和批判各种错误观点和思潮，筑牢意识形态的阵地。高校作为各种思想文化的聚集地和交汇处，是思想观点碰撞最为活跃、交锋最为激烈的地方，[2] 也就自然成为新时代意识形态建设的前沿阵地和意识形态斗争的主要战场。在学校思想政治理论课教师座谈会上，习近平总书记用亲身经历告诉我们，思想政治理论课所承担的传播马克思主义基本理论，维护国家意识形态安全，促进人民群众尤其是青年学生理解党的历史使命、认同党的奋斗目标、践行党的行动纲领的重要使命。[3] 因此，要守住意识形态这一条红线、坚持和巩固马克思主义的理论指导地位、维护国家政治安全、持续巩固壮大主流舆论强势、巩固全党全国人民团结奋斗的共同思想基础，就必须切切实实地办好思想政治理论课这一关键课程。

思想政治理论课是培育时代新人的关键课程。自成立以来，中国共产党就把实现共产主义作为自己的最高理想，把实现中华民族伟大复兴的中国梦作为自己的历史使命，把实现人民对美好生活的向往作为自己的奋斗目标。习近平总书记指出："实现中华民族伟大复兴，坚持和发展中国特色社会主义，关键在党，关键在人，归根到底在培养造就一代又一代可靠接班人。"站在新的历史起点上，只有培育出坚定拥护党的领导和中国特色社会主义制度、立志为党和国家事业奋斗终生的有用人才，加强理论武装、铸牢信仰基石，中华民族伟大复兴才能在一

---

[1] 陈志兴，徐水祯，刘家桂．思政课是落实立德树人根本任务的关键课程．党课参考，2020（20）．
[2] 王学俭，许斯诺．"理直气壮开好思政课"的战略意义、力量来源、基本要求和实践举措．新疆师范大学学报（哲学社会科学版），2019（4）．
[3] 孙兰英．新时代办好思想政治理论课的根本指南．红旗文稿，2019（8）．

代又一代人的接续奋斗中成为现实。① 具备良好的思想政治素质和道德水平，拥有正确的三观，是青年学生成为一名合格的社会主义建设者和接班人的首要条件。而思想政治理论课就是这样一门致力于青年学生社会化，强化其政治素养，提高其精神境界，深化其思想认识，健全其道德人格，促进其健康成长的关键课程。办好思想政治理论课，能够在青年学生的心田埋下真善美的种子，能够引导青年学生扣好人生的"第一粒扣子"，更能让党和国家事业后继有人、薪火相传、生生不息。

思想政治理论课是帮助青年学生树立正确道德观的关键课程。国无德不兴，人无德不立。立德树人以"德"为首，良好的道德修养是青年学生成长成才的首要条件。2014 年 5 月 4 日，在北京大学师生座谈会上，习近平总书记强调，"一个人只有明大德、守公德、严私德，其才方能用得其所。"② 这充分说明，一个人欲成才先要立德，只有具备高尚道德品质的人才是真正的人才。而要提升青年学生的道德素质，帮助他们树立正确的道德观，就离不开系统的道德教育。道德教育又有广、狭两义之分。狭义的道德教育是关于道德理想和行为规范的教育；广义的道德教育则涉及社会主流意识形态、文化传统、思想观念、价值观以及道德理想和行为规范等方面的教育。③ 作为涵德化人基本载体的思想政治理论课，理所当然承担起广义德育的重要使命，它是帮助青年学生形成崇高的理想信念，弘扬伟大的爱国主义精神，确立正确的世界观、人生观和价值观，牢固树立社会主义核心价值观，培养良好思想道德素质的基础课程；是帮助青年学生提升思想水平、坚定政治方向、深化道德修养、培育法治精神、厚植爱国情怀、增强综合素质的关键课程，在帮助青年学生树立正确道德观的过程中发挥着无可替代的重要作用。

思想政治理论课是全面提升青年学生精神境界的关键课程。千秋基业，人才为本。人才方面的竞争现已成为当今世界竞争的主题，人才培养越来越成为推动

---

① 郑洁，肖鹏. 落实立德树人的根本任务理直气壮开好思政课. 2019 - 5 - 10 ［2021 - 5 - 5］，http：//theory. people. com. cn/n1/2019/0510/c40531 - 31077163. html.

② 习近平. 青年要自觉践行社会主义核心价值观——在北京大学师生座谈会上的讲话. 人民日报，2014 - 5 - 5.

③ 韩震. 大中小学德育一体化思路下的德育教材体系建设. 教育研究，2020（3）.

经济社会发展的中流砥柱。正是在这个意义上,解决好人才培养问题就成为一切问题的重中之重。而要解决好人才培养问题,首先就要回答好以下这个根本问题,即"培养什么人、怎样培养人、为谁培养人"的问题。唯有如此,才能让党的千秋伟业后继有人,才能不断发展和完善中国特色社会主义制度,才能让国家长治久安,也才能成就中华民族伟大梦想。而要妥善处理好"培养什么人、怎样培养人、为谁培养人"这个根本问题,首先就要解决好价值引领问题,尤其是针对青年学生的价值导向问题。这是因为,青年学生代表了国家的未来、民族的希望和家庭的祈盼,作为一种战略资源是十分宝贵的。可以说,谁赢得了青年,谁就赢得了未来和希望。同时,青年阶段又是人生的"拔节孕穗期",尚未树立正确的和稳定的世界观、人生观、价值观,面对错综复杂的环境和极其多样的诱惑,他们极易受到外界思想观念的影响,因而最需要精心引导和栽培。[①] 在引导青年学生树立正确价值取向、全面提升精神境界方面,思想政治理论课拥有得天独厚的优势。这是因为,思想政治理论课不同于一般的专业课程,它不仅是知识传授的平台和载体,更是价值引领的主渠道和主阵地,直接影响着青年学生的理想信念、价值理念和道德观念。[②] 具体而言,它在引导青年学生厚植爱国主义情感、增强四个自信方面具有得天独厚的优势,因而能够引导青年学生自觉将爱国情、强国志、报国行融入建设和发展中国特色社会主义的伟大事业之中,融入实现中华民族伟大复兴的崇高实践之中;它在帮助青年学生树立马克思主义的科学信仰、坚定共产主义的崇高理想和中国特色社会主义的共同理想方面具有得天独厚的优势,因而能够引导青年学生自觉将个人理想和社会理想有机统一起来,增强为人民服务的使命感和责任感。可以说,办好思想政治理论课这一关键课程,能够为全面提升青年学生自强不息、奋发有为的精神境界指明航向。[③]

2. 课程思政建设是落实立德树人的关键环节

习近平总书记在全国高校思想政治工作会议和全国教育大会上强调,要坚持社会主义办学方向,把立德树人作为教育的根本任务,并把立德树人成效作为衡

[①] 陈志兴,徐水祯,刘家桂. 思政课是落实立德树人根本任务的关键课程. 党课参考,2020(20).
[②] 廖芳,王敏. 立德树人视域下高职院校人才培养模式探索. 教育与职业,2020(6).
[③] 孙兰英. 新时代办好思想政治理论课的根本指南. 红旗文稿,2019(8).

量高校工作成效的重要标准。要把思想政治工作贯穿教育教学全过程，实现全员育人、全程育人、全方位育人。以"课程思政"建设为目标的教学改革，既是对新时代背景下的高等教育"为谁培养人、培养什么人、怎样培养人"等原则性问题的回应，也是对高等教育"回归本分、教书育人"的教学本质的回应，更是对立德树人根本任务加以有效落实的回应。要充分发挥课堂教学主渠道作用，构建全员、全过程、全方位的协同育人模式，让学生在各门课程的学习中潜移默化地接受思想教育，实现远大理想与脚踏实地相协调、显性教育与隐性教育相结合、学生前途与国家发展相一致、知识讲授和思想引领相统一。

课程思政建设是解决思想教育连贯性问题的关键环节。当前的思想政治教育工作，教育主体、教育内容、教育方法、教育环境等均出现较大变动，单纯依靠思想政治理论课的单一力量，很难适应高等学校思想政治教育工作实际需要，也不利于高等学校立德树人的根本任务实现。在一些学科中，专业课程教学与思政课程教学的分离、分化甚至对立、冲突时有发生。以"课程思政"建设为推动，实现学科间育人价值的勾连，实现课堂内外的联动，实现多学科教师与行政管理者的相互配合，让所有教师、所有课程都承担好育人责任，守好一段渠、种好责任田，与思想政治理论课同向同行，相互协作，发挥最大效益，让学生在学习专业知识的过程中，能够自觉加强思想道德修养，提升政治觉悟，使思想政治课程与专业课由"两层皮"向"一盘棋"转化。

课程思政建设是构建"两个体系"的关键环节。当前，高等教育领域亟待攻关的重要课题是：如何把思想政治工作体系有效贯通高水平人才培养体系。课程思政建设为解决这个问题提供很好的机会。课程思政建设紧紧抓住教师队伍"主力军"、课程建设"主战场"、课堂教学"主渠道"，以课堂教学为切入点，以教师作为思想政治教育工作的最活跃要素，将课程思政的理念贯穿于理论教学、实验实训、社会实践等各环节，落实到课程目标设计、教学内容、教学实施、课程评价、教材编审选用等各方面。同时，课程思政建设要求，建立科学评价体系，把教师参与课程思政教学改革情况和课程思政效果作为教师考核评价、岗位聘用、评优奖励、选拔培训的重要依据；改革学生课程学习评价方式，把价值引领、知识传授、能力培养的改革目标纳入学生的课程评价。课程思政建设的逻辑充分体现了把思想政治工作贯通人才培养体系的可能与价值。因此，要从构建"两个体系"的深度，加大深化课程思政建设力度，探索"思政课程""课程思政"建设，全面提高人才培养能力。

课程思政建设是完善"三全育人"的关键环节。课程思政建设不是哪一门课或哪一个部门的事情，而是一项为党育人为国育才的系统工程。课程思政建设要紧紧抓住教师队伍"主力军"、课程建设"主战场"、课堂教学"主渠道"，强调思想政治理论课、通识类课程、专业类课程、社会实践类课程等所有课程都有发挥育人功能，校领导、中层干部、任课教师、辅导员、后勤保障人员等学校所有教职员工都有育人职责。横向需要多部门协同配合、互相支持，纵向需要层层激发动力、形成共识。课程思政建设要贯穿于教育教学全过程各方面，客观上有利于带动"三全育人"格局的形成。因此，要坚持社会主义办学方向，完善中国特色高等教育制度，按照教育治理体系和治理能力现代化的要求，深化推进课程思政建设，不断完善"三全育人"工作体系和机制。

二、安徽财经大学思想政治理论课改革与创新

思政课程是立德树人的关键课程。党的十八大以来，安徽财经大学以"立德树人"为根本导向和遵循，以思想政治理论课"教·习·学"综合改革和思想政治理论课实践教学课程化改革为突破口，大力推进思政课改革创新，取得了显著成效。

（一）安徽财经大学思想政治理论课"教·习·学"综合改革

习近平总书记指出："要用新时代中国特色社会主义思想铸魂育人。"[①] 关键在于将"时代性"赋予思政课教学的各个环节，充分借助思政课堂熔铸时代之魂，化育时代之人。然而，当前"教师教学→学生学习→期终考核"的传统教学模式仍然在相当程度上统摄着思政课的教育教学主要环节。这一模式妨碍了课

---

① 习近平. 用新时代中国特色社会主义思想铸魂育人 贯彻党的教育方针落实立德树人根本任务. 人民日报，2019-3-19.

堂能动性、创造性、实效性的发挥，妨碍了新型教学模式的探索与转化。有基于此，思想政治理论课"教·习·学"综合改革研究旨在探索新型思政课教学模式，实现由"教→学→考"模式向"教·习·学"模式的创造性转化。"教·习·学"综合改革将知识层面的"教"、领会层面的"学"、检验层面的"考"转化为思维引导的"教"、主体革新的"习"、结构优化的"学"。"教·习·学"综合改革主题在"习"，是唤醒、激发、维持学生主体感悟的关键环节。"教"与"学"最终为了"习"服务，考核的直接目标是检验教与学的效果，最终目标是考验学生习得的水平和程度。而"习"的内涵在此基础上就提升为学生立足现有学习，同时兼顾对职业设计、人生体验、知识运用和能力提升的思考与前瞻。

"教·习·学"综合改革创新是一个开放的、不断更新的系统性过程，该项改革的顺利推进离不开特有的环境条件的支撑，必须从制度建设、师资建设、学生学习、社会实践习得以及学科科研建设等方面予以有效保障。

1. 良好的制度供给是思政课"教·习·学"综合改革创新的前提和基础

制度建设是一个久久为功的工作，思政课"教·习·学"综合改革创新既需要国家宏观层面的制度牵引，更需要学校中观和微观层面的制度保障。党的十八大以来，无论是宏观还是中、微观层面的制度建设都在加快推进。安徽财经大学马克思主义学院围绕该项改革成立专门工作组，工作组紧密结合中央、教育部相关思政课建设文件精神，在校党委的直接领导和支持下，及时做出相应工作安排与部署。其主要的制度建设有：2016年3月成立马克思主义学院，2016年4月5日学校成立思想政治理论课建设领导小组，2016年12月28日出台安徽财经大学贯彻落实《普通高校思想政治理论课建设体系创新计划》建设实施方案，2017年7月学校出台《安徽财经大学思想政治理论课质量提升年专项工作实施方案》，2017年7月学校把马克思主义理论纳入校级一流学科予以扶持发展，2019年7月2日学校出台《安徽财经大学深入贯彻落实学校思政理论课教师座谈会精神的实施方案》，2020年4月学校出台《中共安徽财经大学委员会贯彻落实〈中共中央办公厅、国务院办公厅关于深化新时代学校思想政治理论课改革创新的若干意见〉实施方案》。这些组织设置和配套文件的颁布为综合改革创新营造了较好的制度和组织环境，为各项改革的深入进行创造了条件。

2. 师资队伍建设是思政课"教·习·学"综合改革创新的"牛鼻子"

思想政治理论课是落实立德树人根本任务的关键课程，办好思想政治理论课关键在发挥教师的积极性、主动性、创造性。师资队伍建设是推动思想政治理论课改革创新，增强思政课的思想性、理论性和亲和力、针对性的"牛鼻子"。项目组客观实际地对现有专业师资存在的问题进行了研判，通过学院实施，形成了以课程团队建设为主体，实施"学科带动＋科研促进＋职业成长"战略工程，通过加大投入和立体化培训等重要举措全面提升教师教育教学的能力和水平。学院发布了《安徽财经大学马克思主义学院课程团队建设和教学研究实施方案》《安徽财经大学马克思主义学院青年教师培养发展方案》，依据教师专业特长与职业发展定位进行了课程归队与学科归口，遵循学校科研相关政策积极引导教师专注全面发展，在平台建设、教学科研项目申报、论文研发和职称晋升等方面不断发力，持续鼓励教师不断提升教学水平。近年来，学校成功申报"安徽省学校思想政治理论课教师研学基地"，组建教学创新团队10个，编写教学案例集等辅助教材4本，全体专任教师累计申报成功省级以上科研项目30余项，省级以上教研项目10多项，发表中文核心期刊论文50多篇，教研论文20多篇，形成四门思政课的混合式教学模式。教师立体化培训常态化进行。青年教师在各类教学比赛中多次获奖，其中全国青年教师教学比赛三等奖1次、安徽省青年教师教学比赛一等奖1次、安徽省高校教师教学发展联盟"同课异构"教学比赛一等奖1次、安徽省高校思想政治理论课说课比赛二等奖2次、安徽省高校教师教学发展联盟"同课异构"教学比赛二等奖2次，1人获得安徽省高校思想政治理论课教师二〇一七年度"影响力人物"荣誉称号，1人获得安徽省"教学名师"称号，2人获得安徽省"教坛新秀"称号，7人获得安徽省思政课"教学能手"称号。

3. 结构优化的过程式学习是思政课"教·习·学"综合改革创新的重要动力源

处于人生"拔节孕穗期"的青年大学生是思政课教学过程中的微观主体，他们充满激情活力，但是理论认知与价值认同培育难度大。发挥学生创造力、能动性，增强学生主体性、参与度是思政课"教·习·学"综合改革创新的动力所在。项目组采用结构优化的过程式学习模式,努力促进学生学以致用,活学活用,知行统一。结构优化的过程式学习模式特征在于整体性、模块化、混合式,创设多元、多样的学习平台,以提升学生学习的热情,即通过对五门思政课内容的整体性提炼整合形成系列主题讲授模块,打造线上线下混合式教学,依据教学内容进行分段考核,改革思政课考核环节,创新考核形式,增加过程考核力度。过程考核内容涵盖了读书笔记、课堂笔记、影视作品评价、随堂作业、社会实践报告、各种主题大赛等。每门课程都有主打的教学实践活动,"主菜+小菜"式的课堂系列主题实践教学吸纳了全体学生参与。品牌"悦读会"塑造高端挑战式的阅读享受,马院"悦读会"成功举办 16 期,读经典分享心得已成为一种习惯。不定期举办面对面理论热点满足了学生对理论与现实关注的期待,理论社团积极参与其中充分挖掘了学生过程式学习的主体性。

4. 社会实践的躬行习得是思政课"教·习·学"综合改革创新的根本主旨

"观察—叙事—反思"是大学生社会实践的思维主线,在这个过程中培育文化自信到政治自信,是信仰、信念、信心养成的必由之路。习得的内涵就在于此,是"教·习·学"综合改革创新的根本主旨。"习"是"环境的改变与人的改变"融为一体的过程,蕴涵在思政课教育教学的各个环节与过程。项目组按照思政课主题实践的要求打造具有鲜明特色的实践品牌"新时代新青年"。五年来,"新时代新青年"实践团以老带新,实现了早期介入、人才选拔、以点带面的预期目标,有效地整合了社会资源、学校资源与课程教学资源,成效显著。围绕专题教学、实践教学、创新教育、网络教学,借助多元多样的平台,不断深化创新探索新路子。"新时代·新青年"实践品牌团队连续四年获得共青团中央的表彰。理论宣讲、"一带一路"、精准扶贫、文明创建、文化自信、社会关爱、环境保护、产业发展、党建与社会治理等,有效地支撑和补充了课堂授课内容,为同学们的习得提供了重要的平台和风采展示的舞台。

(二)安徽财经大学思想政治理论课社会实践课程化改革

实践育人作为思想政治理论课教学重要方式之一,近年来越来越受到重视。2015 年,教育部印发《高等学校思想政治理论课建设标准》,明确将思政课实践教学要纳入教学计划,统筹思想政治理论课各门课的实践教学、落实学分(本科2学分,专科1学分)、教学内容、指导教师和专项经费。安徽财经大学党委高度重视,于2017年9月成立思想政治理论课实践教学中心,负责全校思想政治理论课实践教学的统筹与具体工作,并在制度和经费等方面给予了大力支持。经过近年来的积极探索,安徽财经大学在原有的"教·习·学"思政课教学模式上,逐渐形成了"点·线·面"相结合的思想政治理论课实践教学体系。

1. "点":假期思政课主题社会实践

假期思政课主题实践是指利用学生寒暑假的时间开展的社会实践活动,其主题与思政课紧密相关,其中暑期社会实践主要以团队形式开展,如习近平新时代中国特色社会主义思想宣讲、纪念建党一百周年、践行社会主义核心价值观等;寒假社会实践主要以个人形式开展,如家风家训家规调研、国家发展成就观察等。暑期思想政治理论课主题社会实践在暑假这个"点"上,紧紧抓住思想政治理论主题组建社会实践团队,并进行相关调研活动。自2017年开始,我校在暑期大学生社会实践活动中首次设立"思想政治理论课主题社会实践"专项,四年来,共成立团队80支,参与师生近千人,省级以上媒体宣传300余篇。实践活动结束后形成的调研报告和心得体会等文字成果,都已按照出版标准汇编成册。此外,经过不懈努力,思想政治理论课主题社会实践涌现出了"新时代·新青年"人学生社会实践明星团队。自2013年"新时代·新青年"团队成立之后,已连续七年入选国家级实践团队,实践活动被人民网、中国青年网、共产党员网、安徽日报等媒体大量转发报道,受到共青团中央表彰奖励20项,仅2017年"新时代·新青年"实践团队就荣获共青团中央"三下乡"社会实践"千校千项"成果"最具影响好项目"奖和团中央"镜头中的三下乡"优秀报道奖、优秀摄影奖、优秀视频奖、优秀新媒体传播团队奖等;指导教师张斌教授获团中央2017年"镜头中的三下乡"优秀指导教师奖,指导教师汪先平教授荣获高校思想政治理论课教师2017年度影响力提名人物。为防止出现队员因毕业出现的短缺等情况,"新时代·新青年"团队依托安徽财经大学"邓小平理论研究会"构建了良好的队员进入退出机制,形成了团队不断保持活力发展的良性循环。

2. "线":大学生思政课骨干培训班

大学生思政课骨干培训班将一些对马克思主义理论和思想政治理论课充满兴

趣的优秀学生集中起来进行深度培训，每期一年的时间，规模在60人左右，在这一年的时间"线"中，通过考察调研、研讨学习等多种形式进一步深化对中国特色社会主义理论的理解，树立"四个自信"。自2018年第一期举办以来，共有三期180余名同学接受了培训。培训班深入企业、法院、纪念馆、农村等地，撰写报告和体会，效果显著。以蚌埠玻璃设计院国家重点实验室的考察调研为例，学生们直观地调研了玻璃设计院的科技创新和应用，实地参观了0.15毫米超薄玻璃的生产过程，通过实践真正了解到了中国的重要科技状况与成绩，增强了荣誉感和自豪感，同学们不由自主地发出赞叹："厉害了，我的国"。

3. "面"：思政课课堂实践

思政课课堂实践是指在课堂教学时间内，依托思政主干课组织实施的思政课实践教学活动。课堂实践"面"向所有大学生，设计了多种形式不同的实践题目，贯穿学生每学期的始终，以做到全程育人。课程实践的形式以课堂和校内实践为主，在条件允许的情况下可以组织学生前往校外实践地点进行考察调研，充分利用蚌埠本地的思政课实践教学资源开展活动。为便于思想政治理论课课堂实践的开展，马克思主义学院还委托第三方设计开发了"安徽财经大学思想政治理论课实践教学平台"这一在线系统辅助教学。学生在申请选题成功后将完成的实践成果上传系统，教师在线查看并批阅，相关材料直接由系统导出保存，实现了课程实践的无纸化和便捷化，减轻了教师收取和保存作业的额外工作量。

4. "一课一品"实践

"一课一品"实践即四门思政主干课程各自打造一个实践品牌，既突出重点和特色，又与课程内容紧密结合，并且按照"以赛代课"的模式各自开展全校范围的竞赛，提高学生参与的积极性。"基础"课举办"道德情景剧大赛"，"纲要"课举办"历史情景剧"大赛，"原理"课开展"经典悦读"读书分享实践，"概论"课开展"改革开放创新发展"调研实践。

"一课一品"实践是在课堂实践的基础上提升凝练的品牌化实践，与课堂实践既有联系又有区别。之所以在课堂实践之外开展此项活动，就是希望通过"一课一品"实现品牌化、特色化的集成效应，提升实践活动的层次和影响力，以进一步提高参与师生的获得感和实践教学的实效性。以"基础"课为例，2019年开展的以防诈骗为主题的"道德情景剧"实践教学既联合了校党委宣传部、教务处、校团委等校内多个部门,又联合了蚌埠市公安、文明办、人民银行等校外单位,校地联合,共同推动大学生的实践育人。

可以预见,我校"点·线·面"相结合的思想政治理论课实践教学体系将不断提高大学生的思想政治素质,增强"四个自信"和社会主义核心价值观,极大地推动了地方特色高水平大学的建设和立德树人这一根本任务的实现。

三、安徽财经大学课程思政建设的探索与成效

在思想政治理论课改革取得积极成效的同时,安徽财经大学在课程思政建设方面同步发力,围绕立德树人根本任务,牢牢抓住教师队伍"主力军"、课程建设"主战场"、课堂教学"主渠道",深入挖掘各类课程蕴含的"思政元素",实现课程思政与思政课程同向同行、同频共振。

(一) 安徽财经大学课程思政建设的探索

1. 聚焦规划设计,强化课程思政建设工作机制

学校高度重视思想政治工作,成立了以校党委书记为组长的课程思政工作领导小组,统筹推进全校课程思政教学改革任务;成立各教学单位党政一把手为组长的院(部)课程思政建设小组,通过构建校院两级的思政工作体制,着力推动和促进各教学单位课程思政建设工作;制定出台《安徽财经大学课程思政工作实施纲要》,明确课程思政建设工作的指导思想、总体目标、基本原则、主要任务、保障措施等,确保课程思政建设有序推进;建立以教务处和党委宣传部为牵头部门,各相关职能部门和教学单位各负其责、互相协同的课程思政工作机制。各课程负责人和课程团队负责对课程思政内容的建设、探索和挖掘,教学单位党委书记、院长负责课程的审核把关,进一步形成合力,促进课程思政建设扎实推进、有效落实,教务处、党委宣传部统筹负责课程思政建设工作。

2. 聚焦队伍建设,提升教师思政育人能力

全面推进课程思政建设,教师是关键。学校出台《安徽财经大学教师教学质

量考核评价工作办法》,把师德师风作为教师考核评价的第一标准,坚持"四有标准",做到"四个相统一",把师德师风建设落实到人才培养的各个环节。同时,将课程思政作为教师思想政治工作的重要环节,作为教师教学质量考核评价、晋职晋级的重要评价内容。学校积极实施教师能力提升计划,通过不断强化师资队伍建设,切实提升教师思政育人能力。组织教师参加"学科教学育人与课程思政"专题网络培训,全面了解课程思政建设的方法与途径,多角度学习如何将思政元素融入专业课程建设。学校连续举办多届"超星杯"移动教学大赛和"课程思政"教学设计大赛,设置课程思政计分要点,以赛促建、以赛促教、以赛促改,引导教师挖掘各类课程中的思政元素,自觉加强课程思政建设,不断提升育人能力。各基层党组织积极发挥战斗堡垒作用,成立"双带头人"教师党支部书记工作室,通过专题研讨、知识竞赛、党性教育、社会实践等形式,不断激发广大教师党员学理论、学立场、学方法热情,深挖思政教育元素,激发锐意进取、开拓创新的精气神和埋头苦干、真抓实干的自觉行动,以初心铸魂育人。各教学单位定期邀请相关大赛评委专家和获奖教师,对"课程思政"进行专题辅导和深入解读,加深教师对"课程思政"的内涵、目标及原则的理解,通过专家与名师示范,帮助教师磨炼授课技巧,通过交流分享,增强价值塑造、知识传授和能力培养的有机融合;以课程组为单位,定期开展课程思政集体备课活动,发挥团队合力,凝聚智慧,提升课程思政教学效果。

3. 聚焦课程建设,构建课程思政教学体系

学校将"课程思政"理念融入人才培养体系中,充分梳理各门课程的德育元素,纳入"知识、能力与素质等方面的基本要求"模块中。在《中共党史专题研究》《中国特色社会主义制度体系研究》《中国文化史》《中国商帮》《中国优秀传统文化导论》《当代中国政治》等通识类课程教学中,突出体现了马克思主义中国化的最新理论成果,重视价值引导和优秀传统文化的传承,引导学生坚定理想信念、厚植爱国主义情怀、弘扬社会主义核心价值观、加强思想品德修养等。学校发挥财经类院校特色,帮助学生了解相关专业和行业领域的国家战略、法律法规和相关政策,引导学生深入社会实践、关注现实问题,培育学生经世济民、诚信服务、德法兼修的职业素养。例如,在《证券上市与交易》《金融学》

等课程教学中，授课教师作美股四次熔断和我国资本市场的"韧性"的对比分析，让学生充分了解国家为抗击疫情所做的工作，尤其是金融系统精准施策，帮助学生理解我国金融体系持续深化金融供给侧结构性改革的重大意义，树立中国道路自信；在《商业伦理与会计职业道德》《会计职业与伦理》《会计职业道德》等专业课程教学中，授课教师针对与企业经营和会计工作相关的职业道德与伦理，通过典型反面案例警示学生守道德底线，知法律敬畏，严职业规则，更好地运用职业伦理与道德开展专业工作。实践"金课"建设方面，以"互联网+"大赛为龙头，探索有激情的创新创业实践平台；以青年红色筑梦之旅为载体，探索有温度的国情体认实践"金课"；以思政课程实践为阵地，探索有体验的德育实践"金课"；以志愿和社会服务为内容，探索有收获的社会责任实践"金课"。通过"校内课堂"与"校外课堂"、"第一课堂"与"第二课堂"的深度融合，不断提升学生的社会责任感、使命感和实践能力。

4. 聚焦教学设计，提升课程思政教学效果

坚持通过多样化的教学内容和形式，将其深度嵌入课程体系，真正实现"如盐入水"般的思政育人效果。教学目标方面，在理论模块，坚持用中国话语发声，培养文化与理论自信；在制度模块，紧密结合当前国内外相关制度改革实践，通过政策辨析，坚持制度自信；在效应模块，结合热点问题，深入探究相关政策如何助力国家治理保障人民福祉，通过同学们的切身感受践行道路自信。教学内容方面，授课教师积极打破传统单一维度设计，以"上—下、古—今、中—外"三大维度对课程内容进行系统重构，同时借助MOOC等现代化手段，完成课程内容模块化改造，并通过各模块间灵活调用，完成理论、制度、效应的深度融合。同时，通过师生共建、生生共建、校外共建等创设多元共建的课程资源模式。教学模式方面，授课教师坚持"底层逻辑"思维，深入探究教学规律，创新"迭代式+互动场"的教学新范式。迭代式——纵向推进：以认知构建的内在逻辑设计教学过程，实现感性、知性、理性层层迭代，最终实现灵性升华，完成价值塑造。以"四性迭代"的方式，完成价值塑造、知识传授、能力培养融合发展全过程。教学评价方面，教师们创设"多维任务"体系，考查学生不同能力层级，积极创建情境，促进学生自评与互评，帮助学生形成自我反馈机制。

特别是在成绩评定中，注重过程化、动态化、个性化设置。

5. 聚焦人才培养，优化课程思政评价体系

人才培养效果是课程思政建设评价的首要标准。建立健全多维度的课程思政建设成效考核评价体系和监督检查机制势在必行。学校出台《安徽财经大学课程思政工作实施方案》，要求结合专业特点，修订2020版专业课程教学大纲，将"课程思政"理念融入人才培养体系，充分梳理各门专业课程的德育元素，纳入"知识、能力与素质等方面的基本要求"模块中；要求在教师教学设计大赛、课堂教学竞赛及信息化教学竞赛等教学竞赛中，设立课程思政计分要点，考核参赛教师的课程思政意识、能力及效果，达到"以赛促建、以赛促教、以赛促改"的目的。学校出台《安徽财经大学本科教学质量与教学改革工程项目管理办法》，通过质量工程项目形式，设置"课程思政"研究专项，对课程思政立项项目提供经费支持，促进课程思政理论研究与教学实践有效融合，提高课堂教学质量；在教学成果奖、优秀教材奖等各类成果的表彰奖励工作中，突出课程思政要求，不断加大对课程思政建设相关优秀成果的支持和奖励力度。出台《安徽财经大学领导干部听评课管理办法》《安徽财经大学教学督导工作管理办法》，强化校领导和教学督导听评课制度，坚持在课程教学质量评价体系中突出价值引领，将学生的认知、情感、价值观等内容作为课程教学效果的重要考量因素。

(二) 安徽财经大学"课程思政"建设的成效

1. "课程思政"教研成果

安徽财经大学通过课程思政探索与实践进行的理论总结，发表了《基于大学生视角的高校思政课教学改革研究》《十九大精神进课堂对思政课教师的要求》《金融学课程群课程思政与课堂教学融合探索》《国际经济与贸易专业"课程思政"探究》《法学通论课程思政教育教学改革探究》等思政课程与课程思政教研教改论文60余篇，出版《高校"四位一体"育人体系探索与实践——以安徽财经大学为例》等专著5部，《"四位一体"高层次应用型人才培养体系探索与实践》获得国家级教学成果二等奖，《财经类高校"四位一体"育人体系创新与实践》等3项成果获得省级教学成果特等奖，《思想政治理论课"教·考·学三维

课堂"创新研究》获省级教学成果二等奖。学校将持续深入开展相关教学研究，总结课程思政育人规律和好的经验和做法，力争形成更多具有现实指导意义的学术论文、研究报告、经验总结等理论成果，并加以推广运用。

2. "课程思政"育人成效

安徽财经大学积极构建思政课程与课程思政协同联动工作机制，使各类课程与思想政治理论课同向同行，形成协同效应。新的人才培养方案充分体现了践行社会主义核心价值观、坚持立德树人、培养诚信笃行品质和社会责任感、创新创业等要求，人才培养质量与学生综合能力显著提升。国家级、省级大创项目立项数量，从2017年以来稳居全国地方高校第一方阵。2021年，中国高等教育学会高校竞赛评估与管理体系研究专家工作组正式发布2020年全国普通高校大学生竞赛排行榜，我校在全国普通高校大学生竞赛五轮总排行榜（本科）Top300榜单上列第160位。在2020年全国普通高校大学生竞赛排行榜（本科）Top100榜单上列86位，为我校首次进入此榜单。在2016~2020年全国普通高校大学生竞赛排行榜（本科）Top300榜单上列第148位，位列全国人文社科类高校第3，位列全国财经类高校第2。2018年以来，我校共有35名同学分别获得"中国大学生自强之星""全国优秀共青团员""安徽省大学生年度人物""安徽省十佳大学生""安徽省优秀大学生"等荣誉称号。涌现出一批诚实守信的感人事迹和乐于助人的典型事例。人民网、党建网、中国教育报、安徽日报、安徽教育网、中安教育网等多次报道我校学生典型事例，课程育人成效明显。

3. "课程思政"示范引领

安徽财经大学紧紧围绕全面提高人才培养能力这一核心点，严格落实教育部印发的《高等学校课程思政建设指导纲要》，紧紧抓住教师队伍"主力军"、课程建设"主战场"、课堂教学"主渠道"，及时出台《安徽财经大学课程思政工作实施方案》，通过选树一批具有导向性、代表性、引领性的示范课程，认定一批课程思政教学名师和团队，推进若干课程思政示范教学研究中心、课程思政教学研究项目建设等系列举措，持续强化课程思政建设，充分发挥课程思政示范项目的示范引领和辐射带动作用。截至目前，学校入选安徽省省级课程思政建设先行高校，加入全国财经类高校课程思政联盟；入选省级课程思政建设示范中心1

个，立项校级课程思政教学示范中心 5 个；入选省级思想政治理论课教研项目 3 个、课程思政建设研究项目 3 个，立项课程思政与思政课程专项教研项目 25 个；入选国家级一流课程 5 门；入选国家级、省级课程思政示范课程 52 门，立项校级课程思政示范课 30 门；国家级、省级课程思政教学团队 3 个，入选国家级、省级课程思政教学名师、省高校"卓越教学名师"等 36 人次。2018 年以来，我校教师在各级各类教学竞赛中获奖达 175 人次，其中，财政与公共管理学院廖晓慧老师在 2021 年全国高校教师教学创新大赛全国赛中获一等奖和教学设计创新奖，实现了我校在此类高层次高水平教学大赛中的重大突破；马克思主义学院王程副教授获 2020 年全国高校青年教师教学竞赛决赛三等奖。

四、安徽财经大学"三全育人"探索与成效

安徽财经大学思政课程和课程思政相向而行、同向发力，取得了丰硕的成果。为充分发挥思想政治教育的价值引领、固本培元功能，安徽财经大学按照"新经管"总体战略，积极探索"三全育人"。2018 年 7 月，学校获批省委教育工委第一批"三全育人"综合改革试点高校。根据教育部和省委教育工委相关文件精神要求，学校党委进一步加强组织领导，全面统筹各领域、各环节、各方面的育人资源和育人力量，推动知识传授、能力培养与理想信念、价值理念、道德观念的教育有机结合，开展了"四位一体"财经类高层次应用型人才培养体系建设，扎实推进"三全育人"综合改革试点工作。

（一）安徽财经大学"三全育人"的探索

1. 注重思想引领

近年来，学校围绕学习贯彻习近平新时代中国特色社会主义思想和党的十九大精神，将大学生暑期"三下乡"作为思想政治理论课实践教学的扩充，引导学生用马克思主义的基本立场、观点方法分析和解决现实问题，在实践中进一步坚定理想信念。学校重点组建了一批红色宣讲团，通过宣讲调研等方式，走进乡村、社区、企业以及其他基层单位，与村民、居民、工人、基层干部交流了解基

层现状,将习近平新时代中国特色社会主义思想以及党的十九大精神等有关理论、政策传播给基层人民。此外,学校还对接时代发展主题,围绕"实施乡村振兴战略""打赢脱贫攻坚战""建设美丽中国"等,组织"理论普及宣讲团""国情社情观察团""科技支农帮扶团""依法治国宣讲团"等实践体验活动,引导学生了解新时代国情民情社情,培养大学生的社会责任感和使命担当。

2. 注重文化育人

学校着重发挥中国特色社会主义文化育人功能,注重以文化人以文育人,深入开展中华优秀传统文化、革命文化、社会主义先进文化教育,不断优化校风学风,培育大学精神,建设优美环境,滋养师生心灵、涵育师生品行、引领社会风尚。学校积极开设中华优秀传统文化的课程,积极组织实施"中华经典诵读工程""中国传统节日振兴工程",坚持开展"礼敬中华优秀传统文化""高雅艺术进校园"等文化建设活动。学校精心打造以社团文化节、宿舍文化节等为代表的精品文化项目和特色品牌活动,引导高雅艺术、非物质文化、民族民间优秀文化走近广大师生。2019年5月,学校校史馆、中国合作经济博物馆正式建成并开放,中国合作经济博物馆也是全国第一所以记录中国合作经济发展的博物馆。2019年第一首校歌《与未来同窗》正式传唱,第一本校史、第一本校友回忆访谈录《湖畔花开》正式出版。学校充分利用校史、校歌的育人功能,深入开展校本文化教育,进一步弘扬安财精神,营造校园良好的文化育人氛围。积极发挥网络文化育人作用,拓展网络平台,在中青校媒(安徽)2020年度新媒体作品巡展中,安徽财经大学微信公众号以总成绩排名第一的成绩获安徽省高校"十佳微信公众号"称号。

3. 注重科研育人

学校优化科研环节和程序,完善科研评价标准,大力构建学术诚信体系,健全优秀成果评选推广机制,实施科研创新团队培育支持计划、科教协同育人计划、产学研合作协同育人计划,引导师生树立正确的政治方向、价值取向、学术导向。2019年,学校出台了《安徽财经大学科教融合协同育人实施办法》,引导教师及时把学术成果转化为教学内容,支持本科生在教师带领下参与科研活动,支持有研究潜力的学生早进课题、早进团队、早进研究基地和研究平台。同时,学校面向在校本科生设立专门的科研专项基金，注重学生创新意识、实践能力、综合素质和科学研究能力的培养。2020年在校本科生科研创新基金项目立项已达150项；2020年在国家级、省级创新创业训练计划项目的申报中，我们学子成功申报国家级项目381项，省级项目635项，国家级项目立项数在全国地方高校中位列第一，在全国高校中位列第四，连续多年位列全省高校第一。2021年7月，学校在第七届安徽省"互联网+"大学生创新创业比赛中，获得省赛金奖7项、银奖30项、铜奖30项，学校获优秀组织奖。

4. 注重实践育人

在实践育人方面，学校紧密围绕财经类高校办学特色，坚持立德树人根本任务，把"育人"作为开展社会实践的出发点和落脚点，坚持把思想政治引领作为实践育人的根本任务，把学科专业融合作为实践育人的工作重点，把校地优势资源作为实践育人的主要依托，把实践过程管理作为实践育人的重要保障，形成了"四突出四强化"的实践育人新格局。学校推动和完善实践育人体系建设，将实践教学融入人才培养全过程。2018年，学校修订人才培养方案，要求经管类专业实践学分占总学分不低于25%，理工类专业实践学分占总学分不低于30%，艺术类专业实践学分占总学分不低于50%，其他专业实践学分占总学分不低于20%，从学制上对学生的实践课程提出更高要求。2015年以来，学校连续5年被团中央评为暑期社会实践优秀单位，在校学生累计参与寒暑期社会实践达8万人次，获得省级以上各类表彰92次。2019年学校将"大学生暑期'三下乡'社会实践"列为校级"一流课程"给予立项，并以社会实践"金课"建设为核心，通过优化培训体系、优化管理平台、优化工作流程、优化考核评价等方式，形成了"一核四优"的实践育人保障机制。同时，学校进一步规范校企合作实践教育基地建设，杜绝"重签约、轻建设"的现象，同时加大建设力度，不断开拓新基地。目前学校大学生创业孵化基地已成为融大学生创业培训、创业实践、创业孵化、创业服务于一体的大学生创业孵化基地。

（二）安徽财经大学"三全育人"的成效

1. "大思政"工作格局基本形成

学校制定了《深入学习贯彻落实全国全省高校思想政治工作会议精神实施方

案》《关于加强和改进新形势下思想政治工作的实施意见》等文件，涵盖理论学习、师德师风建设、课程思政建设、思政队伍建设、管理服务工作等多方面，制度保障日趋完善；成立了由党政主要负责人担任组长的思想政治工作领导小组、意识形态工作领导小组、网络安全与信息化领导小组等，全面开展思想政治工作；定期组织召开意识形态领导小组专题会议、思想政治工作领导小组会议和"三全育人"工作推进会。学校建立了校领导联系师生和听课制度，校领导班子成员走进课堂为师生讲授形势政策课，走进学院和班级，及时倾听和了解师生思想状况，特别关注育人工作中存在的短板和弱项，解决育人工作中存在的问题；初步形成了党委统一领导、党政齐抓共管、部门各司其职、全校师生共同参与的大思政工作格局。学校思政工作持续加强改进、不断向上向好，荣获全省文明校园。2018年，学校成为安徽省首批"三全育人"综合改革试点建设高校，统数学院成为安徽省"三全育人"综合改革试点院系；2019年4月，学校入选安徽省第一批高校网络思想政治工作中心试点高校；2020年，会计学院思想政治工作创新案例入选安徽省首届思想政治工作创新案例推广名单。

2. 育人主体队伍显著加强

学校全面加强思想政治工作队伍建设，在干部轮岗交流中，坚持配齐配强党口部门和党务干部，全面强化党的领导；高度重视思想政治理论课教师人才引进和职称评聘工作，坚持校外招聘与校内转岗相结合，思政课专任教师队伍进一步增强，其中教授6人，副教授14人，拥有博士学位达27人，近三年新增专任教师17人；全面加强辅导员队伍建设，不断加强招聘力度，通过制度建设、辅导培训、管理考核等举措，一支政治过硬、业务精湛、数量达标的专业化辅导员队伍初步形成；学校还建立了一支由思政骨干、专业教师、优秀学生组成的舆情监督员、舆情信息员队伍，积极参与网络评论，实时掌握舆论情况，努力营造风清气朗的网络空间。学校教育教学质量切实提高，涌现出全国优秀教师、"四个一批"拔尖人才、全国高校教师教学创新大赛一等奖获得者、全国青年教师教学竞赛决赛三等奖获得者、全省高校辅导员技能大赛二等奖获得者、全省高校辅导员年度人物提名奖等一大批思政工作优秀教师。

3. 思政课程与课程思政协同推进

学校全面加强马克思主义学科建设，把马克思主义理论学科列为学校重点建设学科，严格落实《高等学校思想政治理论课建设标准》，在经费投入、师资配备等方面加大建设支持力度；成立了"马克思主义与当代中国经济发展中心""思政课创新中心"，推动理论研究、凝练学科方向、促进学科发展。2018年，马克思主义学院被授予安徽省第二批重点建设马院，马克思主义理论学科获批校级一流建设学科。2019年，马克思主义理论学科被教育部增列为硕士授权点一级学科，2018年以来，马克思主义理论学科连续3年进入软科"中国最好学科"排名榜。与此同时，学校着重从统一思想认识、完善组织架构、优化制度设计等方面强化课程思政顶层设计，强化各类课程的育人功能，与思政课同向同行。学校印发《课程思政工作实施方案》，举办课程思政教学大赛，课程思政大讨论和教学设计活动有序开展，课程思政理念逐步融入人才培养体系，各类专业课程与思政课程同向同行、协同育人效应初步显现。

4. 育人成效凸显

坚持问题导向，深化"三全育人"改革，不断推进习近平新时代中国特色社会主义思想"进教材，进课堂，进头脑"；积极探索新时代党建引领育人工作，把党的政治和组织优势转化为育人优势，引领带动育人资源的统筹整合，形成育人合力；努力实现"第一课堂"与"第二课堂"协同推进、"专业培养"与"五育并举"协同推进、"校内育人"与"校外育人"协同推进，形成了各方联动、齐抓共管、贯穿全程、融入日常的"三全育人"工作新机制，育人成效日益凸显。4个党支部获教育部和安徽省新时代"双创"样板支部培育单位；1个学院党委获安徽省标杆院系培育单位；涌现出一批坚守诚信的感人事迹和学霸宿舍的典型事例。《中国教育报》《安徽日报》等媒体对我校开展劳动教育进行了集中报道；人民网、凤凰网等媒体对我校课程思政、实践育人成果进行了报道，引起社会热烈反响。

五、加强思想政治教育的进一步思考

近年来，安徽财经大学思想政治教育取得了丰硕成果，为"新经管"战略的顺利实现奠定了坚实的基础。思想政治教育是系统性工程，进一步提升思想政治教育实效，需要强化顶层设计，持续提供政策供给，更需要各相关部门联动，协同发力，构建大思政的育人格局。

（一）配齐建强思想政治理论课教师队伍

习近平总书记指出，思想政治理论课是立德树人的关键课程，办好思想政治理论课关键在教师，要配齐建强思想政治理论课教师专职教师队伍。① 深刻领会习近平总书记的重要指示，事关高校思想政治理论课教师队伍长期可持续发展，事关高校思想政治理论课立德树人主渠道作用发挥，意义重大。

配齐是建强的基础。一支数量充足的思想政治理论课教师队伍，是高校思想政治理论课改革取得成效的关键。思想政治理论课教师不足，必然影响思想政治理论课教学质量。思想政治理论课教师不足，采取大班教学，教学效果难以保障；思想政治理论课教师不足，工作量大大增加，教师无力反思改进教学。长此以往，必然弱化思想政治理论课中心地位。安徽财经大学高度重视思想政治理论教师队伍建设，近三年来通过校外招聘、校内转岗等方式，先后引进 16 名思想政治理论课教师。目前，学校共有专职思想政治理论课教师 57 人，兼职思想政治理论课教师 11 人，基本满足了思想政治理论课教学的需要。

建强是配齐的目标。思想政治理论课教师队伍建设，不能满足于数量的增长，更要看重质量的提升。在思想政治队伍规模迅速扩充的前提下，提升思想政治理论课教师的教学与科研能力水平，就显得更为迫切。学校为建强思想政治理论课教师队伍制定了一系列措施，例如，学校出台《安徽财经大学优秀专职思想政治理论课教师岗位津贴评选工作方案》，马克思主义学院颁布《安徽财经大学马克思主义学院青年教师培养发展方案》，以马克思主义理论学科硕士授权点和院级研究所相结合，帮助教师凝练学科研究方向，但由于教师专业背景的复杂多元性，目前成效还有待提高。此外，队伍规模的迅速增长，也给教师教学能力培训带来了挑战。如何让新进和转岗教师迅速适应教学岗位，不断提升教学水平，

---

① 习近平．用新时代中国特色社会主义思想铸魂育人 贯彻党的教育方针落实立德树人根本任务．人民日报，2019－3－19．

在配齐的基础上,建强思想政治理论课教师队伍,已经是进一步加强思想政治教育的一个核心问题。

(二) 善用"大思政课"

2021年3月6日,习近平总书记在看望参加全国政协会议医药卫生界和教育界委员时,指出:"'大思政课'我们要善用之,一定要跟现实结合起来""思政课不仅应该在课堂上讲,也应该在社会生活中来讲。"[①] 习近平总书记希望思政课走出传统课堂,打破枯燥的理论说教,与生动的社会实践相结合,这为今后的思政课教学改革指明了方向。

学校高度重视"大思政课",强调理论与实践相结合。2020年,马克思主义学院组织骨干力量,深入调研,搜集抗击新冠肺炎疫情等典型案例,编写《高校思想政治理论课实践教学教程》,为上好"大思政课"奠定了坚实的基础。2020年,学校通过超星平台,组织师生集中收看"抗疫思政大课",加深了对社会主义制度优越性的理解。不仅如此,学校还组织"英模大师进课堂"活动,先后邀请凤阳小岗村大包干带头人和"全国抗击新冠肺炎疫情先进个人"李亚军为大学生讲授思想政治理论课。通过他们对家庭联产承包责任制历史的回忆,以及来自武汉抗疫一线经历的分享,让思政课变得更加鲜活、更加生动,也更加富有说服力。

总之,思想政治理论课不能局限于课堂,更不能只是单向度的理论传授,要打破课堂壁垒、学校壁垒,采取走出去、请进来等方式,与校内外多部门共同联动,构建"大思政"的育人格局,进一步提升思想政治理论课的育人实效。

(三) 进一步发挥思政课程与课程思政的协同育人作用

习近平总书记在全国高校思想政治工作会议上指出:"要用好课堂教学这个主渠道,思想政治理论课要坚持在改进中加强,提升思想政治教育亲和力和针对

---

① 习近平. "大思政课"我们要善用之. 人民日报,2021-3-7.

性，满足学生成长发展需求和期待，其他各门课都要守好一段渠、种好责任田，使各类课程与思想政治理论课同向同行，形成协同效应。"① 如何将思政元素有机融入专业课程，如何使专业课程和思政课程发挥协同育人效应，这是进一步加强思想政治教育的另一重要着力点。

学校高度重视课程思政建设，颁布了《安徽财经大学课程思政工作实施方案》，在省级、校级本科教学质量与教学改革工程中将课程思政项目单列，组织课程思政教学设计比赛，组建课程思政中心，在全校构建了课程思政育人的整体氛围，有效发挥了课程思政的育人功能。

尽管前期建设取得了一定成绩，但在课程思政与思政课程协同育人上仍有进一步的提升空间。首先，思政教师与专业教师"各自为战"的局面尚未根本改变。由于院系与专业的壁垒，思政教师与专业教师缺少交流，在不同程度上影响了协同育人的效果。当务之急，应通过思政教师与专业教师共同备课，打破思想政治教育与专业教育相互隔绝的"孤岛效应"。联合攻关、集体备课，一方面可以为思政课教师提供鲜活和有针对性的思政素材，另一方面可以使专业课教师对思政元素的挖掘更加深入和具体。其次，课程思政与专业课教学内容结合尚不够紧密。部分专业课老师虽高度重视课程思政内容发掘，但存在为融入而融入的倾向，割裂了专业课教学与思政内容的有机统一。这就需要加大课程思政教学培训，进一步凝练课程思政的教学内容、提升课程思政的教学方法与能力。

（四）推动课程思政教学内容与教学模式创新发展

紧扣课程教学内容与特点，把握课程节奏与规律，深入挖掘课程思政元素，以最佳的形式融入思政元素，而非生搬硬套、粗放堆砌，达到以课程促思政、以思政辅课程的"乘法"效果，在"润物细无声"中达成立德树人之功。通识教育类课程是开展课程思政建设的重要渠道，要根据各课程的内容特点，深入挖掘教学内容的思政元素，在教育教学的各个方面、各个环节有机融入价值塑造要素。专业类课程，是课程思政建设的基本载体，是专业知识精准融入课程育人的

---

① 习近平.把思想政治工作贯穿教育教学全过程 开创我国高等教育事业发展新局面.人民日报，2016-12-9.

主要渠道。要结合学科专业建设特点，对专业教育课程教学进行优化设计，明确了具体建设目标，使专业教学单位、专业课教师在课程思政建设工作中找到思政引导者的位置，干出自己的"特色"。社会实践类课程要坚持理论和实践结合，教育引导学生把人生抱负落实到脚踏实地的实际行动中来，把学习奋斗的具体目标同民族复兴的伟大目标结合起来，立鸿鹄志，做奋斗者。坚持向实践学习、向人民群众学习，是大学生成长成才的必由之路。

课程思政教学模式是关系到课程思政教学效果的基础性制度建设。课程思政教学要坚持教育者先受教育的理念，通过师德师风培训、课程思政专题培训、定期集体备课、研讨课程设计等，强化"学术研究无禁区，课堂讲授有纪律"的规矩，使课堂真正成为弘扬主旋律、传播正能量的主阵地。课程思政教学模式要坚持"以学生为中心"，推进教学模式改革与创新，通过线上线下混合式教学、案例教学、研讨教学、情景仿真等，激发学生学习兴趣，引导学生深入思考，增进学生的价值认同和情感认同，不断提升学生的课程学习体验与效果。

本章参考文献

［1］中共中央文献研究室编．毛泽东文集（第七卷）［M］．北京：人民出版社，1999.

［2］唐朝纪等．依法治教：《中华人民共和国教育法》学习回答［M］．北京：人民出版社，1995.

［3］胡锦涛．高举中国特色社会主义伟大旗帜 为夺取全面建设小康社会新胜利而奋斗——在中国共产党第十七次全国代表大会上的报告［N］．人民日报，2007－10－25.

［4］习近平．同北京师范大学师生代表座谈时的讲话［N］．人民日报，2014－9－10.

［5］习近平．把思想政治工作贯穿教育教学全过程 开创我国高等教育事业发展新局面［N］．人民日报，2016－12－9.

［6］习近平．在北京大学师生座谈会上的讲话［N］．人民日报，2018－5－3.

［7］靳诺．立德树人：高等教育的根本任务和时代使命［J］．中国高等教育，2017（18）．

［8］习近平．决胜全面简称小康社会 夺取新时代中国特色社会主义伟大胜利——在中国共产党第十九次全国代表大会上的报告［N］．人民日报，2017－10－28.

［9］习近平在全国教育大会上强调：坚持中国特色社会主义教育发展道路 培养德智体美

劳全面发展的社会主义建设者和接班人［N］. 人民日报, 2018 - 9 - 11.

［10］习近平在看望参加政协会议的医药卫生界教育界委员时强调: 把保障人民健康放在优先发展的战略位置着力构建优质均衡的基本公共教育服务体系［N］. 人民日报, 2021 - 3 - 7.

［11］袁银传, 史素花. 论思想政治理论课是落实立德树人根本任务的关键课程［J］. 学校党建与思想教育, 2020（4）.

［12］艾四林. 思政课是落实立德树人根本任务的关键课程》导读［J］. 思想教育研究, 2020（9）.

［13］刘建军. 思想政治理论课是落实立德树人根本任务的关键课程［J］. 社会主义核心价值观研究, 2019（2）.

［14］陈志兴, 徐水祯, 刘家桂. 思政课是落实立德树人根本任务的关键课程［J］. 社会主义核心价值观研究, 2020（20）.

［15］王学俭, 许斯诺. "理直气壮开好思政课" 的战略意义、力量来源、基本要求和实践举措［J］. 新疆师范大学学报（哲学社会科学版）, 2019（4）.

［16］孙兰英. 新时代办好思想政治理论课的根本指南［J］. 红旗文稿, 2019（8）.

［17］郑洁, 肖鹏. 落实立德树人的根本任务理直气壮开好思政课［EB/OL］. http://theory.people.com.cn/n1/2019/0510/c40531 - 31077163.html, 2019 - 5 - 10/2021 - 5 - 5.

［18］习近平. 青年要自觉践行社会主义核心价值观——在北京大学师生座谈会上的讲话［N］. 人民日报, 2014 - 5 - 5.

［19］韩震. 大中小学德育一体化思路下的德育教材体系建设［J］. 教育研究, 2020（3）.

［20］陈志兴, 徐水祯, 刘家桂. 思政课是落实立德树人根本任务的关键课程［J］. 党课参考, 2020（20）.

［21］廖芳, 王敏. 立德树人视域下高职院校人才培养模式探索［J］. 教育与职业, 2020（6）.

［22］孙兰英. 新时代办好思想政治理论课的根本指南［J］. 红旗文稿, 2019（8）.

［23］习近平. 用新时代中国特色社会主义思想铸魂育人 贯彻党的教育方针落实立德树人根本任务［N］. 人民日报, 2019 - 3 - 19.

［24］习近平. "大思政课" 我们要善用之［N］. 人民日报, 2021 - 3 - 7.

［25］教育部关于印发《高等学校课程思政建设指导纲要》的通知［EB/OL］. http://www.moe.gov.cn/srcsite/A08/s7056/202006/t20200603_462437.html, 2020 - 6 - 1/2021 - 8 - 20.

第六章

"新经管"建设路径：专业质量提升工程

专业是人才培养的平台，专业建设作为推进教育教学改革、促进高校可持续发展的切入点，其质量将直接决定高校人才培养质量。近年来，安徽财经大学围绕地方发展战略和市场对高层次创新型、复合型、应用型人才的需求，大力实施"安财新经管"发展战略，着力打造学校先发新优势，加快推进专业改革，优化调整专业布局，交叉融合现有专业，积极发展新兴前沿专业，打造经济管理类专业升级版。

一、专业及专业建设的基本分析

（一）基本内涵

在《辞海》中，专业表述为："高等学校或中等专业学校根据社会分工需要而划分的学业门类"①，我国著名高等教育学家潘懋元先生认为："专业是课程的一种组织形式，不同的课程组合形成了不同的专业"②。在西方高等教育中，人们通常用"major"一词表示专业，大体相当于"国际标准教育分类"中课程计划③。我们认为，专业主要指的是专长教育或者专门职业教育。无论是专长教育还是专门职业教育或者其他的教育，专业的培养目标的达成只能通过有效的课程

---

① 夏征农. 辞海 [M]. 上海：上海辞书出版社, 194.
② 潘懋元主编. 高等教育学 [M]. 福州：福建教育出版社, 1995：128.
③ 汪晓村. 论高校学科专业设置的理念与机制 [M]. 北京：科学出版社, 2008：2.

组合，专业的本质就是课程的组合，专业主要是以学科课程、知识与学科构成的，并且以培养目标、培养规格、培养方案、课程体系、师资队伍、教学条件等为主要构成要素。在专业设置时还需要清晰地确定专业的内涵，如专业特色、专业名称、专业研究方向以及专业在省内同类专业中的优势地位。根据教育部最新发布的普通高等学校本科专业目录（2020年版），按照学科门类划分，我国普通高校设哲学、经济学、法学、教育学、文学、历史学、理学、工学、农学、医学、管理学、艺术学、军事学等13个学科门类，94个专业大类，703个专业[①]。

专业建设问题是高校建设的关键环节，它作为连接高校教学工作与社会需求的重要纽扣，直接关系到高校人才的培养以及整个高等教育与社会的和谐发展。因专家学者对专业的内涵理解的不同，造成专业定义的多样性和复杂性，进而影响对专业建设的内涵的概括和表述。有的专家认为，专业建设就是高校要按照现有的学科基础，以经济社会发展需求为导向，开展师资队伍建设、基本条件建设以及教学计划、培养方案、教材和教学建设等的总和；也有的学者认为，专业建设是包括专业布局、学科梯队和依托，专业培养的物质条件，专业培养的目标、方案，课程设置和体系，科学研究的水平，跨学科资源整合等。基于以上的几种观点，我们认为，专业建设可以从宏观和微观两个方面进行理解：宏观方面，专业建设主要指专业设置、专业调整、专业结构优化与布局、重点专业的建设等；微观方面，专业建设就具体某一专业而言，要从培养目标、培养规格、课程体系、教学计划、师资队伍、教学条件、质量保障、专业教材等多方面进行建设。

（二）基本理论

1. 系统结构理论

系统结构理论主要关注的是，作为一个整体的系统内部组成与外部环境之间的关系。该理论认为，任何系统都不是孤立存在，无论是内部组成要素之间还是与外部环境或者事物都存在着这样那样的必然联系，这种联系主要通过物质、能量和信息交换实现的。专业建设作为高等教育系统的一个子系统，必然与其的外

---

① 中华人民共和国教育部高等教育司（编）. 普通高等学校本科专业目录和专业介绍（2012）[M]. 北京：高等教育出版社，2012.

部环境进行能量、物质与信息等多种要素的交换,从而引起自身的不断变化与发展。如高校新旧专业的增设或撤销,必然与政府、企业、社会、市场等外部环境发生直接或间接的联系,而在这些外部环境中,经济社会环境对高等教育系统影响最为深远,主要体现在经济社会发展的不同阶段,对人才需要类别或层次也存在较大差别,直接影响高校人才培养数量和质量,进而影响到高校专业建设。专业建设作为高等教育系统中的一个极其重要的子系统,与社会职业分工相对应,所以要通过专业建设不断提高人才培养质量,主动适应企业、社会、市场等多元主体对人才的实际需求。从系统结构理论角度出发,专业建设的目标、任务、内容要适应经济社会发展对各类人才的客观需求,对人才的价值取向、知识、能力和素质的培养起到重要作用。

2. 专业周期理论

专业周期理论认为,专业生命周期通常可以划分四个阶段:形成期、成长期、成熟期和衰落期。形成期是一个专业由潜在需求转化为现实需求的过程。其具体表现为:专业培养目标不太明确,专业师资队伍薄弱,教学设施、经费和资源有限,社会认可度低。成长期是一个专业快速发展的时期,市场认可度和影响力明显扩大。其具体表现为:专业培养目标逐渐明确,专业师资队伍持续增强,教学设施和条件改善,教学经费投入加大,有一定的社会影响力。成熟期是发展速度趋于平稳,专业建设趋于成熟。其具体表现为:专业培养目标明确,人才培养机制健全,专业师资队伍数量和结构合理,教学条件优势明显,市场影响力大。衰退期是指专业已无法适应经济社会发展,其作用渐渐减退直至消失。其具体表现为:培养规模或规格缩减,社会影响力差、就业率较低,不能适应经济社会发展的需求,急需调整、归并或撤销。通过对专业周期理论分析,高校在专业建设中,要结合不同专业生命周期的表现、专业自身条件及市场需求变化,采取相应的措施,促进专业的健康发展。

3. 人力资本理论

人力资本理论最早起源于经济学研究,是现代经济学中一个重要的经济学理论,伴随着经济社会的发展,人力资本理论得到较为广泛的应用。人力资本理论认为,与物质资本相对应,人力资本则是体现在人身上的资本,即对生产者进行教育、职业培训等投资活动，表现为在人自身中的各种生产知识与技能的存量总和。高等教育不仅授人以"鱼"，而且授人以"渔"，在进行人才培养时，除了理论知识传授外，非常重视受教育者的能力培养，包括认知能力、学习能力、判别能力、创新能力、实践能力等各种能力。同时，高校所设置的专业都与社会上的职业有较强的关联性，所开设的课程也与时刻变化的经济社会需求紧密联系起来，培养受教育者理论知识水平，提高受教育者的职业素养和实践能力，以便为受教育者未来的职业生涯打好基础，更好地实现理想就业。

（三）专业建设意义

高等学校最重要就是专业建设，作为高校办学工作中的重要工作，它决定着学校的教育办学水平和专业人才培养的水平，这可以优化学校的专业结构，提高专业人才质量，推动学校的进一步发展，对高等学校的改革与发展具有深远的影响。高校应该紧密跟随国家社会发展的趋势，根据趋势推进专业建设与人才培养。

1. 加强专业建设，有利于师资力量的建设

教师是高校教育教学活动的主要承载者和执行者，教师队伍的素质高低影响和决定了教学活动的质量和水平，也在一定程度上决定着高校的办学水平以及学校的社会声誉。紧密围绕专业建设发展，能够充分地发挥专业建设作用，将优势学科进行重点建设，把基础的良好学科进一步拓展建设，把优秀的师资力量集中进行整合建设。优秀的师资力量能够体现学校高水平的科研水平和教研水平，能带出优秀的专业人才，才有可能对高校专业建设起到促进作用。专业建设优秀程度不仅有利于专业自身的发展、建设和完善，而且有利于参与其中的教师不断提升和改善自身素质以及教学水平。随着专业建设有条不紊地推进，教师才可以更常态化地参与到教学团队建设中去，从而进一步提高学校教师团队的整体素质。

2. 加强专业建设，有利于科学建设课程体系

专业决定了高校的课程，课程的性质又取决于专业的特征和性质。想要建立好课程体系，首先需要对行业人才进行调查和分析，从而组织和建设相应的课

程。这样才能有效提高人才培养质量，落实教学计划，提高教学水平。专业人才都是通过课程培养出来的，课程体系的建设水平在一定程度上影响着学生能力的质量和水平。课程建设不仅是对学科知识的传播，而且也可能会衍生出新兴学科。高校专业建设的有效开展，可以通过对专业建设和人才培养目标的改革，从而加强对专业课程的改革与完善，更有利于建设科学的、系统的课程体系。加强高校专业建设，能够从根本上建设和完善课程自身的发展，因此专业建设的加强能够促进课程体系的科学建设。

3. 加强专业建设，有利于突出学校特色

专业是高校教学活动的主要载体和核心内容，一个高校的专业在很大程度上反映着高校的发展水平和自身定位。特色专业是非常能够突出行业特色的专业，是高校在明确自身定位后，在一定的思想指导下和教学过程中形成的具有自身特色的专业。具体而言，特色专业指的是某所高校里的某个专业，拥有优秀的师资队伍，具有高质量的办学水平和鲜明的专业特色，具有良好的社会影响，人才培养质量较高，教学条件良好，高水平高质量的专业[①]。特色专业是学校提高整体专业建设的水平，提高学生质量和专业人才竞争力的重要路径。因此，专业建设的加强不仅有利于自身的发展和完善，而且有利于院校重新定位未来的发展方向，并不断明确自己的办学优势，形成自身的办学特色，从而有利于学校的特色发展和不断进步。

4. 加强专业建设，有利于教育教学质量的提升

专业建设的好坏不仅关系到学校教育教学质量能否提升，同时也关系到学校整体办学的水平能否加强。专业是大学里知识的组织化形式，其中包括学科和课程，以及专业人才的培养、师资队伍的建设、教学条件和方法的改革。由于加强专业建设对于院校来说有着非常重要的影响，加强专业建设意味着课程多样化且专业化，也意味着学校专业的软硬件逐步优化，能够为人才培养打下良好的基础。因此，专业建设的加强有利于学校提高教育教学质量。

---

① 李俊龙，林江辉，胡锋. 对高校如何开展特色专业建设的认识和思考［J］. 中国大学教学，2008（4）：59-61.

(四) 专业建设基本要求

1. 进一步优化专业结构，适应市场需求

由于高校一般只能掌握本地区一部分专业结构的情况，很难全面了解全国高校有关专业结构的整体情况，因此一些高校依据当前本地区人才市场的信息来确定学校新专业的设置。由于无法把握国家经济和市场未来发展趋势，缺乏对人才市场需求的整体把握与预测，因此一部分毕业生就业难以做到专业对口，高层次人才也有紧缺的现象[①]。国家有关部门可以积极建立专业信息系统以及人才就业状况信息共享平台，共享有关各个专业人才培养方向、规模变化情况和市场供求状况等信息，加强专业和人才信息的交流，为高校优化专业设置和调整人才培养结构提供一定的帮助。高校可以利用有关信息，准确把握市场对人才的需求，通过了解毕业生就业情况和对接相关用人单位等方式，明确学校专业设置的方向。专业设置应该根据经济的发展和市场对人才的需求来确定，让高校专业的设置能够适应国家发展需求，在人才培养方面具有前瞻性。开展专业评估，并根据评估结果和社会需求调整专业结构。对有着良好前景的专业，可以进一步完善教学条件，适度扩大招生规模；对就业前景不太乐观，市场需求逐步饱和的专业，可以适度减招或者停招；集中优势资源将学校基础较好、质量较高的专业建设成国家或省级一流专业[②]。

2. 制订人才培养方案，保障专业人才培养

科学制订人才培养方案需要高校对人才培养方案作出明确要求。组织专业带头人和骨干教师进行充分调研，并邀请学术权威、行业精英、社会杰出人士以及相关部门负责人进行充分研讨，明确各个专业的人才培养目标，制订专业建设规划，负责组织专业教师实践活动。然后由各教学单位在人才培养方案的指导下严格执行各项教育教学工作，保证专业教学工作顺利进行，才能更好达到人才培养的目标。

[①] 侯立松. 论高等学校特色专业建设的一般过程 [J]. 辽宁教育研究, 2005 (12): 56-58.

[②] 张荣欣, 倪凰, 殷旅江, 李雪涛. 高等学校专业改革与建设中的供给侧结构性改革: 动因与路径 [J]. 教育教学论坛, 2018 (27): 4-8.

3. 分类制订课程规划,科学统筹课程体系

在充分调研论证的基础上,重构课程体系与结构,构建出符合经济市场未来需求的课程体系,明确课程建设的指导思想和总目标,让学校特色化发展,让老师更专业更权威,让学生通过科学的课程体系成长为适用于市场的人才。在课程规划的原则和要求指导下,建立课程评估的标准,加大课程建设的投入力度,建立课程资源共享平台和组织保障体系,重点推进一流专业和实践课程改革,从核心课程、方向课程和特色课程三个维度,更新教学内容,突出教学效果,从而切实增强教学内容的实用性、前瞻性和科学性。

4. 推进信息系统建设,健全专业设置评审制度

积极推进专业信息系统建设需要教育主管部门将专业信息系统建设作为一项事关高等教育全局的基本工作去抓。由院校领导、教师队伍中的骨干、学术专家、政府相关部门代表组成并健全专业设置评审委员会。通过共享有关专业信息,来共同商讨决定专业设置的方向,明确专业设置的方案。这样可以使高校专业设置更加适应人才市场的需求,增加专业设置的科学性和实用性。

根据近年来专业设置审批管理的经验,学校可以在国家批准的范围内自主设置专业,再由省级教育部门对高校申报的新专业进行实地考察,了解相关的师资力量、教学软硬件条件,然后进行专业设置评审。从宏观上来看,要对高校的专业设置进行把控,防止一些过热的专业在没有资格开设的高校里随意增设,确保专业设置的有效性和专业性[①]。

(五) 专业建设的国家标准

专业是高校人才培养的基本单位、基础平台。提高高校教学质量,权威的专业标准是建设的基础。2018年1月,教育部发布《普通高等学校本科专业类教学质量国家标准》[②],这是向全国、全世界发布的第一个本科专业类教学质量国家标准。

---

① 张荣欣,倪凰,殷旅江,李雪涛. 高等学校专业改革与建设中的供给侧结构性改革:动因与路径 [J]. 教育教学论坛,2018 (27):4-8.
② 《普通高等学校本科专业类教学质量国家标准》,2018-1-30 [2021-8-20],http://www.moe.gov.cn/jyb_xwfb/xw_fbh/moe_2069/xwfbh_2018n/xwfb_20180130/sfcl/201801/t20180130_325921.html.

1. 专业建设标准总体规划

专业建设目标。高校专业建设的目标需要强化专业定位思想；落实专业技术、实践能力以及个人素养相互融合的人才培养目标。结合当前国家及区域经济建设和社会发展水平，不断调整专业建设标准实施细则，以满足当前社会环境对于复合型技术及学术人才的需求。

人才培养目标。对于人才培养目标的标准制定，需要全面贯彻高校专业教育指导思想。各专业在充分考虑专业特征的基础上，制订符合总体培养计划的专业人才培养目标并上报学院审核，最终由校教学指导委员会审议通过。

高校专业规划建设。高校专业建设规划的制定既要满足前瞻性又不能缺少实际操作可行性。其包含先进的教育教学理念，保证规划目标明确，思路清晰，质量意识强，发挥本学科专业优势特色。标准要求：专业目标明确，思路清晰，科学合理，措施得力，实施有效。

2. 培养方案建设

专业培养方案标准的制定。对于高校专业培养方案的优化建设能够有效把控专业教学流程，保证教学质量处于较高水平。专业培养方案的制定需要遵循高校专业教学指导方针，满足高校教学定位的同时要能够体现高校办学思路，并与专业人才培养目标相互支撑。

3. 课程教学体系建设

课程体系建设。课程体系建设强调以专业核心课程为主导，发展丰富多元化辅助课程包括文化特色课程、思想政治课程以及网络教育课程相融合的课程体系。课程体系建设需要明确宏观层面的人才培养定位，设计落实内容丰富、结构连贯的课程结构。围绕教学理念、课程内容、教学方法改革，开展专业课程平台建设。

专业教学模式建设。专业教学模式建设包含教育教学成果研究、教学目标与教学课程体系、教学方法与教学途径、教学实践等。专业教学模式标准化建设需要与专业实际教学改革研究项目与成果相结合，推进教学改革与研究的政策和措施落实与实施；强化教学内容的改革与创新的核心位置，制订明确可行的计划，保障课程改革与建设；完善课程体系建设的合理性；加快推动教学方法与途径的改革与研究,加速成效;保证实践教学内容、体系设计基本符合培养目标要求,能按照课程要求实现实践教学内容高标准完成。

4. 专业教师队伍标准化建设

高校师资队伍标准化建设包括专职教师队伍建设、兼职教师队伍建设以及外聘专家学者队伍建设。师资队伍标准化建设要求:专职教师队伍建设需要满足高校专业教学质量标准,做到数量与质量双项达标。扩大院校专职教师数量,满足专业课程设置任务需求,减少教师超负荷授课的情况。强化专职教师考核制度,定期组织专职教师进行学术水平培训,避免教学水平跟不上专业标准要求的现象。对于兼职教师队伍建设,需要结合本专业自身教学水平状况,优先聘用能满足专业教学缺口人才。

二、国内外专业建设经验借鉴

(一)国内高校专业建设情况

1. 重视特色专业建设与发展

与国外高校专业建设相同,在发展好基础专业的前提下,考虑特色专业的建设与发展。在原有重要学科的基础上,有战略性地发展特色专业。首先,选择建设的特色专业必须具备充足的资源与足够的优势,包括教育资源、师资水平、生源优势等;其次,选择建设的特色专业应符合社会发展需要,要进行多次市场调研,在充分了解市场需求的情况下,根据调研数据显示的信息做出专业发展前景等分析;再次,专业特色应考虑当地发展因素,每个城市的经济水平不同,侧重发展产业也不同;最后,选择建设的特色专业应立足国情,要考虑政策支持以及发展该专业是否顺应我国经济建设等因素。

2. 突出专业群的建设

专业群,是高校在课程建设的基础上,以提高教学质量为目的,由一个或多个办学综合实力较强、学生综合能力较高的一流建设专业作为核心专业,若干个领域相近或学科基础相通的相关专业组成的一个集合体。专业群建设的重要性体现在以下几个方面:(1)有利于整合优化教学资源。专业群建设以核心专业的教学资源为中心，联合群内的其他相关专业的教学资源进行专业建设，有利于促进专业群内资源优势互助互补，从整体上提升教学资源的利用度。（2）有利于提升高校的核心竞争力与创新能力。在核心专业的带领下，专业群内的其他相近专业相互交流、学习、成长，这个过程中将会激发出新的思路、新的方法、新的灵感，有利于高校教育的创新。（3）有利于高校可持续发展，提高高校的抗风险能力。在一定程度上，专业群的建设与可持续发展，降低了专业被社会淘汰更替的风险。

（二）国外高校专业建设情况

1. 重视学科之间的交叉融合

英国高校的学科交叉建设主要以苏塞克斯大学为代表，该校积极推进学院体制改革，建立多学科教学的学院体制，并不断增加在组织机构、课程设置等方面的自主决定权。在课程设置上，重视学科间的联系，提倡学科间交叉融合，开设跨学科课程；在教学方法上，重视师生互动交流，让不同学科的教师讲授同一门跨学科课程，培养学生用多维视角思考问题；在课程考核上，强调平时作业与期末考试并重，着力培养学生的综合素质。苏塞克斯大学前名誉校长阿萨布里格斯教授指出，"学科之间的交叉融合，让所有苏塞克斯的学生能够获得比传统的单科课程甚至双科课程还要广阔的教育。"此外，英国还积极推动高校成立交叉学科科学与研究评估中心，不断加大资金投入，支持学科建设，促进交叉学科的稳定发展。

2. 注重培养"双师型"教师

德国高校不仅看重教师的理论知识，更看重教师的实践能力，即重视"双师型"师资队伍建设。以德国应用技术大学为例，该校要求新入职的教师除了要拥有硕士以上学历外，还要2年以上的企业工作经历，确保新入职的教师在理论知识和职业技能上都有较好的掌握，这样才能更好地培养学生专业的理论知识和实践能力。该校评聘教授职称，除了是博士学位以外，还要拥有5年以上的企业工作经历，兼备专业理论教学和专业实践教学能力，这才是该校着力打造的"双师型"教授。为了确保自己的理论水平和实践能力能够适应经济社会发展的需求，该校要求在职教授每隔4年要去企业开展实践研究,研究时间为1年。德国高校教师的应聘和培养,坚持理论知识扎实和实践经验丰富"双师型"标准,非常值得我国高校研究与学习。

3. 强化专业认证与评估

美国的高等教育认证制度已有百年历史,其设立的初衷是维护公众健康和安全,回应社会关切,而今已发展成为高等教育利用外部质量评价,检验高校和专业办学质量的重要手段。在美国,专业认证一般由非政府性的行业协会组织实施,基于成熟的专业认证标准,对职业性专业的教育质量进行评估,目的是确保高校能够及时了解、跟进行业发展变化和需求,为学生提供良好的学习环境和可靠的职业预备教育。例如,美国"商科教育的国际认证"AACSB认证,该认证不仅重视指标的可量化可操作,更为重视考核全面性,强调建设理念、教学条件、师资力量、管理效率、科研水平等全方位的评估。每一轮认证周期为5~6年,主要由认证申请、专业自评、同行评议、实地考察等步骤组成,每个认证轮次一般为期5~6年。认证既是一个过程,基于专业认证标准评估教育质量,经认证评估信息反馈,促进其持续改进与提高教育质量;同时也是一个条件,通过获得专业认证的权威性地位,向学生、社会和用人单位等表明认证高校或专业的教育质量达到一定要求。

三、安徽财经大学专业建设的探索与成效

(一)安徽财经大学专业建设基本情况

1. 安徽财经大学专业发展历史沿革

学校1959年建校之初,依据教育部对专业设置要求,只有7个专业:国内贸易专业、国外贸易专业、粮油专业、食品工业专业、农产品加工专业、财政专业和银行专业;1970年后,调整为计划统计、财政金融、棉花商品学、工业会计和商业会计等5个专业;1979年,安徽财贸学院为"文化大革命"恢复重建后招收本科生第一年,学校对专业进行了改革:一是将"商业财务会计专业"与"工业财务会计专业"合并设置为"会计学专业";将"商业计划统计专业"

改为"统计学专业"。二是为适应国家财政和银行系统的需要,将原设的财政金融专业分设为"财政专业"和"金融专业"等,为学校后来专业建设打下了良好的基础。改革开放以来,尤其是"七五"时期,学校步入了稳定、健康的发展时期,专业规模大幅增加,除了原设的商业经济、计划统计、商业会计、工业会计、财政、物价学、金融、商品学、棉花加工与检验9个本科专业保留外,还增设了合作经济专业。

到20世纪90年代初期,学校共有16个专业(合作经济本、专科重合):商业经济、国际贸易、价格学、商业会计、工业会计、商业统计、国民经济计划、财政学、金融学、合作经济、商品学、棉花加工与检验12个本科专业和商业经济管理、审计学、合作经济、农业生产资料商品学、再生资源工程5个专科专业。

为使学校的发展更加适应社会主义市场经济的需要,学校力争在学科建设跨三大门类,并相应建立一批学科群和专业群,形成一定的综合优势和有效优势。1994年,学校新增并招生的专业有7个:经济法、管理工程、旅游经济、企业管理、理财学、税务、房地产经营管理。1995年,学校新增招生的专业有3个:保险学、经济学、注册会计师;恢复招收原暂停专业,如国民经济管理、合作经济、再生资源工程等。同时,学校还开设了一些毕业生就业比较好的非常设专业,如商贸英语、国际企业管理和国际经济法等。1998年,根据教育部的部署和要求,学校对本科专业设置进行了归并调整,本科专业由原来的25个归并调整为14个,并相应制定了过渡性教学计划。1999年,英语、人力资源管理本科专业申报成功;2000年,学校申报的行政管理本科专业获得通过,使本科专业增加到17个;2002年,新增或恢复专业5个,其中汉语言文学、电子商务、物流管理为新增本科专业,保险、审计学为恢复本科专业,至此,学校本科专业达到27个;2002年后,学校实行中央与地方共建,以安徽省管理为主,此时学校专业有经济学、国际经济贸易、贸易经济、财政学、金融学、英语、外贸英语(专科)、市场营销、旅游管理、国际市场营销(专科)、法学、工商管理、人力资源管理、统计学、信息管理与信息系统、行政管理、会计学、财务管理、会计学(注册会计师专门化)、财务会计(专科)20个专业。

截至目前，学校拥有57个本科专业、2个第二学士学位专业，9个一级学科硕士学位授权点、36个二级学科硕士学位授权点、14个专业硕士学位授权点，20个国家级一流本科专业建设点、11个省级一流本科专业建设点，5个国家级特色专业、14个省级特色专业，1个国家级专业综合改革试点、20个省级专业综合改革试点，具体信息见图6-1。

本科专业 （57个）	一流专业建设点（31个）	特色专业 （19个）	省级重点学科 （8个）	省级一流学科 （1个）
经济学、经济统计学、投资学、国民经济管理 国际经济与贸易、贸易经济、金融学、保险学 金融工程、金融数学、财政学、税收学 信息管理与信息系统、工程管理、工程造价 资产评估、工商管理、人力资源管理、会计学 财务管理、审计学、市场营销、旅游管理 电子商务、物流管理、国际商务、行政管理 劳动与社会保障、土地资源管理、法学、日语 商务英语、秘书学、新闻学、广告学、绘画 动画、视觉传达设计、环境设计、产品设计 数学与应用数学、信息与计算科学、统计学 应用统计学、电子信息工程、计算机科学技术 物联网工程、纺织工程、国际商务（中外合作） 统计学（中外合作）、网络与新媒、互联网金融 数据科学与大数据技术、数字经济、人工智能 应用统计学（中外合作）、供应链管理	国家级一流专业建设点（20个）： 经济学、国民经济管理、投资学 贸易经济、财政学、金融学 国际经济与贸易 信息管理与信息系统、统计学 工商管理、市场营销、会计学 计算机科学与技术、财务管理 劳动与社会保障、国际商务 人力资源管理、审计学、电子商务 省级一流专业建设点（11个）： 税收学、经济统计学、金融工程 保险学、商务英语、应用统计学 数学与应用数学、工程管理 行政管理、动画、产品设计	国家级（5个）： 国际经济与贸易 会计学、财政学 经济学、金融学 省级（14个）： 国际经济与贸易、 会计学、金融学、 财政学、财务管理、 经济学、统计学、 信息管理与信息系统 工商管理、市场营销 经济统计学、贸易经济 旅游管理 计算机科学技术	A类（1个）： 应用经济学 B类（7个）： 统计学 国际贸易学 产业经济学 会计学 企业管理 金融学 财政学	B类（1个）： 应用经济学

图6-1 学科专业设置

2. 安徽财经大学专业结构与布局

截至2021年6月，学校设有经济学院、金融学院、国际经济贸易学院、工商管理学院、管理科学与工程学院、会计学院、财政与公共管理学院、法学院、统计与应用数学学院、艺术学院、文学院、马克思主义学院、体育教学部13个学院（部）。拥有本科专业总数57个，涵盖了经济学、管理学、文学、理学、工学、艺术学、法学7大学科门类，目前本科专业布局结构为：经济学专业14个占24.56%、管理学专业19个占33.33%、法学专业1个占1.75%、文学专业6个占10.53%、理学专业7个占12.28%、工学专业5个占8.77%、艺术学专业5个占8.77%。其中经管类专业数33个，占专业总数57.89%，形成了以经济学、管理学学科为主体且特色明显，经济学、管理学、文学、理学、工学、艺术学、法学 7 大学科门类协调发展、相互支撑的专业体系。本科专业学科门类分布见图 6－2、本科专业设置及学院归属情况见表 6－1。

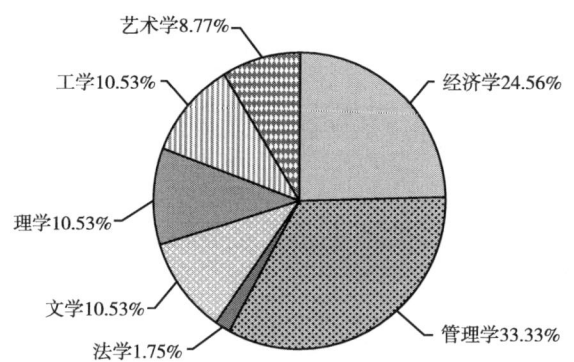

图 6－2 本科专业学科门类分布

表 6－1　　　　　　　　本科专业设置及学院归属

序号	专业名称	学科门类	归属学院
1	经济学	经济学	经济学院
2	国民经济管理	经济学	
3	数字经济	经济学	
4	金融学	经济学	金融学院
5	金融工程	经济学	
6	金融数学	经济学	
7	互联网金融	经济学	
8	保险学	经济学	
9	投资学	经济学	
10	国际经济与贸易	经济学	国际经济贸易学院
11	贸易经济	经济学	
12	国际商务	管理学	
13	国际商务（中外合作）	管理学	
14	财政学	经济学	财政与公共管理学院
15	税收学	经济学	
16	劳动与社会保障	管理学	
17	土地资源管理	管理学	
18	行政管理	管理学	

续表

序号	专业名称	学科门类	归属学院
19	信息管理与信息系统	管理学	管理科学与工程学院
20	工程管理	管理学	
21	工程造价	管理学	
22	电子信息工程	工学	
23	计算机科学与技术	工学	
24	物联网工程	工学	
25	纺织工程	工学	
26	人工智能	工学	
27	会计学	管理学	会计学院
28	审计学	管理学	
29	财务管理	管理学	
30	资产评估	管理学	
31	工商管理	管理学	工商管理学院
32	市场营销	管理学	
33	旅游管理	管理学	
34	物流管理	管理学	
35	人力资源管理	管理学	
36	电子商务	管理学	
37	供应链管理	管理学	
38	法学	法学	法学院
39	日语	文学	文学院
40	秘书学	文学	
41	商务英语	文学	
42	新闻学	文学	
43	广告学	文学	
44	网络与新媒体	文学	

续表

序号	专业名称	学科门类	归属学院
45	数学与应用数学	理学	统计与应用数学学院
46	信息与计算科学	理学	
47	经济统计学	经济学	
48	统计学	理学	
49	统计学（中外合作）	理学	
50	应用统计学	理学	
51	应用统计学（中外合作）	理学	
52	数据科学与大数据技术	理学	
53	绘画	艺术学	艺术学院
54	动画	艺术学	
55	视觉传达与设计	艺术学	
56	环境设计	艺术学	
57	产品设计	艺术学	

3. 安徽财经大学专业发展存在的问题

（1）专业建设发展不均衡，存在个别专业发展定位模糊的现象。

个别专业在建设过程中定位和人才培养目标不是很明确，建设思路较为模糊，发展规划不太科学，对人才培养方案在专业建设中的核心地位认识不足。

（2）特色专业培育乏力，特色不够突出。

一是缺乏特色专业建设的动力；二是存在特色专业"重申报、轻建设""重科研、轻教学"理念的误区；三是特色专业建设规划不足；四是与特色专业的培育需要配置相适应的教育资源不足。

（3）受传统教学经验影响，应用型人才在教学模式上的培养得不到保障。

伴随社会经济的飞速发展，高校教育工作者的思想理念和价值观念虽有一定的转变，但部分年龄较大的高校教育者仍沿用着传统的教学模式。这不仅不能提升学生们的创新能力，也不利于专业素养和综合能力的提升，容易造成了理论与实际脱节的现象。

（4）实践教学的学时和效果得不到有效的保障。

随着"五育并举"的教育理念逐步深入，实践教学在人才培养中的比重不断增加。一方面，许多高校无法提供充足的实践课时，学生们得不到专业性的历练；另一方面，市场竞争日趋激烈，许多企业都将接受学生实习只安排"皮毛"的工作，学生无法接触业务流程。因此，学生们的实践时间和机会就会变得更加稀少，理论知识联系实践技能无法真正得到结合。

（二）安徽财经大学专业建设的改革与创新

1. 实施专业动态调整，优化专业结构与布局

为提升学校本科教育质量，优化专业结构与布局，强化专业内涵建设与特色发展，根据教育部《普通高等学校本科专业设置管理规定》《普通高等学校本科专业类教学质量国家标准》等文件要求，学校及时出台《安徽财经大学本科专业设置管理办法》，设立以校长为组长的本科专业设置管理领导小组，负责学校专业设置的咨询、审议，并根据社会发展对未来人才的需求、学校总体发展规划、现有专业布局、申报专业设置条件等情况，对学校专业设置与调整进行评审，对专业建设情况进行指导、检查、评估。同时，明确本科专业的申报、停招、撤销等相关规定，建立健全专业有进有出的动态调整机制，推动就业、招生计划与人才培养的有效联动。

学院（部）原则上每年新增1个专业必须同时撤销1个旧专业，申报新专业的数量一般不超过1个，学校每年新设专业总数一般不超过5个。申报新增本科专业必须具备的条件：符合学校学科专业布局的规划；具有完整的专业发展规划；有人才需求的论证报告和国内高校同类专业设置情况调查报告；有符合专业培养目标的人才培养方案和其他必需的教学文件；有支撑新设专业的相关学科、专业条件及相关科研背景，能满足该专业人才培养方案实施所必需的师资队伍及实验技术人员；基本具备新专业必需的实验室及仪器设备、图书资料、实习场所等办学条件。

学校每年定期对本科专业开展预警与退出审核工作，对连续三年一志愿录取率低于35%的专业、新生报到率低于80%的专业、学生专业转出率高于50%的专业、上年度毕业生初次就业率低于70%的专业、安徽省教育厅公布的红黄牌专业等实施警示，列入预警专业；对连续三次列入预警名单的专业、连续三年停

止招生的专业、连续三年专业分流未设班专业等启动专业撤销机制。

2018年以来，学校新增网络与新媒体、互联网金融、数据科学与大数据技术、数字经济、人工智能、供应链管理等7个体现学校优势与特色、满足地方及行业战略新兴产业的交叉复合专业，撤销公共事业管理、文化产业管理、体育经济与管理、管理科学、房地产开发与管理、国际政治、社会工作、服装与服饰设计、广播电视编导、英语、汉语言文学、传播学、金融学（国际金融）13个学生就业困难、缺乏发展潜力的专业（方向）。目前，学校本科专业总数57个，已形成经管法为主、文理工艺等多学科专业协调发展的结构与布局。

2. 整合优势资源，打造一流本科专业

学校出台《安徽财经大学"一流专业"建设方案》（以下简称《方案》）、《安徽财经大学一流专业建设标准》（以下简称《标准》）。《方案》坚持以全面提高人才培养能力为核心，坚持"以本为本"，推进"四个回归"，着力在专业改革创新、师资队伍、教学资源、质量保障体系等方面对重点专业进行扶持，将学校优势特色专业打造成全省乃至全国一流专业，充分发挥一流专业的示范、辐射、引领作用。《方案》要求现有的国家级特色专业、综合改革试点专业、省级特色（品牌）专业、省级专业综合改革试点项目等专业2/3进入省级一万个专业建设项目，其中的1/3进入全国一万个专业建设项目或取得三级专业认证。申报国家级、省级一流专业应为省级以上质量工程项目（含振兴计划）中的特色专业、综合改革试点专业等项目，其中获得结项"优秀"等级的优先立项。少数条件较好的校级建设专业也可申报。

《方案》主要内容包括指导思想、建设目标、项目实施、考核验收及附则5个方面内容，其中一流专业的建设围绕调整优化学科专业布局，凝练学科方向，同时紧密对接国家"六卓越一拔尖"计划2.0重大项目实施，引领支撑高水平本科教育。《标准》主要内容包括生源与就业、培养目标和培养方案、学习成果、课程与教材、师资队伍、经费与条件、产学研合作、质量保障与特色8个一级指标和21个二级分指标，涵盖60余个建设标准观测点。另外，一流专业建设周期为三年，学校每年给予每个立项专业10万元建设资金支持。建设期内申报为国家级一流专业的，奖励项目组15万元；申报为省级一流专业的，奖励项目组5

万元。项目建设期满，学校将依照一流专业建设任务标准进行验收评估。如在建设期内，成功申报专业"双万计划"的，视同校级支持计划结项。项目结项时，未能如期达标的，学校将按实际完成建设任务的比例，收回项目所拨付的经费。

通过不断地投入与建设，学校一流专业建设取得显著成效。2019年，我校经济学、财政学、金融学等10个专业入选首批国家级一流本科专业建设点；国民经济管理、税收学、投资学等6个专业入选首批省级一流本科专业建设点。2020年，国民经济管理、投资学、贸易经济等10个专业入选2020年国家级一流本科专业建设点；经济统计学、金融工程、保险学等10个专业入选2020年省级一流本科专业建设点。截至目前，我校共有31个一流本科专业建设点，其中国家级一流本科专业建设点20个，省级一流本科专业建设点11个，一流本科专业建设点数占本科专业总数的55.36%，在安徽省属高校名列前茅。此外，学校还拥有1个国家级综合改革试点专业、5个国家级特色专业、20个省级综合改革试点专业、17个省级特色（品牌）专业。

3. 突出专业特色，强化专业实验班建设

互联网背景推进专业建设与发展，提升人才培养质量，不仅需要厚重的专业基础，同时还需要具有专业特色发展方向。为加快建设高水平本科教育，全面提高人才培养能力，教育部印发《教育部关于加快建设高水平本科教育 全面提高人才培养能力的意见》等文件，决定实施"六卓越一拔尖"计划2.0。我校历来高度重视卓越人才的培养，坚持以"科学定位，分类指导，多元发展，特色办学"的应用性高等教育发展方针，因材施教，依托学校优势学科资源和高水平师资队伍，探索和实施本科特殊人才培养形式。现已立项的卓越人才计划有：卓越税务师教育培养计划、卓越法律人才计划、卓越工程造价师教育培养计划、卓越工程师应用型人才培养计划、卓越会计师教育培养计划、卓越金融风险管理师培养计划、卓越经济师教育培养计划、卓越保险管理人才培养计划、卓越投资分析师培养计划。在卓越计划的基础上，各专业突出培养特色，还成立了相应的人才培养实验班，主要有：CTA税收学（税务师方向）实验班、FEC财政学拔尖实验班、ECO经济学拔尖人才实验班、CPA注册会计师、ACA英国皇家特许会计师、CMA 美国注册管理会计师、FAM 财务管理、CIMA/CGMA 皇家特许管理会计师等方向班。

卓越计划和人才培养特色方向实验班的建设存在诸多共性点：一是培养目标类似。以探索培养基础知识扎实、综合高素质高、应用型复合型专门人才为主要任务，注重学生动手能力和创新能力培养，增强学生社会的适应能力，提高学生发展潜力。二是培养模式类似。根据专业师资力量和学生报名的情况，择优确定进入各专业实验班的学生人数，并采取小班化、精英化、重基础、求创新的培养模式。三是教学要求类似。围绕人才培养目标，制订专门的培养方案，在课程体系、教学内容与方法、教学评价等方面，要求为学生提供自主学习、实践和创新研究的机会，培养学生自主创新、主动实践、善于沟通交流和团队协作的能力。积极与国内外知名高校开展校级交流，引进知名高校课程体系和教材。四是专业教师配备类似。学校优秀师资力量一般均向实验班倾斜。此外，还高薪聘请有专业背景的外教、培训机构的专业教师、其他高校教学经验丰富的教师、机关事业单位、企业的技术骨干担任实验班相关课程的主讲教师。

通过强化卓越计划和人才培养特色方向实验班的建设，专业核心竞争力得到进一步增强，人才培养质量、人才培养达成度和社会满意度逐年提高。例如，从毕业生的毕业与升造数据来看，2021 届 FEC 财政学拔尖实验班，41 名毕业生中有 24 名同学被暨南大学、中南财经政法大学、苏州大学、比利时鲁汶大学等国内外一流高校录取，班级升学深造率达 58.54%；班级 25 人成为中共党员，14 人被评为校本科优秀毕业生，6 人被评为安徽省普通高校品学兼优毕业生，班级学生获得单项奖学金 171 人次，获得校院三好学生 17 人次。2021 届 ACA 会计学实验班，21 名同学录取至英国爱丁堡大学、布里斯托大学、财政科学研究院、北京交通大学、湖南大学等国内外知名高校，班级整体升学深造率达到 61.8%。

4. 创新课程体系和教学模式，促进专业内涵建设

为深入贯彻落实全国教育大会和新时代全国高等学校本科教育工作会议精神，全面落实"高教四十条"和"安财新经管"发展战略的要求，同时，也是适应新时代发展对人才培养需求，学校启动 2018 版专业人才培养方案修订工作。在 2018 版专业人才培养方案中，学校通过重构专业课程体系有效支持专业培养目标的实现。重构的专业课程体系，突出体现了以下四大特色：一是全面贯彻党的教育方针，坚持立德树人，持续深化教育教学改革，强化德育、智育、美育、体育和劳动教育，加快构建"五育并举"人才培养体系，着力提升人才培养综合能力。二是坚持以"新经管"发展战略为引领，结合学校的办学目标及定位，立足于学校的人才培养特色，将互联网、大数据、云计算、人工智能等信息技术植入课程体系中。在大一大二基础公共课程模块中增设计算机运用、互联网、大数据等相关基础课程，在大三大四专业课程中，以现代信息技术改造相关课程内容，如互联网金融、智能会计等，信息技术学分由 5 个调增至 12 个。三是坚持以学科竞赛为引领，培养创新性人才。将学科竞赛学分和创新创业学分纳入新的培养方案，要求学生大学期间修满 10 个学科竞赛必修学分和 15 个创新创业选修学分。四是推动和完善实践教学育人体系，设计完整的实践教学体系，将实践教学融入人才培养全过程。新的培养方案要求经管类专业实践学分占总学分不低于 25%。

构建与专业培养目标相适应的内涵丰富、层次多样的课程范式，注重学生的多样性学习和成长需要，促使课程目标逐渐从"知识传授型"向"能力提升型"转变。推进探究型教学方法改革，提倡讨论式、启发式、参与式教学，通过问题引领的研究性教学、探究性教学、翻转课堂等激发学习活力，鼓励"大班上课—小班研讨"、"小班上课—分组研讨"等多种课堂教学组织形式，逐步提高研究性课程教学比例，营造以学生为中心、问题为导向的教学氛围，实现从"教"课到"学"课，从"听"课到"问"课，从"课堂教学"到"课内外结合"的转变。

推进新技术在教学中的深层次应用，利用互联网远程互动协作平台，建设一批具有学科特色的课程体系，开展 MOOC、SPOC 和混合式课堂教学，有序有效推进在线开放课程和虚拟仿真实验教学项目建设、应用和管理，加快用信息技术改造传统教学、提高教学水平的进程，推进优质资源共建共享，推动信息技术与教育教学的深度融合；形成贯穿于人才培养全过程的系列化研究型课程，实现以知识传授为主向以能力素质培养为主的教学方式转变，广泛开展线上线下相结合的混合式学习，鼓励学生利用网络开展自主学习和合作学习，提高学生在教学活动的参与度，让学生真正成为课堂的主角。

5. 严格过程监管，强化专业评估与认证

学校严格落实《普通高等学校本科专业类教学质量国家标准》，建立"校内专业评估、省级专业综合评价、国家专业认证"三位一体的本科专业评估体系。根据专业评估及认证的要求，制订总体规划，构建专业评估指标体系与专业认证的质量标准，明晰专业目标、师资队伍、支撑条件、教学过程与改革、管理制度、专业人才培养质量、专业地位与特色、质量评价的内涵与要求，启动专业评估与专业认证工作，促进专业持续改进，鼓励并支持条件成熟的学科专业开展国际认证。

校内专业评估是底线，通过定期开展校内专业评估，督促专业补齐短板，激发专业自身建设的内驱力；省级专业综合评价是提高，通过接受省级专业综合评价，提升专业办学水平，提升专业声誉；国家三级专业认证是升级，也是未来发展方向。学校以"学生中心、产出导向、质量提升"为专业建设理念，按照以认证促建设、促管理、促特色的原则，推进专业认证、推动专业内涵建设。国家级专业认证工作即将启动，国家级专业认证是国家级一流专业建设点认定为国家级一流专业的关键环节，学校将以此为契机，坚持专业建设理念，坚守专业建设原则，不遗余力地推进专业认证工作，推动专业内涵建设。

2018年4月，安徽省教育厅对我校经济学类12个专业进行了专业评估，评估结果显示，我校12个专业在师资队伍、科学研究、教学质量、教学管理、社会声誉等方面优势明显、特色鲜明，其中A+有2个，A有9个，B+有1个。2019年6月，安徽省教育厅对我校管理学类16个专业进行评估，其中等级为A有1个，A-有13个，B级有2个。2021年6月，2021"软科中国大学专业排名"正式发布，本次专业排名设计了"学校—学科—专业"三层次的评价框架，采用学校条件、学科支撑、专业生源、专业就业、专业条件5个指标类别，共19项测量指标。本次排名对中国1000多所高校的6万余个本科专业点进行监测式排名，这次发布的是每个专业排名前50%的高校。我校以2个A+专业、10个A专业、17个B+专业、23个B专业、上榜专业数52个、上榜专业占比98.1%的骄人成绩，列全国财经类高校第10名、安徽省属高校第1名。

四、提升专业建设的进一步思考

(一)完善专业动态调整机制,优化学科专业设置与布局

通过专业动态调整,能够有效推动高校对接国家发展战略和社会需求、优化学科专业布局、提高人才培养质量和促进高校高质量发展。其主要措施有:一是完善专业设置与招生、就业、人才培养、资源配置和经费投入的联动机制。落实专业设置总量控制,重点按照"工+文""理+文""文+文"发展新兴专业、交叉专业的思路,组织新专业申报,按照"退一进一"的原则,对落后于社会发展需求、办学条件较差、就业率较低、经费投入不足的专业,及时启动专业预警机制,进行专业的调整、归并或撤销。二是改造升级传统学科专业。在发挥传统学科专业师资力量强、办学经验丰富、教学资源充裕等优势的同时,加大学科专业的数字化、网络化和智能化改造力度,如将互联网、云计算、大数据、人工智能等技术引入经管类专业改造升级中,通过"互联网+专业"方式打造"互联网+金融""人工智能+会计""大数据+企业管理"等专业。同时,要加强对人才培养模式的改革,加大专业课程体系和教学内容的改革和适应性调整力度,使传统学科专业进一步适应产业结构升级的要求,实现传统学科专业新的发展。三是大力发展交叉学科专业。要围绕学科前沿、行业产业、区域发展等重大领域,以新一代信息技术、人工智能、数字创意、新能源和节能环保等新兴产业为重点,优先设置一批新兴交叉学科专业。建立健全新兴交叉学科专业发展引导机制,打破学科专业壁垒,积极完善交叉学科共享平台建设,建设多学科联动机制和定期交流渠道。优化各学科人才整合和调用机制,促进学科专业间的交叉渗透和知识融会贯通,扩大创新型、应用型、复合型人才培养规模。

(二)依托一流专业建设点,做大做强优质特色学科专业

推进一流本科专业建设,是在新时代推动我国高等教育转型发展的重要内容,也是打破目前高校内部重科研轻教学、重数量轻内涵倾向的重要手段。在强化特色学科专业建设时,学校要秉持不同学科专业错位发展的原则,优先投入和

发展学校的最具优势专业，对已获一流专业建设点给予重点扶持，重点培育，努力将其办成学校的专业品牌和拳头产品。其具体措施有：一是修订完善建设方案。学校要对标对表国家级、省级一流专业建设条件和要求，修订完善入选本科专业建设方案。同时要紧扣国家发展需求，主动适应新一轮科技革命和产业变革，着力深化专业综合改革，优化专业结构，支撑区域经济社会发展，服务经济转型升级、结构调整和提质增效。二是加强专业内涵建设。学校要完善支持措施，持续加强建设，不断夯实基础、改善条件；要坚持需求导向、标准导向、特色导向，以社会需求为前提，以一流专业标准为参照，抓差补缺，在专业建设理念、改革创新、师资队伍、教学资源、质量保障体系等方面强化专业特色，持续提升专业内涵和建设水平。三是发挥示范领跑作用。学校以推进一流本科专业建设点建设为契机，以新思想、新理念、新技术、新方法、新标准、新体系为引领，建设一批示范性本科专业，建设一批一流本科课程，在专业改革创新、课程体系、教学模式、质量文化等方面，充分发挥一流专业的示范、辐射、引领作用。

（三）加强师资队伍建设，打造一流专业师资队伍

师资队伍是专业建设的根本保障。提升专业建设质量和水平，急需建设一支既具备丰富的专业理论知识，又具有专业实践能力的师资队伍，主要措施有：一是要把握好教师"入口关"，严格教师选拔标准。在招聘专业教师时，除了要求具有博士学位以外，还应要求有企业实践经历，只有这样才能确保招聘的教师除了拥有丰富的理论知识以外，还拥有较强的企业实践能力，对学生进行较好的理论知识和实践能力的培养。二是要强化对青年教师的"传帮带"，让青年教师尽快提高理论水平和实践能力。要积极实行青年教师助教机制，充分发挥骨干教师、老教师的"传、帮、带"作用。由专业教授委员会负责选派一批德高望重的教授成为导师，通过定期指导、教案讨论、课前试讲、跟班听课、课后交流等多种形式，加快青年教师成长，提高教师队伍整体质量。三是要坚持"请进来"和"走出去"相结合，不断拓展教师的专业视野。邀请相关专业领域的专家学者或技术骨干来校开展专题讲座，帮助在校教师加深对专业的理解，在相互交流

探讨中，提升自己的理论水平和实践认知；选派专业中的骨干教师参与国内外专业建设研讨会，并将优秀经验或好的做法带回本校，为本校的专业建设提供经验支持；要定期选派一批教师赴当地企业进行实践锻炼，确保自己的知识水平和实践能力能够与时俱进，为专业建设提供理论和技术支持。

（四）树立合作办学理念，加强与外部交流和合作

合作办学是学校的重要教学形式，同时也是专业建设的重要组成部分，学校是一个教育平台，它理应成为文明互鉴、文化交流的窗口，成为学生对内吸收文明成果、对外开放的主阵地。在专业建设方面，应聚焦长三角地区高校交流合作、不同行业的交流互鉴以及国际高校的文化知识碰撞，吸取先进国家、先进地区、先进高校在教学、科研、人才培养等先进经验，通过取长补短、扬长避短，扩展专业建设的视野和格局，不断提高学校的专业竞争力。其主要措施有：一是鼓励学科带头人、青年骨干教师赴先进国家、先进地区、先进高校进行研修与访学，拓宽学术视野和学术交流范围，使其能够紧跟学科专业的发展方向，不断提高他们的学术研究水平和核心竞争力。二是扩大在校学生与国内外高校交流学习规模、拓宽学习渠道，提高合作平台质量，为学生交流学习提供更多、更优质的机会，着力培养专业学生成为具有更开阔视野的高层次人才。例如，与国内外高水平大学签订合作协议，强化高校间合作，联合培养学生。三是大力邀请外国知名专家学者来校讲学，通过学者的私人关系建立校与校沟通的桥梁，加强国内、外高校间的产学研合作。要不断加深合作的广度与深度，推进由单一的学术科研交流向多层次、多渠道、全方位的教学、科研和人才培养转变，通过多种模式进行合作办学，以便专业的人才培养理念、课程设置、实践教学、认证评估方法等方面与国际、国内先进水平接轨。

（五）健全专业认证评估体系，提高专业建设质量

根据专业质量提升要求，尽快完善专业认证评估体系就成为当前的紧要任务，通过完善专业认证+专业评估体系，为专业质量提升工程建设保驾护航。一是重视专业认证评估，规范认证评估标准。新建新兴专业更要重视认证评估的重

要性,通过专业认证评估促进专业内涵发展,达到"以评促改"的目的。要借鉴《华盛顿协议》中认证评估理念,坚持"以学生为中心、产出为导向和持续改进"为原则,形成严格规范具有本土特色的认证标准体系。二是成立认证评估机构,制订认证评估方案。要主动对专业进行自省自评,及时成立校内监督评估机构,加强对专业建设过程的监控,保障专业建设的质量。认证评估方案要确保认证评估具体指标可操作、可执行,强化对专业的人才培养目标、专业建设规划、教师资源、教学条件、课程与实践基地建设等进行实地认证评估。三是建立认证评估机制,规范认证评估程序。专业建设与国家政策、社会、市场有着密不可分的联系,充分利用政府主管部门、用人单位、毕业生、社会公众、大众媒体等多元化的社会力量对专业认证评估程序进行监督,确保专业认证评估体系的透明度。要严格规范认证评估程序,借鉴国外优秀经验,对所开设专业进行多轮认证评估,通过认证申请、自我评估、同行评审、实地评估、复审等程序对新建专业质量进行严格把关。同时,要结合专业评估认证结果,开展专业评议审核工作,加强专业管理,强化设置论证,严把新设专业关,初步建立、形成科学的专业增设、改造、重组、预警与退出机制。

本章参考文献

[1] 李广道. 关于地方高校学科建设的思考 [J]. 知识经济,2019(6): 173-174.

[2] 尚志海,陈楚滢. 首批国家级一流本科专业建设点分布特征研究 [J]. 现代教育科学,2021(1): 135-141,156.

[3] 李俊龙,林江辉,胡锋. 对高校如何开展特色专业建设的认识和思考 [J]. 中国大学教学,2008(4): 59-61.

[4] 侯立松. 论高等学校特色专业建设的一般过程 [J]. 辽宁教育研究,2005(12): 56-58.

[5] 张荣欣,倪凰,殷旅江,李雪涛. 高等学校专业改革与建设中的供给侧结构性改革:动因与路径 [J]. 教育教学论坛,2018(27): 4-8.

[6] 陆军,宋筱平,陆叔云. 略论学科建设的基本策略 [J]. 辽宁教育研究,2005(4): 44-45.

[7] 杨鸣. 地方性高校的特色办学之路 [J]. 中国电力教育,2011(8): 30-32.

［8］王珏，马燕．专业群建设背景下教学团队构建的思考［J］．中国管理信息化，2014（9）：25－26．

［9］吴岩．《普通高等学校本科专业类教学质量国家标准》有关情况介绍［J］．重庆与世界，2018（4）：48－49．

［10］蒋宗礼，姜守旭．发挥本科教学质量国家标准对新工科建设的推动作用［J］．中国大学教育，2018（1）：41－45．

［11］钟秉林，方芳．一流本科教育是"双一流"建设的重要内涵［J］．中国大学教学，2016（4）．

［12］周光礼．"双一流"建设中的学术突破——论大学科学、专业、课程一体化建设［J］．教育研究，2016（5）．

［13］柳友荣．"一流本科教育"辨正［J］．中国高教研究，2016（7）．

［14］陈德良．一流大学建设视角下本科教学问题的思考［J］．中国大学教学，2017（7）．

［15］肖全民．从教学评估谈地方院校新办专业建设［J］．中国大学教学，2008（6）．

［16］徐亚萍．新建本科院校专业与学科建设的基本策略［J］．教育探索，2009（6）．

第七章

"新经管"建设路径：课程内涵提质工程

随着新一轮产业革命、科技革命和信息革命的来临，对高校人才培养提出了更新更高更全面的要求。课程及课程建设作为高校教育教学改革的基本依据和关键，是实现专业教育目标的有力保障，也是人才培养的核心要素，对学生价值塑造、知识夯实、能力培养起着决定性的作用。提高课程质量、推进课程内涵建设成为未来高校发展的基本趋势和根本选择。

一、课程及课程建设的基本分析

（一）课程内涵

在我国，"课程"一词最早出现于初唐时期，著名经学家孔颖达在为《诗经·小雅·巧言》中"奕奕寝庙，君子作之"一句作译文注解时提道："维护课程，必君子监之，乃依法制。"这里课程的含义为"秩序"[1]。宋代儒学集大成者朱熹在《朱子全书·论学》中多次提到课程，如"宽着期限，紧着课程""小立课程，大作工夫"等。他这里的"课程"指的是"功课及其进程"。在西方，课程（Curriculum）一词，最早是从拉丁语"Currere"一词派生出来的，有"跑道""履历"之意。根据这个词源，课程常定义为"学习的进程"（Course of study）[2]，这一解释普遍存在各类英文字典中，如美国韦伯字典、英国牛津字典等。单从

---

[1] 王道俊，郭文安主编. 教育学. 人民教育出版社，2016：120.
[2] 斯宾塞，胡毅. 王承绪译. 斯宾塞教育论. 人民教育出版社，1997：101.

词源来看，我国和西方国家使用"课程"一词意思均有学习的内容及其进程之意。

随着课程理论的不断发展，对课程内涵的认识也日渐丰富。根据美国学者 I. A. C. 鲁尔在其博士论文《课程含义的哲学探讨》（1973 年）中的统计，各种课程的定义多达 119 种。尽管如此，在众多的课程定义中，仍有几种具有一定的代表性：第一种课程即学科。把课程等同于学科，在中外历史上由来已久。如我国古代的礼、乐、射、御、书、数"六艺"；西方中世纪初的几何、天文、音乐、文法、修辞、辩证法、算术"七艺"[①]。第二种课程即学习（教学）计划。课程是对学习（教学）的范围、序列和进程的计划性安排，是对为什么学（教）、学（教）什么、怎么学（教）等相关内容的文本规定。如学者盖伦·塞勒（J. Galen Saylor）、戴维·普拉特（David Pratt）、乔恩·威尔斯（Joseph Bondi）等都提出课程是学习（教学）计划的观点。第三种课程即学习经验。这种观点将课程视为在学校期间，学生在教师指导下所获得的经验或体验，和学生依靠自己所获得的经验或体验。持这种观点的代表性人物为美国实用主义教育哲学家杜威。第四种课程即文化再生产。这一课程定义认为，课程作为培养人的重要载体或重要手段，承载着传递和再生产文化的重任，实现文化传播和再生产的使命。持这一观点的代表人物为鲍尔斯和金蒂斯。

通过对课程的词源分析和几种代表性观点的系统梳理，我们认为，课程是学校按照一定的教育目的所建构的教学科目，它是包括课程目标、课程内容、课程实施、课程评价以及教材或教参等在内的一个有机系统。

（二）课程建设内涵

在众多的课程建设理论中，有几种理论具有一定的代表性和启示性，从而被教育理论者和实践工作者津津乐道：第一，建构主义理论。该理论强调学生能够主动整合知识，优化知识结构，教师在整个教学过程中要以学生为中心，积极扮演组织者、实施者和指导者的角色。第二，产教融合理论。该理论强调教育链、

---

① 徐辉，王牧华，靳玉乐主编. 课程改革论 比较与借鉴. 人民教育出版社，2011：85.

产业链、人才链和创新链要有机融合。当前高校、政府、企业和行业组织等多个主体，既要相互协作、有机融合，也要在内容、形式上不断融合创新。例如，在课程内容上，引入企业行业真实案例；在课程实施上，采用多项目式教学，增强学生实践操作能力；在师资队伍建设上，着力培养"双师型"师资队伍等。第三，OBE（Outcomes-Based Education）教育理论，它是一种以学生为中心、成果为导向、持续改进的教育模式，强调反向教学设计，从学生预期的学习效果和课程目标出发，引导课程设计和课程实施。

通过上述理论梳理，我们认为，课程建设主要围绕课程目标、课程内容、课程实施、课程评价以及教材等进行系统建设。课程目标方面，要根据教学目标，设计理论教学和实践环节，确保教学任务和人才培养任务的有效达成。课程内容方面，需要把最新科学研究成果、最新社会实践经验、最新经济社会发展新需求，广泛吸收纳入课程内容中。课程实施方面，要充分发挥教师和学生"双主体性"，教师要善于运用现代信息技术，提高课程教学的实效性和影响力；学生要自主学习、善于思考，不断提升学习效果。课程评价方面，要将价值塑造、知识传授、能力培养等有机结合，建立一套科学且易操作的课程评价体系，并将有效信息进行反馈。教材编写或者选用教材要坚持思想性、启发性、实用性等标准。

（三）我国课程建设的相关政策

2003年，教育部印发《关于启动高等学校教学质量与教学改革工程精品课程建设的通知》（教高〔2003〕1号）①，强调要从制定科学的建设规划、切实加强教学队伍建设、重视教学内容和课程体系改革、注重使用先进的教学方法和手段、重视教材建设、理论教学与实践教学并重、建立切实有效的激励和评价机制7个方面重点抓好精品课程建设。2007年，在《国家精品课程评审指标（本科）》中对精品课程作了明确定义，精品课程是指具有特色和一流教学水平的优秀课程。精品课程建设要根据人才培养目标，体现现代教育思想，符合科学性、

---

① 《教育部关于启动高等学校教学质量与教学改革工程精品课程建设的通知》，2003-4-8［2021-8-20］，http://www.moe.gov.cn/s78/A08/gjs_left/s5664/moe_1623/s3843/201010/t20101018_109658.html.

先进性和教育教学的普遍规律，具有鲜明特色，并能恰当运用现代教育技术与方法，教学效果显著，具有示范和辐射推广作用。

2011 年，教育部和财政部联合印发《关于国家精品开放课程建设的实施意见》（教高〔2011〕8 号）①，强调要推动高校优质课程教学资源共建共享，大力促进教育教学观念转变、教学内容更新和教学方法改革，提高人才培养质量，服务学习型社会建设。"十二五"期间，建设 1000 门精品视频公开课，其中 2011 年建设首批 100 门，2012 ~ 2015 年建设 900 门。

2015 年，教育部印发《关于加强高等学校在线开放课程建设应用与管理的意见》（教高〔2015〕3 号）②，强调要推动信息技术与教育教学深度融合，促进优质教育资源应用与共享，全面提高教育教学质量。2017 年前认定 1000 余门国家精品在线开放课程。到 2020 年，认定 3000 余门国家精品在线开放课程。

2018 年，教育部印发《关于狠抓新时代全国高等学校本科教育工作会议精神落实的通知》（教高函〔2018〕8 号）③，"淘汰水课、打造金课"首次被正式写入教育部的文件，强调高校要合理提升学业挑战度、增加课程难度、拓展课程深度、切实提高课程教学质量④。2019 年，教育部印发《关于一流本科课程建设的实施意见》（教高函〔2019〕8 号）⑤，提出要实施一流本科课程"双万计划"，经过三年左右时间，建成万门左右国家级和万门左右省级一流本科课程。

通过以上对我国课程建设相关政策的系统梳理，我们不难发现，我国的课程建设基本上经历了精品课程、精品开放课程、精品在线开放课程、一流本科课程四个阶段，这四个阶段不是完全割裂的，而是紧跟时代发展，在前者继承上的转型升级，其目的在于更好地提高教育教学质量和水平，培养符合经济社会发展的时代新人。

---

① 《教育部关于国家精品开放课程建设的实施意见》，2011 - 10 - 12 ［2021 - 8 - 20］，http：//www.moe.gov.cn/srcsite/A08/s5664/moe_1623/s3843/201110/t20111012_126346.html.

② 《教育部关于加强高等学校在线开放课程建设应用与管理的意见》，2015 - 4 - 13 ［2021 - 8 - 20］，http：//www.moe.gov.cn/srcsite/A08/s7056/201504/t20150416_189454.html.

③④ 《教育部关于狠抓新时代全国高等学校本科教育工作会议精神落实的通知》，2018 - 8 - 22 ［2021 - 8 - 20］，http：//www.moe.gov.cn/srcsite/A08/s7056/201809/t20180903_347079.html.

⑤ 《教育部关于关于一流本科课程建设的实施意见》，2019 - 10 - 24 ［2021 - 8 - 20］，http：//www.moe.gov.cn/srcsite/A08/s7056/201910/t20191031_406269.html.

二、国内外课程建设的经验借鉴

对国内外高校的课程建设情况进行梳理与分析，以期为我校本科课程建设提供经验借鉴，进一步提高人才培养质量。

（一）国内高校课程建设情况

1. 强调优化课程体系设计，夯实知识结构

中央财经大学改变以单门课程建设的方式，着重强调课程体系的建设，突出课程体系的结构合理性以及各课程之间的协同性；重点加强线上、线下、线上线下混合、虚拟仿真、社会实践等五大"金课"建设；构建以强化基础理论教学，加强实践教学比例，重视素质教育为核心的教学课程体系，并据此原则对课程体系进行优化，构造合理的知识结构与体系。课程体系设计服从专业学科体系要求。首先，合理设置专业基础课、专业核心课、专业选修课和大类选修课之间的比例，既保证基础课的课时量，也着重专业课的学习；其次，专业核心课突出财经类高校专业特色，结合市场需求和专业自身优势，增加专业选修课，以满足不同学生的兴趣、扩大学生的知识面；再次，理顺各门课程之间的知识内在联系，科学地确定课程开设顺序，由浅入深、由宽入专，便于学生系统性学习与掌握；最后，强调理论联系实际，夯实实践课程，强化实验室和实习基地建设，培养财经类高层次人才。

2. 注重教学方式方法的革新，优化教学资源

浙江工商大学积极提倡现代信息技术与教学方式方法深度融合。首先，利用新技术、新知识不断更新教学内容和教学方式方法，促使理论讲解、实验实践以及虚拟仿真模拟相结合，讲透重点难点，以点代面，切实做到少而精，概念、原理和实践融会贯通。通过强化案例分析训练，课前、课中、课后、线上、线下等多种形式并举，提高学生知识掌握能力。其次，优化教学资源、加大网络教学力度。充分利用现代信息技术，搭建学校的信息系统以及网络教学平台，加强专业核心课程的精品化和网络化建设，建立线上虚拟课堂，完善线上教学系统，推动师生课堂内外的全方位互动，形成集"课前、课中和课后为一体，教学、指导和

考核相统一"的课程资源。同时，积极利用国家精品开放课程资源、大规模在线教育课程资源、丰富的网络课程资源库，通过精品视频公开课和"微课"等多种现代信息技术媒介，实现线上优质课程资源效果最优化。

3. 强化实验实践教学环节，提升学生动手能力

西南财经大学坚持教学与科研相结合，坚持教学与实验实践相结合，突出实验实践教学环节，着重培养学生的创新精神、创业能力和实践能力，提高学生综合素质。首先，增加实验实践教学比重，确保实验实践教学的必要学时。优化实验实训教学体系，明确各专业课程的实验实践教学学时数，增加实验实践教学学时的合理比重并其在教学大纲中具体体现。其次，改善实验实践教学条件，创新实验实践教学模式。不断更新实验室软硬件设备，扩大实验室规模，打造实验实践教学共享平台、改革实验实践教学内容，创新实验实践教学模式，增加综合性、设计性实验，提倡自选性、协作性实验，加强实验实践教师的培训和指导，进一步提高实验实践教学的效率和效果。再次，加强校外实习基地建设，完善校外实习基地管理制度，加强对实习学生的管理。在实习活动中，与实践教学基地制定相关的细节内容，然后选择有责任心的教师担任指导教师。实习内容根据专业计划确定，向实习部门提供实习内容。要求指导教师亲临现场指导，在实习结束后，由实习基地对实习学生进行实习鉴定，每个实习学生在实习结束后都要按照要求写出一定量的实习总结或实习报告。最后，加强对学生的科研训练和毕业论文（设计）指导，积极开展各类学术讲座和大学生科研课题立项申报，强化对过程的监控和管理，保证学术活动的时间以及效果，切实提高本科生学术水平和毕业论文（设计）的质量。

（二）国外高校课程建设情况

1. 以人为本的课程理念，对课程设置产生重要影响

宾夕法尼亚大学经管类专业本科课程基本上都是在人本中心课程观指导下开展的，强调学生要从教育中得到最基本、最直接的关心。这种人本中心课程观给教育实践带来了根本性的影响，具体体现在以下两个方面[①]：第一，以往的教育

[①] 张庆亮，夏万军，刑孝兵主编. 以学生为中心的高校学生事务：以安徽财经大学为例. 经济科学出版社，2016：80.

关注重点是知识和学问,而现在关注重点是学生的兴趣、爱好与需求。人本中心课程观替代了学问中心课程观,它有效规避了只重视课程教学的知识性和学术性,而忽视了学生的兴趣、爱好与需求。宾夕法尼亚大学教学工作坚持以学生为中心,教师积极为学生提供与学习相关的服务与帮助,使学生学习的积极性、主动性和创造性得到最大程度的发挥。宾夕法尼亚大学最大的特点在于学习课程内容和方式不受限制,学生可以根据自身的需求,自主选择学校提供的护理、政府行政、法律、社会政策、教育等课程学习的机会,并确定适合自己的教育。第二,从关注显性课程转向关注隐性课程。宾夕法尼亚大学从关注课程的显性作用,已转向关注学习环境、社团活动、校园文化的建设,强调显性课程与隐性课程交互作用,让学生的知识、能力、素质始终处于不断积累过程中。宾夕法尼亚大学最有影响力的组织是"学生领导中心",它已成为校园文化的重要组成部分,该组织的宗旨是为学生提供领导机会,培养学生领导能力。

2. 突出课程实施的双主体性,确保人才培养目标的实现

加州大学伯克莱分校,在课程实施过程中,凸显教师和学生的"双主体性",强调知识双向沟通,课程被视为促进师生共同成长的动态场域。

(1) 双主体性

①教师主体性。在加州大学伯克莱分校,教师在课程实施过程中主体性主要表现为:在课程目标及内容决策权方面,教师在课程内容的安排上享有充分的自由,可以自由地确定课程名称、课程目标、课程大纲、课程内容以及课程实施方式等。在课程实施方式确定权方面,教师可以选择合适的课程实施方式,如讲解、研讨、案例、实践等来实现课程内容和目标的要求。在课程实施效果考核权方面,教师具有选择课程考核方式的权利,强调学习过程的管理和过程综合评价,而非一次性考试。

②学生主体性。在加州大学伯克莱分校,学生在课程实施过程中主体性主要表现为:学生可以随时提问,自主参与课堂研讨、案例分析、小组合作等教学活动。课堂不仅是教师传授知识的讲台,更是大学生培养综合能力的重要场所。为了保证课堂教学的效率和效果,大学生要在课堂教学之外,利用大量的时间阅读、学习相关材料,以便于在课堂教学时进行充分研讨交流、情景模仿、案例研

究等,促进教学质量的提高。加州大学伯克莱分校一直将"学生塑造自己的教育"奉为教学宗旨①,通过实施"柔性课程"方式,赋予学生较大的主动性,所学课程不受限制,学习方式也不受限制。

(2) 知识双向沟通

从某种意义上说,课程实施就是以知识为载体,教师与学生之间进行沟通的过程。为了加强教师与学生的双向互动,除了在课堂上采取互动式教学外,加州大学伯克莱分校还采取了一系列措施强化教师和学生课内外互动。例如,对班级人数尽可能进行控制,确保师生互动交流的频率;对于学生的表现,教师及时给予反馈并且主动帮助学生解决所面临的问题。

在当今的信息时代下,教师可以充分利用现代信息技术,建立课程网页、微博主页和微信群,开辟课程讨论区,开展在线交流,及时解答学生提出的疑惑。在课堂教学之外,学校鼓励师生开展各种正式和非正式的互动。例如,带领学生参加研究项目或学术活动,为职业生涯发展、学生专业学习或选课进行指导,参与学生的各种课外科技或实践活动等。

三、安徽财经大学课程建设的探索与成效

近年来,安徽财经大学课程建设坚持以《高等学校课程思政建设指导纲要》《教育部关于一流本科课程建设的实施意见》《教育部关于加快建设高水平本科教育 全面提高人才培养能力的意见》等系列文件为指导,认真贯彻落实全国高校思想政治工作会议和全国教育大会精神,坚持社会主义办学方向,按照价值塑造、知识传授、能力培养有机结合的总体要求,通过优化课程结构体系,落实立德树人根本任务,持续提升课程内涵,强化信息技术融入,大力建设实践类、素质类课程,强化教材使用标准等系列举措,构建起"五育并举"课程体系,实现"思政课程"和"课程思政"同向同行,"一流课程"和"一般课程"共同发展,"线上教学"和"线下教学"优势互补,"实践教学"和"理论教学"紧

---

① 张庆亮,夏万军,刑孝兵. 以学生为中心的高校学生事务:以安徽财经大学为例. 经济科学出版社,2016:64.

密结合，"第二课堂"和"第一课堂"融合发展，"选用教材"和"自编教材"同步提高，形成了各方联动、齐抓共管、贯穿全程、融入日常的工作新机制，人才培养质量进一步凸显。

（一）整合课程资源、优化课程结构，构建"五育并举"课程体系

学校全面贯彻党的教育方针，坚持立德树人，以"新经管"发展战略为引领，持续深化教育教学改革，强化德育、智育、美育、体育和劳动教育，加快构建"五育并举"课程体系，着力培养德智体美劳全面发展的社会主义建设者和接班人。2018版人才培养方案课程体系呈现以下特点。

1. 以德为先，坚持价值引领

在第一课堂全面压缩课堂教学课时前提下，总体上提高了思想政治理论课课时比重，思政课程必修学分增加至16个，总计316个学时；学校组织开展课程思政大讨论和教学设计活动，选树一批课程思政示范课程，打造一批课程思政示范课堂，遴选一批课程思政教学名师和团队，建设一批课程思政研究中心，在构建全员、全过程、全方位"三全育人"大格局过程中，强化课程思政和专业思政建设，形成专业课教学与思想政治理论课教学紧密结合、同向同行的育人格局；在第一课堂之外设置10个提升综合素质学分。

2. 以智为本，培育核心素养

学校以"新经管"发展战略为引领，在教学理念、教学内容、教学手段、教学方式、教学服务等方面全面深化改革。将互联网、大数据、云计算、人工智能等信息技术植入课程体系中，着力培养学生专业思维和专业技术以及互联网、大数据、人工智能等方面素养。例如，在大一大二基础公共课程模块中增设计算机运用、互联网、大数据等相关基础课程，在大三大四专业课程中以现代信息技术改造相关课程内容。将创新创业教育纳入人才培养方案，与专业教育协同推进，融入人才培养全过程，着力培养学生创新意识、创新精神和创新创业能力。例如，在2018版人才培养方案中，设置10个学科竞赛必修学分和15个创新创业类选修学分。

3. 以体为重，注重身心健康

学校持续深化体育教育改革，制定《安徽财经大学体育俱乐部实施方案》

和《安徽财经大学体育俱乐部实施细则》，构建课堂教学与课外活动相衔接、培养兴趣与提高技能相促进、群体活动与运动竞赛相协调的全程式体育教育体系。建立以学校体育运动委员会为领导机构，以体育教学部、教务处、团委、学生处等职能部门以及相关学院为协同的体育俱乐部管理新体制。设立"体育俱乐部教学中心"，开展多项运动项目教学，提高学生专项运动能力，开发体育教学资源，创新体育教学内容，不断增强教学吸引力；设置校级俱乐部、院级俱乐部和校运动队三种类型，校级体育俱乐部设立球类、田径类、棋牌类、路跑等若干俱乐部，院级俱乐部设立要根据学院人数及传统特色体育项目，校运动队重点开设龙舟、手球、武术、体育舞蹈等项目；实施体育俱乐部会员制，在校本科生必须注册成为会员并加入其中一个俱乐部参加相关活动，获取初级会员合格证书。初级会员合格证书是本科生申请毕业条件之一，在校生凡取得初级会员合格证书者，可计入2个学分，在校生凡取得高级会员合格证书者，可计入本科培养方案中创新创业类3个学分。

4. 以美为贵，培养文学艺术兴趣与技能

实施美育教育教学改革，制定《安徽财经大学文学与艺术俱乐部实施方案》和《安徽财经大学文学与艺术实施细则》，构建"课程教学、艺术实践、校园文化活动、校园环境"四位一体的美育体系。学校设立文学艺术俱乐部，根据文学艺术的类别，结合师资队伍实际，开设诗歌、散文、小说、戏剧、书法、篆刻、声乐、绘画、摄影、影视、工艺美术等分俱乐部，根据实际发展需要，实行动态调整。学校成立文学艺术俱乐部教学中心，各文学艺术分俱乐部实行会员制，会员分初级会员和高级会员。初级会员主要为大一大二学生，高级会员主要为大三大四学生，初级会员取得合格证后可加入高级会员。安徽财经大学所有本科生必须加入某一分俱乐部的初级会员，并取得相应合格证书。为发挥特长、陶冶情操，取得合格证的初级会员可申请加入高级会员。初级会员合格证书是本科生申请毕业条件之一，在校生凡取得初级会员合格证书者或国家级相应等级资格考试证书，可完成2个必修学分。高级会员，根据参加活动情况、学习业绩等获得相应学分。

5. 以劳为基，树立劳动观念培养劳动习惯

全面贯彻落实《中共中央国务院关于全面加强新时代大中小学劳动教育的意

见》，学校出台《安徽财经大学本科生劳动教育实施方案》和《安徽财经大学劳动俱乐部实施细则》，明确劳动教育内容，形成理论与实践相结合的劳动教育必修课程，2个学分，36学时。劳动理论部分，主要培养大学生劳动意识，树立劳动观念，强化劳动自觉与责任感；劳动实践部分，以专业性劳动实践、日常生活劳动实践、服务性劳动实践为主分类实施。通过劳动教育，使学生能够理解和形成马克思主义劳动观，牢固树立劳动最光荣、劳动最崇高、劳动最伟大、劳动最美丽的观念；培养学生热爱劳动、尊重普通劳动者、珍惜劳动成果的情感和勤俭、奋斗、创新、奉献的劳动精神；培养学生具备胜任专业工作的劳动实践能力、较强的创新创业能力以及在劳动实践中发现新问题和创造性解决问题的能力；使学生养成良好的劳动习惯。

（二）落实立德树人根本任务，实现"思政课程"和"课程思政"同向同行

学校坚持以习近平新时代中国特色社会主义思想为指导，深入学习全国教育大会、全国高校思想政治工作会议等精神，贯彻落实《高等学校课程思政建设指导纲要》，围绕落实立德树人根本任务，将思想政治教育贯穿人才培养全过程。创新思政课教学方式，提升教学效果。深入挖掘各类课程蕴含的"思政元素"，实现课程思政与思政课程同向同行、同频共振。

1. 增强思想政治理论课的思想性、理论性和亲和力、针对性

强化工作机制，优化内容供给，改进教学方法，激活思想政治教育内生动力。学校成立思想政治理论课建设领导小组，健全校党委书记、校长带头齐抓思政课建设机制，每学期围绕马克思主义学院和思政课建设重点工作，及时纳入学校党委常委会、校长办公会议议题；出台《安徽财经大学思想政治工作质量提升工程实施意见》，成立思想政治理论课教学创新中心，细化各部门工作任务，落实责任分工；在教学内容上，深化中国特色社会主义和中国梦宣传和教育，大力推进习近平中国特色社会主义思想进教材、进课堂、进头脑，不断增强学生的道路自信、理论自信、制度自信和文化自信；在教学方法上，深化思政课"教·习·学"综合改革，打造线上线下混合式教学模式；在思政教学团队打造方面，出台《安徽财经大学马克思主义学院课程团队建设和教学研究实施方案》

《安徽财经大学马克思主义学院青年教师培养发展方案》，依据教师专业特长与职业发展定位进行了课程归队与学科归口，遵循学校科研相关政策积极引导教师专注全面发展，在平台建设、教学科研项目申报、论文研发和职称晋升等方面不断发力，持续鼓励教师不断提升教学水平；在教材攻坚上，组织思政课骨干力量编写《形势与政策》《高校思想政治理论课实践教学教程》等校本教材及教参资料。

2. 强化课程思政的融入性和实效性

构建全员、全过程、全方位"三全育人"大格局，全面加强课程思政建设，根据不同专业人才培养特点和专业能力素质要求，科学合理设计思想政治教育内容。强化每一位教师的立德树人意识，在每一门课程中有机融入思想政治教育元素。学校以打造安财特色的课程思政建设经验为目标，着力在以下五个方面展开工作：一是聚焦规划设计，完善课程思政建设机制。制定出台《安徽财经大学课程思政工作实施纲要》，明确课程思政建设工作的指导思想、总体目标、基本原则、主要任务、保障措施等，确保课程思政建设有序推进。二是聚焦课程内容，构建课程思政教学体系。针对不同类型的课程、设计相应的思政内容。在通识类课程，如《中国优秀传统文化导论》《当代中国政治》《中国哲学智慧》《中国文化史》《中国商帮》等教学中，把爱国主义、民族情怀贯穿渗透其中，帮助学生增强民族自豪感和文化自信；在《证券上市与交易》《金融犯罪案例侦查》《商业伦理与会计职业道德》《会计职业与伦理》《会计职业道德》等专业类课程教学中，教育学生坚守道德底线，知法律敬畏，严守职业规则，更好地运用职业伦理与道德开展专业工作；在"互联网+"大赛、"青年红色筑梦之旅活动""暑期三下乡""大学生志愿服务"等社会实践中，通过与第一课堂融合，不断提升学生的社会责任感、使命感和实践能力。三是聚焦队伍建设，提升教师思政育人能力。通过邀请专家对"课程思政"进行专题辅导和深入解读，连续举办"课程思政"教学设计大赛，以课程组为单位全面开展课程思政集体备课活动等多措并举，不断强化队伍建设，提升教师思政意识和育人能力。四是聚焦教学效果，优化课程思政评价体系。学校坚持在课程教学质量评价体系中突出价值引领，将学生的认知、情感、价值观等内容作为课程教学效果的重要考量因素；在各类各级教学竞赛中,设立课程思政计分要点;设立"课程思政"教学改革专项激励计划,在教学成果奖、教材奖等各类成果的表彰奖励工作中,突出课程思政要求等。

学校坚持显性教育和隐性教育相统一,思政课程与课程思政协同成效明显。截至目前,学校入选首批安徽省课程思政建设先行高校,加入全国财经类高校课程思政联盟;入选国家级、省级课程思政示范课程52门,入选国家级、省级课程思政教学团队3个,入选国家级、省级课程思政教学名师、省高校"卓越教学名师"等36人次,入选省级课程思政建设示范中心1个,入选省级思想政治理论课教研项目3个。

(三)推进课程内涵建设,实现"一流课程"和"一般课程"共同发展

学校在贯彻落实教育部《关于一流本科课程建设的实施意见》《"双万计划"国家级一流本科课程推荐认定办法》相关文件的同时,结合学校办学特色和实际需要,大力打造"一流课程"、持续建设"一般课程",实现"一流课程"和"一般课程"共同发展的良好态势。

1. 打造"一流课程",增强课程的高阶性

学校出台《安徽财经大学一流课程建设方案》,以打造"金课"、淘汰"水课"为主要目标,大力打造线上、线下、线上线下混合、虚拟仿真、社会实践五大"金课",着力在转变理念、创新体制机制、加大经费投入等方面对重点课程进行扶持,将学校经济管理类优势课程打造成全省乃至全国一流课程,充分发挥其示范引领作用。出台《安徽财经大学一流课程建设标准》,结合了学校学科特点和发展趋势,有计划地进行教学团队建设、教学内容与课程体系改革、教学方法与手段改革、教材及教学条件建设。《安徽财经大学一流课程建设标准》主要包括师资队伍、教学管理、教学改革、实践教学、教学水平及效果、课程特色6个一级指标和17个二级分指标,涵盖30多个与课程建设密切相关的观测点。校级一流课程建设周期为3年,学校每年给予每个立项课程10万元建设资金支持。项目建设期满,学校将一流课程建设任务标准进行验收评估。如在建设期内,成功申报课程"双万计划"的,视同校级支持计划结项。项目结项时,未能如期达标的,学校将按实际完成建设任务的比例,收回项目所拨付的经费。

通过不断地投入与建设,学校"一流课程"打造取得一定成效(见表7-1、表7-2、表7-3和表7-4)。2018年以来,我校《证券投资学》《统计学》《管理学》《税收学》《资产配置优化选择虚拟仿真实验》5门课程入选首批国家级一流课程,《证券投资学》入选国家级课程思政示范课程。同时,建有线上、线下、线上线下混合、虚拟仿真、社会实践五类省级一流课程共104门,其中,《保险法》《政府预算与预算会计》《商业银行业务与经营》等线上一流课程45门,《发展经济学》《财政学》《消费者行为学》等线下一流课程29门,《数据挖掘》《管理信息系统》《"互联网+"的大学生创新创业实践》等线上线下混合式和社会实践课程23门,《区块链电子货币交易虚拟仿真实验教学项目》《纳税申报虚拟仿真实验教学项目》《股指期货量化交易虚拟仿真实验教学项目》等虚拟仿真实验教学一流课程7门。立项五类校级一流课程254项。

表7-1　　　　2018年以来省级线上一流课程立项情况一览表

序号	级别	项目类别	项目名称	负责人	批准时间
1	省级	线上课程(原MOOC)	保险法	张运书	2020年
2	省级	线上课程(原MOOC)	政府预算与预算会计	余红艳	2020年
3	省级	线上课程(原MOOC)	商业银行业务与经营	祝文峰	2020年
4	省级	线上课程(原MOOC)	税务检查	邹蓉	2020年
5	省级	线上课程(原MOOC)	人工智能	陈涛	2020年
6	省级	线上课程(原MOOC)	薪酬管理	朱永虹	2020年
7	省级	线上课程(原MOOC)	税收筹划	孟莹莹	2020年
8	省级	线上课程(原MOOC)	公共支出分析	贺晓宇	2020年
9	省级	线上课程(原MOOC)	人力资源管理	张斌	2020年
10	省级	线上课程(原MOOC)	投资经济学	周泽炯	2020年
11	省级	线上课程(原MOOC)	数理统计	张孔生	2020年
12	省级	线上课程(原MOOC)	管理定量分析	刘法威	2020年
13	省级	线上课程(原MOOC)	风险投资	曹强	2020年
14	省级	线上课程(原MOOC)	公共政策分析	邹琪	2019年
15	省级	线上课程(原MOOC)	经济法	赵新龙	2019年
16	省级	线上课程(原MOOC)	国际经济法	邵朱励	2019年
17	省级	线上课程(原MOOC)	市场营销学	任玲玉	2019年

续表

序号	级别	项目类别	项目名称	负责人	批准时间
18	省级	线上课程（原MOOC）	管理类综合实验课	陈汉辉	2019年
19	省级	线上课程（原MOOC）	网络营销	张宇婷	2019年
20	省级	线上课程（原MOOC）	互联网+创业理论与实践	刘冬华	2019年
21	省级	线上课程（原MOOC）	商战模拟	韩永飞	2019年
22	省级	线上课程（原MOOC）	开发工具	包怀忠	2019年
23	省级	线上课程（原MOOC）	高频电子技术	许晓丽	2019年
24	省级	线上课程（原MOOC）	计算机网络技术	张海	2019年
25	省级	线上课程（原MOOC）	国际经济学	冯德连	2019年
26	省级	线上课程（原MOOC）	会计学基础（Accounting，双语）	田园	2019年
27	省级	线上课程（原MOOC）	税收筹划与税务会计	周蕾	2019年
28	省级	线上课程（原MOOC）	管理会计	鲍群	2019年
29	省级	线上课程（原MOOC）	马克思主义基本原理概论	魏红霞	2019年
30	省级	线上课程（原MOOC）	概率论	赵明涛	2019年
31	省级	线上课程（原MOOC）	数学专题选讲（微积分）	葛莉	2019年
32	省级	线上课程（原MOOC）	英语写作基础	尤晓刚	2019年
33	省级	线上课程（原MOOC）	传播学	吴琼	2019年
34	省级	线上课程（原MOOC）	艺术概论	许心宏	2019年
35	省级	线上课程（原MOOC）	平面广告设计与制作	于雪	2019年
36	省级	线上课程（原MOOC）	Python程序设计与数据分析	王泽成	2018年
37	省级	线上课程（原MOOC）	管理运筹学	戴道明	2018年
38	省级	线上课程（原MOOC）	高等数学	朱存斌	2018年
39	省级	线上课程（原MOOC）	统计学专业综合实验课	宋马林	2018年
40	省级	线上课程（原MOOC）	审计学	杜建菊	2018年
41	省级	线上课程（原MOOC）	商务礼仪	李薇	2018年
42	省级	线上课程（原MOOC）	财政学	罗鸣令	2018年
43	省级	线上课程（原MOOC）	税收学	经庭如	2018年
44	省级	线上课程（原MOOC）	国家税收	常晓素	2018年
45	省级	线上课程（原MOOC）	税务管理	吴菊	2018年

表7-2　　　　2018年以来省级线下一流课程立项情况一览表

序号	级别	项目类别	项目名称	负责人	批准时间
1	省级	线下课程	发展经济学	李刚	2020年
2	省级	线下课程	工程力学	唐根丽	2020年
3	省级	线下课程	金融学	任森春	2020年
4	省级	线下课程	产品语义设计	谭陶	2020年
5	省级	线下课程	时间序列分析	卢二坡	2020年
6	省级	线下课程	宏观经济学	郑美华	2020年
7	省级	线下课程	社会学	张术松	2020年
8	省级	线下课程	地理信息系统	陈兴雷	2020年
9	省级	线下课程	编译原理	徐勇	2020年
10	省级	线下课程	经济分析方法与手段	汪增洋	2020年
11	省级	线下课程	中国近现代史纲要	周宁	2020年
12	省级	线下课程	马克思主义基本原理概论	邢广桥	2020年
13	省级	线下课程	思想道德修养与法律基础	李加武	2020年
14	省级	线下课程	贝叶斯统计	汪燕敏	2020年
15	省级	线下课程	形势与政策	徐伟	2020年
16	省级	线下课程	财税经典文献选读	林光祺	2020年
17	省级	线下课程	计算机组成原理	李东勤	2020年
18	省级	线下课程	数据结构	陈红琳	2020年
19	省级	线下课程	政治经济学	汤新云	2020年
20	省级	线下课程	劳动经济学	马广博	2020年
21	省级	线下课程	国债理论与实务	郑洁	2019年
22	省级	线下课程	公司企业法	蒋辉宇	2019年
23	省级	线下课程	成本管理会计	纪纲	2019年
24	省级	线下课程	公司金融	左晓慧	2019年
25	省级	线下课程	公共体育	张苏	2019年
26	省级	线下课程	统计学	张焕明	2019年
27	省级	线下课程	大学英语精读	闫正坤	2019年
28	省级	线下课程	计量经济学	马成文	2018年
29	省级	线下课程	消费者行为学	张莹	2018年

表7-3　　2018年以来省级线上线下混合式和社会实践一流课程立项情况一览表

序号	级别	项目类别	项目名称	负责人	批准时间
1	省级	线上线下混合式和社会实践课程	数据挖掘	夏茂森	2020年
2	省级	线上线下混合式和社会实践课程	土地估价实务	张勇	2020年
3	省级	线上线下混合式和社会实践课程	涉税服务实务	杨晓妹	2020年
4	省级	线上线下混合式和社会实践课程	中级财务会计	唐玮	2020年
5	省级	线上线下混合式和社会实践课程	中国近现代史纲要	张晓婧	2020年
6	省级	线上线下混合式和社会实践课程	色彩1	孙丹	2020年
7	省级	线上线下混合式和社会实践课程	计算机图形处理基础	刘丹	2020年
8	省级	线上线下混合式和社会实践课程	文化产品设计	杨蕾	2020年
9	省级	线上线下混合式和社会实践课程	环境共创设计	孙娜蒙	2020年
10	省级	线上线下混合式和社会实践课程	"互联网+"的大学生创新创业实践	汪金龙	2020年
11	省级	线上线下混合式和社会实践课程	财政学	储德银	2020年
12	省级	线上线下混合式和社会实践课程	信息系统分析与设计	张子振	2020年
13	省级	线上线下混合式和社会实践课程	土地利用规划学	刘小红	2020年
14	省级	线上线下混合式和社会实践课程	常微分方程	常啸	2020年
15	省级	线上线下混合式和社会实践课程	毛泽东思想和中国特色社会主义理论体系概论	曹勇	2020年
16	省级	线上线下混合式和社会实践课程	马克思主义基本原理概论	张军	2020年
17	省级	线上线下混合式和社会实践课程	管理信息系统	胡笑梅	2020年
18	省级	线上线下混合式和社会实践课程	高等代数	杨鹏辉	2020年
19	省级	线上线下混合式和社会实践课程	旅游规划与开发	李万莲	2020年
20	省级	线上线下混合式和社会实践课程	数据库应用	王平水	2020年
21	省级	线上线下混合式和社会实践课程	软件工程	周万怀	2020年
22	省级	线上线下混合式和社会实践课程	大学生科研项目申报与论文写作辅导	黄敦平	2020年
23	省级	线上线下混合式和社会实践课程	思想政治理论课实践教学	汪先平	2020年

表7-4　　2018年以来省级虚拟仿真实验教学项目立项情况一览表

序号	级别	项目类别	项目名称	负责人	批准时间
1	省级	虚拟仿真实验教学项目	区块链电子货币交易虚拟仿真实验教学项目	周健	2020年
2	省级	虚拟仿真实验教学项目	数据驱动的高技术制造企业产品组合科学决策虚拟仿真实验教学项目	武佩剑	2019年

续表

序号	级别	项目类别	项目名称	负责人	批准时间
3	省级	虚拟仿真实验教学项目	股指期货量化交易虚拟仿真实验教学项目	高志	2019 年
4	省级	虚拟仿真实验教学项目	淮河生态经济带县域经济高质量发展虚拟仿真实验教学	廖信林	2019 年
5	省级	虚拟仿真实验教学项目	中国古建筑虚拟装配	纪旭	2019 年
6	省级	虚拟仿真实验教学项目	资产配置优化选择虚拟仿真实验教学项目	黄华继	2018 年
7	省级	虚拟仿真实验教学项目	纳税申报虚拟仿真实验教学项目	郑洁	2018 年

2. 分类分层次，推进"一般课程"建设

学校贯彻落实教育部《关于深化本科教育教学改革全面提高人才培养质量的意见》等文件精神，结合"新经管"发展战略要求和学生学习需求，持续推进专业导论类、外语类、数学类、信息技术与应用类、通识选修类、写作与沟通、体育、军事训练、心理健康与安全教育、分类教育等一般课程教学内容更新和教学方式改革，提高一般课程教学质量，优化学生知识结构、增强学生综合素质，为专业学习和就业择业奠定坚实基础。其具体举措表现在：一是推进大学英语、大学数学、大学计算机分层分级教学模式改革，如在大一开设英语精读（一）（二）、英语听说（一）（二），大二开设英语精读（三）（四）、英语听说（三）（四）；大一开设"计算机应用基础""数据库应用"，大二开设"数据科学导论""大数据分析与应用""Python 语言"等。二是推进通识选修课改革，建立跨学科选课制度。围绕自然科学类、文学艺术类、经济与管理类、社会科学类、体育素养类等通识选修课，设置内容丰富、层次多样、学习方式灵活的课程体系，提高学生选课自由度，鼓励学生跨学科选课。三是实施分类培养课程体系。根据学生不同发展需求，遵循"按类培养、专业分流、多元出口"的基本原则，新增 15 学分分类教育课程，在高年级分设创新创业类、考研类、考公务员类和出国进修类等可选择课程体系。学生可以以某一类课程为主体，兼修其他类课程，满足规定学分即可。

（四）强化信息技术融入，实现"线上教学"和"线下教学"优势互补

为顺应"互联网+"时代教学主体、教学资源与教学媒介等要素的变革与发展，学校在"新经管"发展战略的指引下，积极创新信息化条件下的课程教学模式，实现"线上教学"和"线下教学"优势互补，不断提升人才培养质量。其主要表现如下。

1. 利用网络教学资源，开展 MOOC 教学

学校积极推进网络教学资源建设，利用超星学习通、智慧树等网络平台课程软件，同步开放 1000 余门线上课程，线上课程授课教师均为"985""211"院校知名教授、学者，极大地满足学生对名校名家的授课需求，同时，也补充了学校课程资源，有效缓解了选课不足问题。从 2018 年起，学校启动寒暑假"虚拟小学期"，开启网络课程学习模式，学生可以通过观看视频、参与讨论、完成网络作业和上机考试等获得课程学分。从 2018 年至今历年选课学生数可以看出，"虚拟小学期"中学生选课量与正常学期基本持平、偶有高于，学生对于假期选课学习的需求在一定程度上得到保障，学生在虚拟学期中修学分可以获得愉悦、自主和灵活的学习新体验，这主要是因为虚拟学期可以帮助学生脱离现有学制、学时以及学分的束缚，并且在此基础上建立起多层次、开放以及更为高效的自主学习新模式，使教学运行周期得到极大延展。通过多年开设课程横向比较分析，逐年依据学生学习方向的诉求做精细化推送，课程考核方式采用过程性评价与期末线下机房统一考试相结合的方式，一方面保障考核公平公正性，另一方面利用好过程性评价提升对学生综合素质评估，历年考核总评成绩基本呈正态分布。

特别是，面对 2018 年突如其来的新冠肺炎疫情时，我校教师利用超星尔雅、中国大学 MOOC、学银在线、智慧树等平台，按照课前、课中、课后三个环节进行线上教学，确保了线上线下教学效果同质等效。2019~2020 学年春季学期，本科教学计划应开课程 764 门，除由于课程性质、环境、教学条件要求等因素拟延迟开课的部分实验实训类课程外，实际线上开课数量达到了 745 门，开课率达到了 98%。资源上传 2929914 个，课堂活动 1787786 次，师生讨论 1802289 个，

教师发布活动 57819 个，教师发布讨论 26441 个，教师发布作业 12253 个，教师批阅作业 230633 份，学生参与活动 1729967 人次，学生讨论 1775848 个，学生完成任务点 3170232 人次，完成作业 465001 人次。问卷调查显示，学生对线上教学效果满意率达到 95% 以上。

2. 推动课堂革命，变革传统课堂教学方式

学生是课堂的主体，教师是教学活动的设计者、组织者和引导者，而不是单向地知识灌输。安徽财经大学广大教师积极转变教育观念，不断强化"既注重'教得好'，更注重'学得好'"教育理念，根据课程特点和培养要求，精心设计每一堂课，着力实现从灌输课堂向对话课堂、知识课堂向能力课堂、封闭课堂向开放课堂的转变，把沉默单项的课堂变成思想碰撞、智慧启迪的互动场所，以精彩的课堂为学生留下美好的大学记忆。推进探究型教学方法改革，提倡讨论式、启发式、参与式教学，通过问题引领的研究性教学、探究性教学、翻转课堂等激发学习活力，鼓励"大班上课—小班研讨""小班上课—分组研讨"等多种课堂教学组织形式，逐步提高研究性课程教学比例，营造以学生为中心、问题为导向的教学氛围，实现从"教"课到"学"课，从"听"课到"问"课，从"课堂教学"到"课内外结合"的转变。

3. 融合信息技术，推进线上线下混合式教学

为加快利用信息技术改造传统教学、提高教学水平的进程，学校出台《安徽财经大学利用现代信息技术进行教学改革认定指南》《安徽财经大学本科教学课程类别与课时系数认定办法》等系列文件，激励教师将现代信息技术与教育教学的深度融合，建立"互联网"+"教学"和"智能"+"教学"新形态，实现以知识传授为主向以能力素质培养为主的教学方式转变，提升"教"与"学"的实际效果。教师通过运用现代信息技术，强化对教学各环节实施精准的管理和控制，形成有效的信息反馈，进行科学的教学评价，有针对性地推进教学改革；学生通过构建集情境、交互、体验、反思于一体的深度学习场域，可以在多个终端设备上随时随地按需参与教学活动，强化自主学习意识，培养创新精神，提高实践能力。2018 年以来，各类技术平台的教师使用人数已经超过 1000 余人，学生使用人数超过 6 万余人，开设课程 900 多门。

（五）大力建设实践类课程，实现"实践教学"和"理论教学"紧密结合

学校坚持"实践教学"和"理论教学"相结合的原则，大力建设实践类课程，改革实践教学体系，推行立体化、开放式的实践教学，提高学生应用知识和在实践中学习知识的能力，强化培养学生的综合素质和创新创业能力，进而提升学生的竞争力。

1. 构建"五五四"实践教学体系

学校坚持以培养强化学生创新精神、创业意识、实践能力为导向，大幅提高2018版培养方案学分设置中实践教学的比重，构建了涵盖实验、实训、创新创业实践、专业调查与实习、毕业论文（设计）五个环节，课程单项性实验、课程综合性实验、专业综合性实验、跨专业综合性实验和创新创业实践五个层面，通识类课程实验（实训）、学科基础课实验（实训）、专业课实验（实训）、创新创业课实验（实训）四个模块，与理论教学紧密衔接、特色鲜明的"五五四"实践教学体系。创新创业与实训类课程设置28学分，含跨专业综合实验课程（包括经济类跨专业综合实验课、管理类跨专业综合实验课和ERP课程）5学分，创业类专题讲座5学分，学科竞赛10学分，创业原理2学分、就业指导1学分、专业调查与实习1学分及毕业论文（设计）4学分。新增15学分分类教育课程，其中创新创业类模块，学生可以根据个人特长及兴趣爱好选择学科竞赛、科研创新、创业实务、资格证书、境外交流等形式灵活完成学分。

2. 强化实验实训教学

出台《安徽财经大学校企合作实践教育基地建设与管理办法》《安徽财经大学专业调查与实习实施方案》《安徽财经大学毕业实习管理办法》等系列文件，各级各类实验室免费向本科生全面开放，培养学生创新创业意识，鼓励学生通过创新创业实践进行科技成果转化。建设"虚拟仿真实验室""校企合作实验室"，极大提高了学生的参与兴趣，赋予了传统实验课堂新内涵。建立并完善"高校、科研院所、企业"参与的"三位一体"人才培养模式。2018年以来，学校新建实验室18间，及时更新改造原有的实验室，新增实验设备总值3465.7万元；"资产配置优化选择虚拟仿真实验"入选首批国家级虚拟仿真实验教学一流课

程，金融资产配置与管理、经济统计分析 2 个实验室获批安徽省教育厅重点实验室；新增教育部产学合作协同育人项目 37 个、省级示范实验实训中心 4 个、省级校企合作实践教育基地 6 个、省级大学生创客实验室建设计划项目 7 个、省级基础课实验教学示范中心 2 个。学校主导与企业联合开发"经济学类跨专业综合实验系统平台"和"ERP 实验教学管控系统平台" 2 个。

3. 加大创新创业教育

出台《安徽财经大学大学生学科竞赛管理办法》《安徽财经大学学科竞赛类学分认定指南》《安徽财经大学创新创业类学分认定指南》系列文件，持续开设创业原理、大学生创业概论与实践、创造力与创新思维、创业基础与案例分析、创业实践活动、创新方法与应用、创新文化等系列课程，打造分层次创新创业课程体系，稳步推进创新创业基础课程、创新创业案例、实验课程以及创新创业能力课程建设，将创新创业教育融入人才培养全过程；以项目为平台，引导学生进行创业实践，体验创业过程；以政策为保障，加强创业指导、服务和资源对接，发挥创业带动就业的倍增效应，培养符合时代需要、行业特征、安财特色的创新创业人才。2018 年以来，学生在"互联网+"大学生创新创业大赛、"挑战杯"全国大学生课外学术科技作品竞赛、全国大学生电子商务"创新、创意、创业"挑战赛等各级各类竞赛中，累计获奖 4755 项，其中国际级 64 项、国家级 478 项、省级 4213 项，获奖学生 25000 余人次，学生创新精神、创业意识和创新创业能力明显增强。

（六）推进素质类课程建设，实现"第二课堂"与"第一课堂"融合发展

学校坚持"以学生为中心"，在遵循思想政治教育规律、教书育人规律、学生成长规律的基础上，大力推进素质类课程建设，用活第一课堂、充实第二课堂、强化校内课堂、完善校外课堂，加强分类引导教育。

1. 设置课外素质教育学分

为积极探索素质教育的新形式和新途径，充分发挥第二课程在人才培养中的重要作用，学校出台《安徽财经大学普通本科学生课外教学学分制实施方案》和《安徽财经大学本科生课外教学（第二课堂）课程活动项目目录》，大力推进素质类课程建设,实施课外教学学分制管理,要求学生在校期间,在完成课堂教学学分与其他规定学分的同时,必须取得10个学分课外教学学分方可毕业和获得学士学位,其中含社会实践1学分和志愿服务4个学分必修学分。本科生课外教学学分按课程分类,分为明德志远、智圆行方、艺美体健、让逸竞劳四类课程。明德志远课程主要包括青年马克思主义者培养工程、团支部风采大赛、思政类音视频征集活动、征兵主题教育、新生启航教育活动等活动;智圆行方课程主要包括大学生学术论坛、财经论坛、金融文化节、财会知识竞赛、职业生涯规划大赛暨创业大赛、大学生创业论坛、大学生"挑战职场"大赛等活动;艺美体健课程主要包括演讲比赛、辩论赛、合唱比赛、大赛田径运动会、篮球赛、排球赛等活动;让逸竞劳课程主要包括社会实践、社区志愿服务活动、"三下乡"社会实践、志愿服务项目大赛、志愿者风采大赛等活动。

2. 拓展"体美劳"课外教学活动

在体育教育层面,学校设置乒乓球、羽毛球、篮球、足球、排球、网球等各类球类、田径类、棋牌类、路跑、骑行等若干体育俱乐部,并通过深入推进"三走"系列活动,分层分类开展"健康安财"早锻炼,打造"龙舟队"竞技体育特色项目和依托12个体育类社团开展体育赛事,不断营造浓厚校园体育氛围,强化运动习惯的养成,掌握运动技能,不断增强学生体质。2019年,学校足球协会被评为全国百佳校园足球协会,武术协会被评为全国学生最具影响力体育社团。

在体育教育层面,学校设置诗歌、散文、小说、戏剧、书法、篆刻、声乐、绘画、摄影、影视、工艺美术等分文学艺术俱乐部,并通过持续推进"一院一品",统筹规划安徽淮河流域特色文化项目建设,开展高雅艺术进校园、徽风皖韵进高校、"淮河之春"非遗进校园、花鼓灯文化周等活动,营造浓厚校园美育氛围,大力培养学生审美和人文素养。在全国第五届大学生艺术展演中,原创的花鼓灯舞蹈《舞韵淮乡》获得国赛一等奖和优秀创作奖。

在劳动教育层面,学校设置专业性劳动实践、日常生活劳动实践、服务性劳动实践。专业性劳动实践,设置学期劳动周,与学期专业调查与实习周同期。各学院结合专业能力素质要求、职业发展需求和教学安排,分层分类,有序组织学生在学期劳动周开展专业性劳动实践。从第 1 学期劳动周开始到第 6 学期劳动周结束，日常生活劳动实践。结合校园生活，组织学生开展校内劳动技能培训和绿化养护、校园卫生、教室清洁、实验室维护等校内劳动锻炼；服务性劳动实践，以校、院两级团学组织为主体，开设"菜单式"志愿劳动项目，加强学生公益性劳动意识。积极搭建志愿服务平台，组织学生深入城乡社区、福利院和公共场所等参加校外志愿服务，开展卫生清洁服务、助残服务、扶贫服务、社区便民服务、文化宣传服务、法律普及服务、支教服务、政策宣讲等劳动实践。

3. 实施社会实践学分制，大力开展假期社会调研

学校制定《安徽财经大学学生社会实践活动管理办法（试行）》，实施社会实践学分制，实现社会实践和理论课堂的对接，引导青年大学生走出校门、接触社会，学以致用、用以促学，实现知、情、意、行的有机统一。2018 年以来，学校累计组建 5593 支社会实践团队，全校约 8 万人次参加了寒暑期社会实践，累计获得省级以上相关表彰 94 项。学校制定《安徽财经大学学生志愿服务管理暂行办法》，以校、院两级青年志愿者协会为依托，常态化开展以支教、敬老、爱心校园等为主题的校内外志愿服务项目。高质量完成上海进口博览会、省运动会等大型赛会的志愿服务工作。疫情防控期间，全校共有 570 余名青年志愿者投身疫情防控一线。2018 年以来，学校有 2 人获评"安徽省青年志愿者优秀个人"，"筑梦童年"项目荣获 2018 年安徽省志愿服务项目创新大赛二等奖，学校青年志愿者协会获 2019 年"安徽省青年志愿者优秀组织奖"。

（七）提升教材使用标准，实现"选用教材"和"自编教材"同步提高

教材是体现教学内容和教学方法的载体，是课程建设的重要组成部分，教材的选用和教材的编写必须坚持"严要求，高质量"的原则。

1. 完善教材管理制度，强化重点教材使用

学校深入贯彻习近平总书记系列重要讲话特别是关于教材建设的重要指示及《关于加强和改进新形势下大中小学教材建设的意见》文件精神，严格按照国家要求开设各类规定课程，将《习近平总书记教育重要论述讲义》作为必修教材，切实落实立德树人根本任务。出台《安徽财经大学教材建设与管理办法》等规

章制度,着力从教材委员会组织机构、教材建设规划、教材编写、教材选用、教材采购与发放、教材支持保障等多个方面,为教材建设成效与管理水平的提升提供了制度保障。加强教材使用管理机制。严把教材使用政治关,实行"教师个人提交→学院主管本科教学负责人审核→学院教授委员会讨论并通过→学校教材工作委员会"层层把关的教材选用流程,切实加强政治把关。学校把马工程重点教材统一使用情况作为专业评估等教学评估的重要内容和主要指标,各学科专业已有的马工程重点教材必须使用,其他以国家和省级规划教材为主。

2. 建立教材激励机制,强化特色教材编写

制定和完善《安徽财经财经大学教学成果认定及奖励办法》,一方面加大对立项教材的资助力度,另一方面对优秀教材的编写给予奖励,同时鼓励学院配套资助立项教材建设,将教材建设及马工程教材使用纳入学院年终考评。鼓励围绕马工程重点教材和规划教材,编写系列辅助性教材,鼓励围绕学科专业编写特色教材,鼓励优秀教材修订再版,鼓励在传统教材的基础上融入MOOC等多类数字化资源等。鼓励结合党的理论创新成果、科学技术最新突破、学术研究最新进展等,有针对性地更新教材内容;建立学校教材周期修订制度;及时淘汰内容陈旧、缺乏特色或难以修订的教材。不断强化教材编写队伍建设,培养优秀编写人才。支持学校、省、国家知名专家、学术领军人物、学术水平高且教学经验丰富的学科带头人、教学名师、优秀教师参加教材编写工作。

四、强化课程建设的进一步思考

(一) 坚持"五育并举"教育理念,不断强化课程体系建设

课程作为连接教师与学生的"纽带"或"桥梁","五育并举"的教育理念在课程及课程体系建设中的作用尤为重要,可以说,课程及课程体系是落实"五育并举"教育理念的"最后一公里"。围绕服务经济社会发展对人才培养的新要求,在开发建设课程及优化课程体系时,要坚持以促进学生德智体美劳全面发展为导向,强化思想政治类课程、专业教育类课程、体育教育类课程、文学艺术教育类课程、实践教育类课程等有机融合的课程体系建设。思想政治类课程,要突

出体现马克思主义中国化的最新理论成果，重视价值引导和优秀传统文化的传承，引导学生坚定理想信念、厚植爱国主义情怀、弘扬社会主义核心价值观、加强思想品德修养等。专业教育类课程，要强调专业课程的基础性、学术性、前沿性，要帮助学生了解相关专业和行业领域的国家战略、法律法规和相关政策，培育学生经世济民、诚信服务、德法兼修的职业素养，促进学生有深度的专业学习，培养学生高水平的专业能力、良好的职业素质和终身学习能力。体育教育类课程，在开齐配足的同时，要引导学生树立健康第一的理念，增设一批特色鲜明的体育俱乐部，让学生在参与丰富多样的体育活动中享受乐趣、强健体质、健全人格、锤炼意志，培养团队意识和集体精神。文学艺术教育类课程，要引导学生树立正确的审美观念，厚植优秀传统文化，帮助学生在成长过程中继承中华民族的文化基因、汲取人类文明的优秀成果，养成追求真善美的宝贵品质。实践教育类课程，强调在坚持理论与实践的结合中，教育引导学生把人生抱负落实到脚踏实地的实际行动中来，把学习奋斗的具体目标同民族复兴的伟大目标结合起来，积极引导学生走出校门、接触社会，学以致用、用以促学，实现知、情、意、行的有机统一。

（二）坚持以"一流课程"为引领，不断推进课程高质量发展

完善一流课程建设方案，大力实施一流课程支持计划，全面梳理各门课程的教学内容，以打造"金课"，淘汰"水课"为主要目标，大力建设线上、线下、线上线下混合、虚拟仿真、社会实践五大"金课"，发挥学校经济管理学科综合优势，加强大类平台课程和跨学科课程建设①。"金课"不仅有助于提高教师的课程教学质量，也有助于提升学生的学习效果，更在一定程度上提升了高校的人才培养质量。就"金课"的内涵而言，指具有高阶性、创新性和挑战度的高质量课程。其主要体现为：课程思政方面，要将思政育人理念贯穿于课程的全过程。要将相关思政要素，通过多样化的教学内容和形式，将其深度嵌入课程体系，真正实现"如盐入水"般的思政育人效果。教学内容方面，要将经济社会

---

① 江小平，胡艳丽，谢维浩. 面向"金课"建设的课程评价方法研究. 高等教育研究学报，2019（4）.

发展最新需求、科学研究最新结果、社会实践最新经验纳入课程教学内容；要善于打破传统单一维度设计，要从"上—下、古—今、中—外"等多维度对课程内容进行系统重构，同时要善于借助 MOOC 等现代化手段，完成课程内容模块化改造，并通过课程各模块间灵活调用，有效完成理论、制度、效应的深度融合。另外，要积极构建师生共建、生生共建、校外共建等多元共建的课程资源模式。在教学实施方面，要坚持底层逻辑思维，深入思考各个教学环节根本问题、根本方案和根本目标，打造新时代高阶课堂。在教学评价方面，要善于构建"多维任务"体系，考查学生不同能力层级，积极创建情境，促进学生自评与互评，帮助学生形成自我反馈机制，特别是在学业评价上，要注重过程化、动态化、个性化设置，不断激发学习潜力和提升学习效果。在信息反馈方面，要进一步完善信息化手段对教学运行、教学各环节、教师和学生的"教""学"活动实施精准的管理和控制，形成有效的信息反馈机制，进行科学的教学评价，有针对性地推进教学改革，以期更好的育人效果。

（三）坚持教学的"双主体性"，构建学习共同体的教学模式

在传统教学模式下，一直重视教师的教学地位，反而忽略了学生的学习地位。教师在进行教学时，不可能将知识和技能百分之百地输送到学生的大脑中，只有学生以认真积极的心态主动去学习，才能保证获取知识效率的最大化，因此，应该把学生的学习作为教学的中心。随着社会的进步，学习相关理论也不断地更新、变化、发展，如今，越来越多的学校在课堂教学中对学生采取以构建"学习共同体"为基础的学习与合作模式。我们可以尝试以下几种学习共同体的教学模式：仿真实验教学模式，即教师通过现代信息技术虚拟设置相关业务流程，针对不同岗位设定不同的业务内容，学生可以边学边做，将相关理论知识应用于实践，真正做到学以致用，通过业务操作，增强学生的分析能力和实践能力。任务驱动教学模式，即是一种以学生自主学习，教师加以指导的教学方法，不再按照传统教学由易到难的顺序，而是以完成一个"任务"作为驱动来进行学习，从而完成教学任务。在完成教学任务的过程中，大力培养学生的自学能力、创新能力和合作意识。协作式教学模式，即教师将学生分成若干小组，以每

小组为单位针对教师提出的问题进行分析讨论,并提出相关问题的解决方案。协作方式有多种,主要由现场辩论、线上讨论、分角色协作等。通过协作,增强学生的合作精神和沟通能力。探究式教学模式,即为让学生在网络教学资源中进行自由的学习、探索,教师在线及时解答学生的各种疑惑和问题,这种模式既满足个性化学习、自主学习和可持续性学习的需要,也可以促进教师与学生共同进步与成长。

(四)坚持课程效果多维考核,完善"三全育人"课程评价体系

在对课程实施效果进行检验时,主要采取的手段是评估和反馈。当前,越来越多的学者和教学管理人员倾向于利用更新课程内容、改革教学方法和教学手段等方法来提高教学质量。尽管这些方法具有一定的效果,但是他们没有真正意识到课程评价在提高教学质量时的重要性。课程评价的作用不仅是推进课程建设制度,同时它本身也是课程建设的重要组成部分。课程评价包括两个方面:一个是学生学业评价,另一个是课程质量评价[1]。在学生学业评价方面,注重形成性评价、全过程评价,强调实施多样的、动态的、非标准的考核方式,不仅要考察课程对于知识的传授,更重要的是要检验课程对于学生价值的塑造和能力的提升。同时,要着力从态度目标、知识目标、能力目标等方面入手,将授课教师综合测评、现场专家指导点评、学生自评与互评等引入评价体系,对各任务进行考核,扩大评价主体,提高全员育人水平。在课程质量评价方面,要在强化课程的学术性评价基础上,及时将课程的思想性评价纳入课程质量评价指标体系中,关注培养对象品德素养的养成,强调对学生为人处事的示范引导,构建全方位评价体系。要坚持学生评价、同行专家评价和自我评价相结合,突出师生评价的主体地位,确保评价结果能改进课程编制和实施。

(五)坚持"社会需求"价值导向,加快知行融合的教材建设

教材,作为课程具体化的存在,主要作用体现在课程内容和教学方法的知识

---

[1] 叶信治. 高校"金课"建设:从资源驱动转向制度驱动. 中国高教研究,2019(4).

载体上。课程，则是通过以教材作为中介，在教学中"流通"并付诸实践活动。当前，一个普遍的现象是：按照特定理论体系编写的教材，在知识的深度性、理论的完整性、结构的系统性、逻辑的严密性等方面尽善尽美，这样虽然有助于学生对相关概念、理论、原理的理解，但其也存在一定的缺点，因对实践的提炼、归纳和总结不足，造成学生的专业实践能力得不到很好的训练和培养。我们认为，创新型应用型人才需要同时具备厚实的理论基础和精湛的实践操作能力，而这一人才培养需要大量的知行融合高质量的教材。因此，对于培养创新型应用型人才的财经类高校来说，建设理论知识与实践知识双向互动、知行融合的高质量教材显得尤其重要和紧迫。要更新思想观念，深化教材改革。以素质教育为核心，从优化课程体系入手，使素质、知识、能力协调发展，进而规范教材编写与选用，达到深化教材改革目的；紧密结合教学方法与教学手段的改革，大力推进电子教材的建设，以适应信息化教学的需要。鼓励优质课程、精品课程、一流课程向信息化、立体化教材方向发展，使课程教材建设达到较高的水平；加大政策扶持，充分调动教师编写教材的积极性。结合专业的优势和课程建设的需要，鼓励一线教学名师、高水平专家学者主编或参与教材编写工作，将最近的教学研究、教学改革的成果吸收进来，编写一批体现专业特色、质量较高并与专业人才培养目标相适应的自编教材。同时，要积极吸引更多企业行业人士参与到教材建设，开发适用性和实践性强的高质量教材；要以任课教师推荐，教研室主任审定，教学实践反馈相结合的方式，收集和整理专业教材以及教辅材料资料。

本章参考文献

[1] 王道俊，郭文安主编. 教育学 [M]. 北京：人民出版社，2016.

[2] 斯宾塞. 胡毅、王承绪译. 斯宾塞教育论 [M]. 北京：人民教育出版社，1997.

[3] 张庆亮，夏万军，刑孝兵主编. 以学生为中心的高校学生事务：以安徽财经大学为例 [M]. 北京：经济科学出版社，2016.

[4] 廖信林，吴友群. 地方财经高校以"学生为中心"的课程建设实践及改进——以安徽财经大学为例 [J]. 广西科技师范学院学报，2017（5）.

[5] 教育部关于《启动高等学校教学质量与教学改革工程精品课程建设》[EB/OL]. http：//www.moe.gov.cn/s78/A08/gjs_left/s5664/moe_1623/s3843/201010/t20101018_109658.

html,2003 -4 -8/2021 -8 -20.

[6] 教育部关于《国家精品开放课程建设的实施意见》的通知 [EB/OL]. http://www.moe.gov.cn/s78/A08/gjs_left/s5664/moe_1623/s3843/201010/t20101018_109658.html,2011 -10 -12/2021 -8 -20.

[7] 教育部关于《加强高等学校在线开放课程建设应用与管理的意见》[EB/OL]. http://www.moe.gov.cn/srcsite/A08/s7056/201504/t20150416_189454.html,2015 -4 -13/2021 -8 -20.

[8] 教育部关于《狠抓新时代全国高等学校本科教育工作会议精神落实》[EB/OL]. http://www.moe.gov.cn/srcsite/A08/s7056/201809/t20180903_347079.html,2018 -8 -22/2021 -8 -20.

[9] 教育部关于《一流本科课程建设的实施意见》[EB/OL]. http://www.moe.gov.cn/srcsite/A08/s7056/201910/t20191031_406269.html,2019 -10 -24/2021 -8 -20.

[10] 安徽财经大学:多点突破 纵深推进"新经管"战略工程 [N]. 中国教育报,2019 -7 -1.

[11] 叶信治. 高校"金课"建设:从资源驱动转向制度驱动 [J]. 中国高教研究,2019 (4).

[12] 江小平,胡艳丽,谢维浩. 面向"金课"建设的课程评价方法研究 [J]. 高等教育研究学报,2019 (4).

[13] 王浩. 行业特色型大学建设"双一流"的实践与思考 [J]. 中国高等教育,2019 (1):27 -29.

[14] 陈丽杰,朱永林. 行业特色型大学建设的特征与策略 [J]. 教育探索,2009 (8):68 -69.

[15] 吴岩. 建设中国"金课"[J]. 中国大学教学,2018 (12):4 -9.

[16] 汤智,计伟荣. 金课:范式特征、建设困局与突围路径 [J]. 中国高教研究,2020 (11):54 -59.

[17] 刘斯文,程晋宽. 大学"金课"的建构逻辑:起点、过程与走向 [J]. 高校教育管理,2020,14 (6):117 -124.

[18] 翟洪江,张铁. 地方高水平院校课程挑战度:评价指标、特征与对策 [J]. 中国高教研究,2020 (4):59 -64,70.

第八章

"新经管"建设路径：创新创业引领工程

大学生创新创业教育是深化高等教育教学改革、提高人才培养质量、促进大学生全面发展的重要途径。创新创业教育以培养具有创业基本素质和开创型的人才为目标，注重培育在校学生的创业意识、创新精神和创新创业能力。安徽财经大学把加强学生创新创业教育、强化学生创业意识、开发学生创业潜能、激发学生创业热情、增强学生就业竞争力和自主创业能力作为学校教育教学和人才培养的重点工作。在创新创业教育中，通过不断探索，形成了"六轮驱动"的创新创业教育模式。

一、创新创业教育基本分析

（一）创新创业教育的基本概念

1. 创新教育

"创新"的概念由美国经济学家熊彼特首次提出。他在1912年出版的著作《经济发展理论》中指出，在经济发展过程中，生产技术和方法的革新有着极其重要的作用。创新可以是创造新的思想、观点、设计、技术等"软件"，也可以是新的工具、装备、材料、工程项目等"硬件"。人类创新活动贯穿于人类生产实践、社会实践和科技实践之中，一部人类文明史就是一部人类创新活动的历史[1]。随着时代的发展，"创新"的概念被引入越来越多的领域。特别是进入21

---

[1] 常东坡，赵国杰，王树恩. 当代科技创新的特点与科技创新人才的培养 [J]. 自然辩证法研究，2005（4）：67-69.

世纪以来,人们更加重视教育在支撑科技创新、提升综合国力等方面的重要作用,创新教育也逐步成为国内外关注的焦点。一般认为,创新教育指的是发挥教育的主导作用,利用遗传和环境的积极影响,充分调动学生在认识和实践方面的主观能动性,以学生为主体,通过培养开发学生的创新意识、创新精神与创新技能,形成创新人格,以满足学生主体及未来社会发展需要的教育。

2. 创业教育

创业教育的概念源自西方,是指以企业家精神培养为重点,将创新教育与素质教育相融合的综合素质培养形式[1]。相较于创新教育比较侧重于创新思维的开发,创业教育则更侧重于实践能力培养[2]。创业教育不仅是传授创业知识,更包含创业者自我学习能力和创业者心理的培养。创业教育的目的是为创业者提供关于创业的体验,并以此培养创业者的技能、增强对于创业的认识,使其更好地适应创业活动。根据联合国教科文组织的界定,广义上的创业教育是指对学生的开创性个性的培养,是对学生的首创精神、独立工作和创业能力以及技术、管理和社交技能的培养;狭义上的创业教育则是指差异化的教育模式与方法,通过提高学生的综合素养和创造精神,不断增强学生的创新意识和创业能力,从而满足知识经济时代对大学生创新精神、创新能力的需求[3]。

3. 创新创业教育

创新创业教育是指将创新精神、创业意识、创新创业能力作为培养重点的一种教育形式,其包含两个层次的目标:一是唤醒大学生的创新创业意识、培养大学生的创新创业精神,努力让大学生成为各行各业的高素质人才;二是提高学生创新创业所必需的综合能力,包括创意思维、商业模式设计、团队组建、资源整合、市场运营、企业申办、新创企业管理等,从而更好地助力大学生自主创业。广义上的创新创业教育是指有关创造新的伟大事业的教育实践活动;狭义上是指一种有关创造新的职业工作岗位的教学实践活动,以真正帮助大学生实现自主选择职业、灵活就业或自主创业为目标[4]。创新创业教育尽管是在广义的创业教育

---

[1] 侯定凯. 创业教育——大学致力于培养企业家精神 [J]. 高等教育研究, 2001 (5): 89.
[2] 张冰, 白华. "高校创新创业教育"概念之辩 [J]. 高教探索, 2014 (3): 48-52.
[3] 刘美辰. 行业特色型高校创新创业教育研究 [N]. 北京邮电大学, 2020 (6): 10-13.
[4] 曹胜利等. 中国大学创新创业教育发展报告 [M]. 万卷出版公司, 2009: 6.

上的一种扩展和延伸,但是,创新创业教育不是简单为自己或他人创造就业机会或者岗位,重要的是使大学生具备包括创新精神和创业意识在内的创业者的基本素质,而并非人人都成为现实的创业者。它的核心价值在于通过创新创业精神、意识和能力的培养来提升学生面向未来发展的竞争力和胜任力。作为大学教育,不仅要培养引领型的创新创业人才,还要创造出新知识、新技术,进而实现从创新到创业的转化。所以说,创新创业教育的内涵比创业教育更广。

4. 创新创业教育的内涵

首先,"创新"是创新创业教育的核心。创业的核心和本质是创新,创业是创新的行动化和体现形式。因此,创新比创业更根本[①]。"创新"的后面加上了"创业"二字,其实质是内在规定了创新的应用属性,是指向创业的创新,重在应用的创新,促进创新成果的市场化、商业化。把创新摆在最前面其实质是强调创新在教育中的核心作用和地位,与创业联系在一起则强调的是创业的方向是创新型创业、机会型创业,而不是生存型的、低层次的创业。"创新创业教育"既内在包含"创新教育""创业教育"的科学内涵,又不与两者简单等同,是综合性、系统性的教育[②]。

其次,"创业"是创新创业教育的目标。这里的"创业"实际上是指宏观意义上的创业,更倾向于是一种未受教育者未来实际创业的前期实践准备。创新创业作为一项实践性很强的活动,需要大学生具备创新意识、冒险意识和实操能力等多方面的综合素质。从培养模式的角度来讲,创新创业教育相较于一般的高等教育而言更关注实践环节,强调学生的参与。此外,创新创业教育与学生的职业发展关联度较大。一般而言,真正具备创业条件并成功创业的学生只是少数,但通过创新创业教育,可以影响学生的就业观念,引导学生立足本职岗位进行创新,并提升有创业潜质的学生未来创业的可能性。

最后,"教育"是创新创业教育的根基。无论"创新"或是"创业",高校的工作落脚点都是教育。创新和创业的核心都是创造,是一种基于天性和本能的人的创造。教育的对象是人,创新创业教育的本质是将学生潜在于自身的创造潜

[①] 李志义. 创新创业教育之我见 [J]. 中国大学教学,2014 (4): 5-7.
[②] 王占仁. "广谱式"创新创业教育的体系架构与理论价值 [J]. 教育研究,2015 (5): 56-63.

能充分激发出来。因此,创新创业教育的"教育性"就是通过系统化制度性的安排,导出大学生潜在的创业精神,使之自发、自然、自由地利用所习得的知识、技能与经验,具备创业的能力和创业的意愿[①]。

(二) 创新创业教育的理论基础

1. 主体教育理论

主体教育思想产生于 20 世纪 80 年代,最早由于光远和顾明远两位学者提出。早在 1980 年,于光远就提出了教育者、受教育者和环境的"三体问题",顾明远、王道俊等国内学者基于对国内教育学理论的反思,提出了"学生既是教育的客体,又是教育的主体""让学生成为学习的主人"的观点,并在此基础上逐步形成了主体教育理论。主体教育理论把学生作为教育的主体,更加关注学生的需求、潜能、关系、个性和精神世界的发展,鼓励学生自主创新,在教育过程上,坚持把在活动、实践基础上通过交往促进学生的主体性发展作为基础教育实现人的发展的基本途径[②]。主体性教育的目标在于提升学生主体意识和主体能力,形成健全的主体人格。创新创业教育相较于其他教育形式,更加强调学生在受教育过程中的参与和体验,并以此来提升自身的创新精神和创业能力。因此,创新创业教育更加关注学生主动学习、创造性学习的能力。学生由学习的客体变为学习的主体,要求实现学习的主动权的转变,特别是在创新创业教育的过程中,学生要学会主动地提出问题、发现问题并解决问题,这就更加需要充分认识并发挥学生的主体作用。

2. 个性教育理论

"个性教育"概念由来已久,早在 1920 年出版的《教育大辞书》中就收录了"个性教育"一词。相较于主体教育理论强调学生的主观能动性,那么个性教育理论则更加关注学生基于共性基础的差异化和个性化。个性教育理论认为,由于不同个体在智力、思维、心理、情感、生理和社会背景等方面存在差异,因此要求教育者针对不同学生进行个性培养,因材施教。教育应考虑个人的生理、

---

① 黄兆兴等. 众创时代高校创业教育的转型发展 [J]. 教育研究,2015 (7):34-39.
② 高向斌. 主体教育:我国走向新世纪的一种教育理论 [J]. 中国教育学刊,2005 (4):22-25.

心理、年龄特点，也应考虑个人天赋、特长兴趣、爱好，还要考虑个人的社会志向和职业选择等①。个性教育包含教育的人性化、人道化，强调教育的个人化或差异化。传统的教育形式往往关注知识的传授，忽视了学生个性的发展需求，对学生创新能力的提升作用甚微。创新创业教育本身需要学生的个性化发展，只有从学生个性角度出发去设计教学内容、教学模式，充分发挥学生的特长，提升其整体素质，帮助学生形成完善的人格，才能满足学生在创新创业教育的过程中个人发展需求，使学生在服务社会的同时最大限度地实现人生价值。

3. 全面发展教育理论

马克思主义认为人的发展是由片面逐步迈向全面的，决定人的自由全面发展的不是人的理想，而是现有的生产力水平。我国在马克思主义中国化进程中，创立了新的教育全面发展理论，并将其作为我国教育改革的主要指导方针。2018年9月，习近平总书记在全国教育大会上强调，新时代新形势，改革开放和社会主义现代化建设、促进人的全面发展和社会全面进步对教育和学习提出了新的更高的要求，要努力构建德智体美劳全面培养的教育体系，形成更高水平的人才培养体系②。全面发展教育认为，社会对人才的需求是多样化的，只有能力和品质都得到充分发展的人才能满足社会的需求。在教育的过程中，我们既要考虑全面发展的共性又要考虑学生个体的差异性。因此根据马克思主义的全面发展教育理论，创新创业教育不仅要考虑结合学生自身的个性特点，发掘学生创新创业的潜能，更要通过对外部环境的营造，使学生在实践中掌握创新创业的知识和技能，并以此为依托最终实现学生的全面发展。

（三）创新创业教育的基本政策

1. 政校主导时期的创新创业教育政策（1998~2007年）

我国早在20世纪末21世纪初就开始鼓励开展创新创业教育。1998年12月，教育部发布《面向21世纪教育振兴行动计划》，提出要"瞄准国家创新体系的

---

① 张煜. 坚持个性教育理念 提升思想政治理论课教学实效性 [J]. 学校党建与思想教育，2013 (11)：60-62.
② 习近平. 坚持中国特色社会主义教育发展道路 培养德智体美劳全面发展的社会主义建设者和接班人 [N]. 人民日报，2018-9-11.

目标，培养造就一批高水平的具有创新能力的人才；加强科学研究并使高校高新技术产业为培育经济发展新的增长点做贡献……要加强对教师和学生的创业教育，采取措施鼓励他们自主创立高新技术企业"。2000年，教育部在《关于贯彻落实〈中共中央、国务院关于加强技术创新、发展高科技、实现产业化的决定〉的若干意见》中首次提出允许大学生休学进行自主创业。2002年，教育部发布《关于进一步深化普通高等学校毕业生就业制度改革有关问题意见的通知》，首次明确鼓励高校毕业生"自主择业、勤奋创业"。同年，教育部将清华大学、中国人民大学、北京航空航天大学、黑龙江大学、复旦大学、西安交通大学等9所高校确定为首批创业教育试点院校。2003年，国务院下发《关于做好2003年普通高等学校毕业生就业工作的通知》，首次明确了毕业生创业税收优惠政策。2004年，劳动和社会保障部在全国部分高校开始试点开展SYB培训课程。2007年，教育部对高校创业教育的目标、内容和方法进行了明确，并将其作为大学生职业发展和就业指导课程教学的六个部分之一纳入课程教学环节中。我国在这一时期的创新创业教育政策的特点是以政府为主导，高校作为协同配合部门积极参与，政府和学校在创新创业教育的过程中发挥主导作用。

2. 三方协同时期的创新创业教育政策（2008～2017年）

伴随着2008年全球性金融危机的暴发，我国大学生就业压力随着经济增速的放缓开始逐步增大。随后出台的《中华人民共和国就业促进法》开始从法律层面对就业创业进行规定和指导。《关于实施大学生创业引领计划的通知》《关于大力推进高等学校创新创业教育和大学生自主创业工作的意见》等文件在2010年先后出台，一方面初步构建了针对不同阶段大学生创业的全方位服务体系；另一方面以国家层面正式提出创新创业教育要面向全体学生，融入人才培养全过程，并对高校创新创业教育各方面工作均提供了政策支持。2012年，党的十八大胜利召开，提出要鼓励多种渠道就业，以创业推动就业，努力完善高校毕业生为关键的青年就业工作。同年发布的《普通本科学校创业教育教学基本要求（试行）》中也提出要充分利用校外资源开展学习参观和成果转化，并要求将创业基础课程纳入高校教学计划中。2013年，党的十八届三中全会通过的《中共中央关于全面深化改革若干重大问题的决定》再次明确要建立健全公共就业创业服务体系，形成政府、社会、劳动者三方有效联动的新体系。

随着李克强总理在 2015 年的《政府工作报告》中正式提出"大众创业，万众创新"的战略口号，标志着创新创业已经上升到了国家战略层面。随后国务院先后出台了《关于深化高等学校创新创业教育改革的实施意见》《关于大力推进大众创业万众创新若干政策措施的意见》《关于强化实施创新驱动发展战略进一步推进大众创业万众创新深入发展的意见》等文件，提出要探索建立校校、校企、校地、校所以及国际合作的协同育人新机制，加强创新创业相关政策的统筹与联动，强化不同创业主体间的协同，促进优势互补，推动城镇与农村创新创业同步发展，形成创新创业多元主体合力汇聚、活力迸发的良性格局。这一阶段的创新创业教育政策开展强调社会的参与，政府、学校、社会三方共同参与、协同发力的创新创业教育体系初步建立，高校的创新创业教育改革也在不断深化推进。

3. 新时代背景下的高校创新创业政策（2017 年至今）

2017 年 8 月，习近平总书记在给参加第三届中国"互联网＋"大学生创新创业大赛"青年红色筑梦之旅"的大学生回信中寄语广大青年要扎根中国大地了解国情民情，在创新创业中增长智慧才干，在艰苦奋斗中锤炼意志品质，用青春书写无愧于时代、无愧于历史的华彩篇章①。同年 10 月，党的十九大召开，中国特色社会主义进入了新时代。习近平总书记在党的十九大报告中再次提出了要促进高校毕业生实现多渠道就业创业，并要求广大青年学生要发挥自己丰富的想象力和创造力，积极参加社会实践，充分发挥自身在推动创新创业的重要作用。2018 年起，教育部在深化创新创业教育改革示范高校建设工作的相关通知中，提出了要打造"五育平台"，建设具有中国特色的高校创新创业教育新体系。在新时代，高等学校创新创业教育政策呈现出更加专业化和系统化的特点，政府、学校、社会三方的工作职责与任务也更加明确和规范，创新创业教育政策在促进创新创业人才培养方面的成效也更加明显。

---

① 习近平总书记给第三届中国"互联网＋"大学生创新创业大赛"青年红色筑梦之旅"的大学生的回信［N］. 光明日报，2017－8－16.

二、国内外高校创新创业教育经验借鉴

(一) 我国高校创新创业教育的现状

1. 创新创业教育课程建设发展现状

课程建设是高校创新创业教育的重要载体，也是国内高校开展创新创业教育的基础方式。目前，国内高校普遍开设了创新创业教育的选修课和必修课，包含通识类课程、专业基础课和专业核心类课程。以上海财经大学为例，2015~2018年该校通识教育创新创业模块课程累计开课109门次，研究生创新创业课程累计开课21门次，该校还与美国加州伯克利大学哈斯商学院、剑桥大学贾吉商学院合作，开设了《设计思维与创新实践》以及中小企业创业模块选修课等课程[1]。此外，各高校还通过开发引进慕课、线上公开课等形式，整合资源、依托网络平台开设了创新创业教育的网络平台课程。

2. 创新创业教育第二课堂发展现状

"第二课堂"是对第一课堂教学的有效补充。国内各高校均通过开展创新创业类讲座、培训论坛、创新创业竞赛等形式，并依托创新创业类社团，着力构建创新创业教育"第二课堂"课程项目体系。相较于第一课堂，第二课堂的实践性、实战性更加突出。在众多第二课堂活动项目中，创新创业竞赛是各校普遍重视的工作发力点。早在1998年，清华大学就率先在国内举办了创业计划竞赛。1999年开始，由共青团中央主办的"挑战杯"全国大学生课外学术作品竞赛和全国大学生创业大赛开始在全国开展。2015年，教育部开始举办"互联网+"大学生创新创业大赛。同年，国务院也出台文件要求支持各类创新创业大赛的开展。此后，创新创业类竞赛在国内各高校广泛兴起。创新创业类竞赛是检验高校创新创业教育的成效的重要手段，同时对激发学生创新创业的热情、营造创新创业的氛围也有促进作用。此外，创新创业类竞赛的开展还有利于实现学校整合资源，在促进高校学科专业融合、创新创业教育与专业教育的融合等方面有积极的

---

[1] 刘兰娟，刘志阳. 财经院校"服务+"创新创业人才培养模式——基于上海财经大学的实践[J]. 世界教育信息，2018 (8): 32-37.

3. 创新创业教育实践教学发展现状

目前，国内各高校都非常重视创新创业教育的实践环节，并把创新创业实践基地作为实践教学的重要依托。从已有的文献来看，大部分学者都将创新创业实践教学基地按照管理主体的不同分为"政府主导、大学主导、政府—大学合作、企业—大学合作"四种模式，这种分类方法涵盖了目前国内所有的创新创业实践教学基地。创新创业教育实践基地已经成为国内高校与行业、企业联系的桥梁与纽带，对高校知识成果转化、推进科技创新具有极为重要的支撑作用，在这一过程中主要依靠学校教务处、学生处、共青团组织、各学院等相关单位通力配合。以部分财经类高校为例，江西财经大学于2007年9月成立大学生创业孵化中心，建筑面积4000多平方米，是由江西财经大学团委牵头打造的江西省首家以高校大学生创业为主体的创业孵化基地，中心实行高校主导型管理模式。云南财经大学于2009年成立大学生创新创业园，占地面积约3000平方米，分为文化创意园区、创客空间、学院孵化区、跨境电子商务孵化园、物流实训中心、跳蚤市场。山东财经大学于2014年建立大学生创业园，占地面积约11.6亩，建筑面积15500平方米，是山东省首家地方政府和高校合作成立，共同运营的政府主导型公益性大学生创业园。园区承担着大学生创业教育和创业培训、创业孵化、创业服务、创业拓展四大功能。其主要服务于山东财经大学和历下区户籍在校大学生及毕业十年以内自主创业的学生[1]。新疆财经大学于2015年9月成立大学生创新创业孵化基地，占地面积2000平方米，可以为申报项目成功的大学生创新创业团队提供基本办公场所，满足创业者的需求。南京财经大学于2015年10月建立大学生创新创业园，占地面积2000平方米，是由江苏省教育厅和南京财经大学联合设立的一个高层次、综合性、开放式的"官、产、学、研、资"相结合的实体，通过为大学生创新创业团队提供场地空间、配套设施、专家指导、资金扶持和市场对接，帮助大学生创新创业团队成长发展（见表8-1）。

---

[1] 于洪良. 让青年学子迸发青春力量——山东财经大学创新创业教育纪实[J]. 山东教育（高教），2019（Z1）：57-60.

表 8-1　　　　部分财经类高校大学生创业孵化基地简明情况表

序号	学校名称	孵化基地名称	孵化基地模式	成立时间	占地面积
1	江西财经大学	大学生创业孵化中心	大学主导型	2007年9月	4000多平方米
2	山东财经大学	大学生创业园	政府—大学合作	2014年9月	15500平方米
3	新疆财经大学	大学生创新创业孵化基地	大学主导型	2015年9月	2000平方米
4	南京财经大学	大学生创新创业园	政府—大学合作	2015年10月	2000平方米
5	云南财经大学	大学生创新创业园	企业—大学合作	2009年	3000平方米

4. 创新创业教育保障体系发展现状

目前，国内高校为了支持大学生创新创业教育，普遍建立了政策、资金、人员的三重保障体系。在政策保障方面，国内大多数本科高校通过出台《创新创业教育教育改革实施意见》《创新奖励学分管理办法》等一系列配套政策扶持创新创业教育，主要内容包括允许学生休学创业、保留学籍，创新创业实践学分转换等政策。在资金保障方面，国内高校一般通过设立专项经费、专项基金、争取社会捐赠等形式，多种渠道筹集资金对大学生创新创业给予资助。以新疆财经大学为例，该校设立了大学生创新创业基金并注入创业基金130万元，其中20万元设立为少数民族大学生创新创业专项基金，为每一个项目或团队提供5万元到10万元的资金支持，支持范围除了该校大学生外，也面向全疆其他高校大学生。在人员保障方面，国内高校一般采用校内教师和校外导师相结合、创新创业专门机构与院系教学相结合的方式，邀请业内专家参与授课，参与到课堂教学、创业指导等环节，把专业力量引入创新创业人才培养体系中来。以上海财经大学为例，该校制定了《上海财经大学创业学院创业导师管理制度》，通过完善创新创业教育成果的多元化评价考核制度、鼓励教师通过企业挂职锻炼、国外培训等方式，提升创新创业教育水平，现有专兼职创业教育师资团队35人和创业导师团队70余人，形成多元化的创新创业师资队伍[①]。

---

① 刘兰娟，刘志阳. 财经院校"服务+"创新创业人才培养模式——基于上海财经大学的实践 [J]. 世界教育信息，2018（8）：32-37.

（二）国外高校创新创业教育的发展

1. 美国高校创新创业教育发展现状

一般研究认为，1947年哈佛商学院开设《新创业管理》是大学创新创业教育的开端。经过了长时期的发展，美国创新创业教育已经形成了政府、高校、社会多方参与的发展格局。在政府层面，早在1980年，美国政府就颁布了《贝杜法案》，把政府资助研究的知识产权交给大学，为美国高校的知识产权转化扫清了障碍，同时也为高校开展创新创业教育打下了基础。2011年和2012年，美国政府先后提出"美国创新战略"和"创业美国"计划。"美国创新战略"聚焦制造业、精准医疗、智慧城市、清洁能源等九大优先领域，加大科技创新方面的支持力度。"创业美国"计划由加大对创业的经费支持、加强创业指导和加快科技成果转化三部分构成，从战略层面制定政策推动创新创业。

在高校层面，美国主要是通过开设创新创业课程、举办创新创业竞赛和指导项目孵化三个方面来推动创新创业教育。首先，在创新创业课程设计方面，美国高校的创新创业课程体系一般由创业基础理论课程、与专业结合的创业课程、创业实践课程三个部分组成。1985年，美国大学开设的专门创业课程已超过百门，2008年开设的创业课程已经超过千门[1]。以斯坦福大学为例，该校的创业基础理论课程包括创业基础类课程，金融类、市场与运营类以及其他专业结合类选修课程。并设立创业工作室，搭建创业实习实践的平台[2]。其次，在创新创业竞赛方面，早在1983年，奥斯汀德州大学就开始举办大学生创业计划竞赛，之后，麻省理工学院、斯坦福大学等高校都相继举办创业竞赛。1990年起，新创企业开始在高校的创业计划大赛中不断涌现。最后，在项目孵化指导方面，美国许多高校已经建立了创业项目的孵化机构，为学生开展创业实践提供场地、设备和专业指导。

在社会层面，美国已经形成了全社会共同关注的创新创业支持体系。美国谷歌、微软等公司投入了大量的资金来支持创新创业。全美投资协会等投资组织每

---

[1] 成希. 研究型大学创新创业教育生态系统构建研究[N]. 湖南师范大学，2018（12）：102–136.
[2] 郝杰等. 美国创新创业教育体系的建设与启示[J]. 高等工程教育，2016（2）：7–12.

年会选择优秀创业项目进行资助,考夫曼基金会等美国非营利社会组织也会对创新创业教育进行资助。此外,美国还鼓励通过创新创业教育来培养学生解决社会问题的能力,佐治亚理工学院城市研究中心以构建智能、创新型城市的研究与实践为核心工作,支持学生开展相关研究和创业实践,关注节能减排、健康环保等社会问题①。截至目前,美国的创新创业教育保障体系已较为完善,政府、高校和企业的产学研合作机制也已经形成。

2. 英国高校创新创业教育发展现状

英国也是较早开展创新创业教育的国家之一。在20世纪70年代,曼彻斯特商学院率先引入创业课程,随后,谢菲尔德理工学院、达勒姆大学、伦敦商学院和克兰菲尔德理工学院也推出了创业课程。1982年,斯特林大学开始启动大学生创新创业项目,到1984年,创新创业项目基本上覆盖了英国全部高校②。截至目前,英国已经成为世界上创新创业教育较为完善的国家。在政府层面,英国政府高度重视创新创业教育的发展,在资金扶持、科技创新、知识产权等方面出台了一系列的保障措施。早在1987年,英国政府就启动"高等教育创业计划",在之后20年的时间内,英国80%的大学创新创业教育经费均来源于政府支持。一直到现在,英国政府作为高校创新创业教育实践投资的主体地位依然没有改变,但创新创业教育资金渠道的来源却有了全方位的拓展。1999年,设立"英国科学创业中心"(2007年更名为"英国创业教育者协会"),2001年,启动高等教育创新创业基金,2004年又设立全国大学生创业促进委员会,通过系统的教师培训、通过小企业服务和商业连接网络促进大学生创业等,英国大学的创新创业教育逐渐走向多元化发展的成熟阶段③。2019年,英国发布《创新创业教育框架》,将创新创业教育回归培养创业能力的教育本质,并建立了层次分明的内容体系。

在高校层面,英国主要是通过分层设置课程、强化师资配备和实践锻炼三个方面来推进创新创业教育。在课程设置方面,英国高校的创新创业课程包括"关于创业""为了创业"和"在创业"三类课程,"关于创业"主要针对零基础创

---

① 郝杰等. 美国创新创业教育体系的建设与启示 [J]. 高等工程教育, 2016 (2): 7–12.
② 苗青. 剑桥大学创新创业教育对我国的启发 [J]. 河北师范大学学报, 2018 (3): 48–52.
③ 孙秀丽. 英国大学创新创业教育体系的研究及启示 [J]. 广东外语外贸大学学报, 2019 (3): 138–144.

业的学生,"为了创业"主要针对有一定基础但缺少实践的学生,"在创业"则主要针对已经创业的学生①。在师资队伍建设方面,英国高校同样形成了一批专兼职相结合的师资队伍,并根据教师的不同背景分别讲授不同类别的课程。为调动教师的积极性,英国高等教育基金委员会专门为老师设立了教与学优异中心基金,对在创新创业教育实践中取得优异成绩、做出突出贡献的教师给予奖励,成为推动实践教学的积极保障②。此外,英国高校还依托创业园区、科技成果转化等机构为学生提供全面的创新创业服务。根据 2007 年英国高等教育创业调查,英国大学 64% 的创业教育活动在课程之外③。

在社会层面,英国社会各界都大力支持创新创业教育,企业和社区的主动参与使英国高校的创新创业教育始终适应社会和市场的需求。企业主动提供的多样化的实训平台为大学生的创业奠定了基础。此外,英国高校还积极争取政府和社会各界的资源用于扶持大学生创业。完善的扶持体系、丰富的社会资源也大大降低了大学生创新创业的风险。

3. 日本高校创新创业教育发展现状

日本高校创新创业教育起源于 20 世纪 60 年代,经过长时间的实践探索,政府、高校、社会三方通过密切合作,也已经形成了较为完善的创新创业教育模式。早在 2008 年,日本就有 247 所高校将创新创业教育融入学校教育体系中,占日本高校总数的 46.1%④。在政府层面,日本政府从 90 年代"经济泡沫"破灭以后,开始提出"科教立国"的战略。1995 年,日本颁布《科学技术基本法》,将创新创业人才的培养作为重要任务。1996 年,日本内阁会议通过《经济结构变革与创造的行动计划》报告书,明确要在高校广泛开设创业教育课程,吸引产业界融入高校的科技研发当中,为学生提供到产业界实践锻炼的机会。21 世纪初,日本教育改革国民会议提出"创业家精神"的概念,2003 年,政府发

---

① 樊熙梦等. 美国、英国、日本高校创新创业教育现状 [J]. 吉林医药学院学报,2019 (12):434 - 438.

② 苗青. 剑桥大学创新创业教育对我国的启示 [J]. 河北师范大学学报,2018 (3):48 - 52.

③ 孙秀丽. 英国大学创新创业教育体系的研究及启示 [J]. 广东外语外贸大学学报,2019 (3):138 - 144.

④ 刘双喜等. 日本高校创新创业教育的发展及其启示 [J]. 河北农业大学学报,2017 (12):28 - 32.

布《青年自立挑战计划》,并开始引导社会力量参与到高校创新创业教育之中。此外,还设立了政策性的基金和非营利性组织创业能力开发中心两大机构来保障大学生创业的资金和技术来源的稳定。

在高校层面,首先,日本高校普遍设立了专门的教学管理机构,负责创新创业教育相关课程的设计、实施与监控。日本高校的创新创业课程由基础科目系列、拓展科目系列和实践科目系列组成,每个系列又由若干种课程构成,根据课程难度层层递进,形成了普及型讲座,到俱乐部科研探讨,再到创业孵化研究的课程层次。在课程内容上,日本高校还注重对创业案例的分析,在此基础上形成了体系性、层次性和实践性的创新创业教育体系。除上述课程外,各高校还会通过设立创业援助中心、创业道场、举办创业竞赛等方式,为大学生创新创业实践活动创造良好的外部环境。据统计,日本高校设置的创新创业课程总计达到了900余门。其次,日本高校建立了一支具备"双师型"背景的教师队伍,他们具备扎实的理论功底和丰富的实战经验,有的本身就是创业成功的业界专家。资料显示,日本高校创新创业教师队伍中,校内教师占50%,这其中拥有创业经验的占40%[1]。

在社会层面,日本企业和中介机构全力支援高校创业教育活动。企业为学生提供实习基地,为可行性创业计划提供一定的资金支持,并和大学共同编写创业教育教材等。另外,许多中介机构积极帮助创新成果转化为商业产品,提供企业和高校需求的作业场地与商业设施的科学园区等[2]。

(三) 我国高校创新创业教育存在的问题

1. 创新创业教育的教学体系不够完善

在课程设置方面,存在重理论轻实践的现象。虽然国内高校已经普遍开设了创新创业类的课程,但教学形式以课堂教学为主,教学内容也往往是在以往课程基础上增加一些创新创业的相关内容,导致理论与实践的结合不够紧密。在国内高校开设的创新创业类课程中,以创新类课程为主,创业类课程的深度和广度尚

---

[1] 刘双喜等. 日本高校创新创业教育的发展及启示 [J]. 河北农业大学学报, 2017 (12): 28 – 32.
[2] 李清杨. 中日韩创新创业教育的比较与启示 [J]. 辽宁师专学报, 2019 (5): 96 – 99.

不能满足当前国内创新创业教育的需求。在创新创业教学体系中，创新创业相关的跨学科课程相对较少，且创新创业教育尚未形成统一的教材，有些教材内容完全照搬西方模式，缺乏与中国实际相结合的教育内容。在师资队伍建设方面，存在结构失衡的问题。目前国内高校创新创业教育的教师队伍还是以校内教师为主，校外兼职教师和"双师型"教师数量相对较少。从教师的学科背景来看，目前国内尚未形成多元化的创新创业教师队伍结构。特别是国内高校队伍中，具备创业实践经历的占比较少。并且国内教师本身有着较大的科研和教学压力，真正投入创新创业教育的精力不足。在教学管理方面，存在管理失调的问题。虽然国内一些高校成立了创业学院，但这其中相当一部分属于"虚体机构"，并未真正发挥创新创业教育的引领性作用。此外，由于高校创新创业教育涉及的部门较多，校内各部门之间由于职责定位不清晰，校内管理部门之间尚未完全建立充分的协调机制，造成创新创业教育管理机构的服务效率和服务能力相对较低。

2. 创新创业教育的实践教学相对不足

目前国内高校在创新创业教育方面的投入不断加大，一些一流大学建立的创业实践实训场所的硬件条件不亚于西方发达国家，但在实际运作过程中，往往存在重建设、轻管理的情况。根据成希对国内研究型大学的调研结果，"缺乏社会资源沟通交流平台""基地或平台活动经费紧缺""实践基地专业指导教师缺乏"成为当前创新创业教育基地（平台）存在的最突出的问题[①]。虽然有的学校和企业进行了合作，但也存在实际作用发挥不明显的问题，创新创业实践育人的载体投入产出目前尚不匹配。如在孵化基地、众创空间的运作方面，尚未完全形成孵化、指导、培育的完整链条，育人效果尚有待进一步提升。有的学校由于创新创业实践基地的管理在二级学院，导致在设备使用、场地协调、人员管理等方面存在封闭性，难以做到面向全校学生开放。此外，创新创业教育的第二课堂活动，特别是创新创业竞赛的实效性有待提升。国内高校纷纷将"以赛促教、以赛促学、以赛促练"作为创新创业竞赛的重要指导思想并出台了相应的激励政策，但由于相关赛事已经成为上级主管部门考核高校的主要依据，使高校存在"为赛而

---

① 成希. 研究型大学创新创业教育生态系统构建研究［D］. 湖南师范大学，2018（12）：45-57.

赛""硬性摊派""过度包装"等现象，有的高校甚至将教师的科研成果包装后交由学生参赛，打造"盆景"。虽然这些举措在一定程度上扩大了学生参与创新创业教育的覆盖面，但也需要警惕其中存在的浮躁化、功利化现象。

3. 创新创业教育的外部支撑有待完善

目前各高校把创新创业教育作为人才培养的重要环节，社会上也出现了一些第三方中介机构扶持大学生创业，但政府、高校、社会三方的协调机制尚未完全形成。首先，虽然我国政府高度重视大学生创新创业教育，并已经发挥制度优势，通过教育部、人力资源和社会保障部等部门出台了不同的政策扶持大学生创新创业，但在政策的细化和执行方面存在一些现实的困难。例如，在鼓励教师停薪留职创业方面，虽然目前政府有相关的政策，但在当前的高校教师职业发展体系下，让教师真正转变角色实际开展创业仍存在一定的难度。其次，在成果转化方面，虽然我国高校的专利数量在不断增长，但成果转化率却没有跟随增长，平均不到20%，真正实现产业化的不足5%，创新创业教育在促进科技成果转化方面所起到的作用还有待发挥①。其原因在于国内企业参与高校创新创业教育的合作层次较低，并没有完全融入创新创业的教育各环节中来，使高校的一些科技创新成果与社会需求存在衔接不足的问题。最后，创新创业教育的资金支持体系也尚未形成。由于我国资本市场仍不够完善，社会上的官方金融机构和民间投资机构对投资项目的要求较高，对多数大学生创业者而言难以达到相应的标准，直接导致政府出台的创业扶持政策难以实际落地。

三、安徽财经大学创新创业教育的探索与成效

（一）安徽财经大学创新创业教育模式

1. 形成的背景

早在20世纪80年代，安徽财经大学就开始进行创新创业人才培养模式的探索。一直以来，学校发扬"诚信博学、知行统一"的校训精神，鼓励在校大学

---

① 成希．研究型大学创新创业教育生态系统构建研究［D］．湖南师范大学，2018（12）：45-57.

生结合专业开展多种多样的创新创业活动。自80年代开始，学校根据商业经济、会计学、合作经济、市场营销等专业的特点，开设校园实验商场，实验商场由学校出资、相关专业学生负责经营。进入21世纪后，学校开始尝试将创新创业人才培养课程化、体系化、制度化。2005年，学校成立了创业与企业成长研究所，2007年开设了"创业学原理"课程，2009年正式将大学生创新创业教育纳入人才培养方案中，在人才培养方案中明确了创业学原理为必修课，同时开设了职业发展与创业教育模块，开设16门选修课供学生选修。2012年学校颁布了《关于推进创新创业教育工作的意见》，强调了创新创业教育的"四个结合"，即创新创业教育要与专业教育相结合、与学生个性化发展相结合、与创业实践相结合以及与职业规划相结合。在2013年人才培养方案修订中，又将创新创业教育提高到与专业教育同等重要的地位，将创新创业作为人才培养方案七大课程平台之一。2014年，学校成立了创业学院，依托创业学院联系学界和业界创业导师，做好大学生创新创业思维的启发与教育指导工作。2015年，《安徽财经大学章程》经安徽省教育厅批准正式发布，其中将"为学生提供创新创业教育"作为重要内容予以明确。2015年起，学校连续发起主办了两届安徽省大学生创业案例暨创新创业教育研讨会。2016年，学校开展了"大学生创新创业推进年"活动，下发了《"大学生创新创业推进年"活动实施方案》，进一步推动了学校创新创业教育工作。

2. "六轮驱动"创新创业教育模式

安徽财经大学始终把加强学生创新创业教育、强化学生创业意识、开发学生创业潜能、激发学生创业热情、增强学生就业竞争力和自主创业能力作为学校教育教学和人才培养的重点工作。2017年，学校在总结以往经验的基础上，形成了"六轮驱动"的创新创业教育模式。"六轮驱动"是指通过教学启发学生的双创思维，通过竞赛激发学生参与双创的热情，通过培训提升学生双创能力，通过实践实现学生创业梦想，通过研究推动学生双创层次，通过政策构建双创保障体系，形成的具有学校特色的创新创业教育模式。"六轮驱动"是以创新、创业、创意、创造促进学生全面发展，贯穿从培养学生创新创业意识到指导学生真正开展创新创业实践的全部过程。它同时也是学校秉承以学生为中心的教育理念，经历了数代安财人的实践验证得出的经验总结。

2018年，安徽财经大学第六次党代会提出安财"新经管"发展战略，将"有效推进创新创业教育"作为九大任务之一予以明确，以全面修订人才培养方案为新的起点，以培养创新性人才为目标，突出"新经管"发展战略内在要求，完善创新创业教育体系，推进创新创业教育改革，将创新创业教育融入人才培养全过程，重点培养学生创新精神、创业意识和创新创业能力，有效增强学生社会责任感，促进和支持学生全面发展。基于此，学校教务处等相关部门通力协作，将学科竞赛和大学生创新创业训练计划项目建设等作为"六轮驱动"创新创业教育模式的"动力轮"，持续加大改革创新力度，有力推进了学校"六轮驱动"创新创业教育模式在新时代实现了新发展。

（二）安徽财经大学创新创业教育实践探索

1. 教学发动：以第一课堂为基础启发学生创新创业思维

学校注重开展教学改革探索，把创新创业教育融入人才培养中，通过对人才培养方案的修订，将启发学生创新创业思维融入人才培养方案中。注重人才培养模式的教育教学改革，鼓励院系调整专业课程设置，挖掘和充实各类专业课程的创新创业教育资源。2018年，学校全面修订本科人才培养方案，在培养方案中设置"创新创业与实训"和"分类教育"模块，在"创新创业与实训"模块，要求各专业学生在校期间必须修读创新创业必修课学分8个、专题讲座学分2个、学科竞赛类学分10个、跨专业综合实验学分5个和创新创业选修学分3个；在"分类教育"模块，要求各专业学生在校期间可以选修创新创业类实践课程15个学分。

学校充分发挥经管学科特色优势，强化创新创业课程体系建设，先后开设《创业原理》《大学生创业概论与实践》《创造力与创新思维》《创业基础与案例分析》《创业实践活动》《商业计划书撰写》《创业理论与实践》《商业机会识别》《大学生创业模拟运营》《创新方法与应用》《创新文化》等系列公共课程；按学科大类分别开设了经济类跨专业综合实验课程、管理类跨专业综合实验课程等；各学院结合专业特点，开设专业性的创新创业类课程等。学校创新创业课程形成了创新创业理论课与实践课相结合、公共类课与学科专业类课相连接的新模式,不断培养大学生创新创业的意识、认知与能力。

2. 竞赛引领:以必修学分促进学生全员参与,培养创新创业意识

学校创新创业教育秉持"面向全体、因材施教、结合专业、强化实践"的宗旨,以学生为中心,尊重差异,分类指导,以学科竞赛为引领,不断提高创新创业教育的专业化水平,培养符合时代需要、行业特征、安财特色的创新创业人才。

(1)谋篇布局,将学科竞赛纳入必修课程体系。近年来,学校紧紧围绕人才培养中心任务,以学科竞赛为依托,不断深化实践教学改革与创新,坚持以赛促建、以赛促改、以赛促教、以赛促学、以赛促创,加强学科竞赛工作顶层设计,将学科竞赛纳入人才培养方案,与专业教育相融合,融入人才培养全过程。将创新创业等实践类课程比例增加到1/3,将创新创业教育和实践课程纳入必修课体系。增加学科竞赛和创新创业学分,要求学生大学期间必须修满10个学科竞赛学分,在分类培养模块中,可选择最高15个创新创业学分。学生参加各类学科竞赛、科研项目(大学生创新创业类项目、师生合作项目类)、发表学术论文、创新创业实践项目(科技成果与发明创造类、创新创业类)等创新创业活动可转换为学科竞赛和创新创业学分,同时学生也可以修读学科竞赛类课程获得学科竞赛学分;学生可以用创新创业成果进行毕业论文替代等的新机制,真正将创新创业教育融入人才培养全过程。

(2)点面结合,精准勾画三级赛事目录导航。学校出台《安徽财经大学大学生学科竞赛管理办法》,构建三类三级学科竞赛体系,学科竞赛项目分A、B、C三类和国家级、省级、校级三级。近五年来,学校各部门和学院组织承办省级以上各类赛事百余项,其中承办省级AB赛事年均10项左右。学院教务处(创业学院)每年编制"安徽财经大学学科竞赛目录导航",各学院根据学科专业特点,选择适合本专业学生参赛的赛事目录,最终形成"学校赛事目录导航——学院赛事目录导航——专业赛事目录导航",三级精准导航,确保赛事发布信息精准推送,便于学生及时获取赛事信息,积极参赛,提高办赛成效(见表8-2)。

表8-2　　　　　　　　承办省级AB类学科竞赛一览表

序号	竞赛名称	举办单位	备注
1	安徽省大学生市场调查与分析大赛	教育部高等学校统计学类专业教学指导委员会、中国商业统计学会/安徽省教育厅	
2	安徽省大学生国际贸易综合技能大赛	安徽省教育厅	
3	安徽省大学生金融投资创新大赛	安徽省教育厅	
4	安徽省大学生财税技能大赛	安徽省教育厅	
5	安徽省大学生计算机博弈大赛	安徽省教育厅	安徽大学联合承办
6	安徽省大学生统计建模大赛	中国统计教育学会/安徽省教育厅	
7	全国大学生数学建模竞赛安徽赛区	教育部、财政部"质量工程"支持	
8	安徽省大学生微电影大赛	安徽省教育厅	
9	安徽省大学生企业管理技能大赛	安徽省教育厅	
10	安徽省大学生服务外包创新创业大赛	教育部、商务部、无锡市政府/安徽省教育厅	

（3）开发系统，提供学科竞赛项目管理"一站式"服务。学校学科竞赛赛事每年有60多项，赛事繁多，赛事的层级、成绩等级、学分认定、教师工作量认定等工作量较大，为提供工作效率，学校教师带领学生自主开发"安徽财经大学创新创业管理平台"，学科竞赛赛事信息发布、学生报名参赛、在线提交参赛作品、在线专家评审、生成获奖等级及生成获奖证书，实现竞赛项目一站式服务管理。另外，平台还包括学科竞赛成果、科研项目成果、创新创业实践项目等，实现创新创业成果动态化管理，随时及时获取数据，提高管理效率。

（4）强化指导，打造接力竞赛创业团队。以"互联网+"大学生创新创业类竞赛项目为抓手，组建项目团队，进行创业活动。"老带新、传帮带"，带领校内学生创业，创业带动就业，增加就业竞争力，提升就业能力。团队锻炼自身同时，也对参加比赛创业的学生是一个指引，吸引更多的学生积极组建团队，开展竞赛类创业活动，提升综合素质，提高就业能力。

（5）自主培养，实施创业导师培育工程。建设了一支高素质"双创"教育教师队伍，分批组织教师参加创业导师培训；引进结合，积极聘请知名校友、风险投资人、企业家等担任创业导师；挂职锻炼，提升创新创业指导能力；国际合作，提升学校创业导师的国际视野和指导能力。目前我校建立了创新创业专家库，成员110余名来自全国教育专家、杰出校友、业界人士等。根据学科竞赛特点和要求，学校建立师资导师库，实行动态管理。积极鼓励指导教师参加培训，提高教师实战能力；鼓励指导教师把课程教学与实践教学有机结合；鼓励教师根据学科竞赛的特点，发挥学生的主观能动性，营造教学相长的良好氛围。加大对指导教师的投入力度，在给予获奖项目指导教师进行奖励的同时，参与指导学生参加各类学科竞赛教师数大幅度增加，覆盖面达70%以上。

（6）拓展外联，搭建"双创"教育协同育人平台。建立校校、校企、校地、校所以及国际合作的协同育人新机制，积极吸引社会资源和国外优质教育资源投入创新创业人才培养。充分挖掘校友资源、积极申报教育部协同育人项目等，主动走出去，走进企业，建立创新创业实践教育基地，安排学生进基地实习；推荐创新创业类竞赛项目团队参加省、市有关部门组织的创新创业训练营，积极与地方互动，吸纳创业资源，提升创业能力。

（7）校企合作，创新学科竞赛举办新模式。企业支持学科竞赛的力度不断深化，纷纷进行冠名，如"国元证券"杯大学生金融投资创新大赛、"轩昂杯"安徽省大学生国际贸易综合技能大赛、"诚德轩"陶瓷产品设计专项赛、"皖瑞杯"税务精英挑战赛、"航信杯"全国大学生财税技能大赛等。大赛得到校友、企业的赞助，校企互动，随着各类学科竞赛的社会影响不断提高，竞赛活动正成为一些知名企业展示自身形象、回馈社会的重要平台，真正实现"三全育人"。

（8）竞赛导向，积极申报创新创业一流课程。学校以"学科竞赛"为抓手，"互联网+"大赛为载体，利用赛事资源，开设"互联网+"大赛集训课程，举办创新创业赛事辅导培训，开展"青年红色筑梦之旅"实践活动，将大赛内置于课程，设计创业课程体系，开发基于大赛的创新创业实践"金课"。

3. 培训拉动：校内培训与校外培训相结合，提升学生创新创业能力

学校积极与地方合作，长期举办各类创业培训。学校采用分层分类培训方式，着力激活学生创业活力。学校联合蚌埠市人社局组织低年级学生参加创业意识培训，旨在通过集中宣讲、播放教案等方式，开展创业启蒙教育，讲授创办企业所需的基本素质和要求，引导学生构思如何创业，近三年累计培训300多人。学校联合蚌埠市人社局组织高年级同学参加创业培训，依托在线教学辅助平台，

对学生进行互联网渠道创业的专业化指导和系统化训练，课程分为创业模拟实训和网络创业培训两种类型，创业模拟实训分为创建企业阶段课程和初创企业经营管理阶段课程，共计10个单元；网络创业培训课程分为网创之道、网创之形、网创之术3个部分，两种类型课程均旨在帮助学生树立创业意识、科学选择创业项目、提高创业素质和技能、挖掘就业创业潜力、激发创业热情，了解学生自主创业应具备的基本条件及相关法律法规，近三年累计培训770人。学校创业学院、团委和工商管理学院针对拥有创业思路的学生联合举办创客训练营，训练营在授课方式上通过统一授课和"一对一"指导相结合的方式，在为期一个月的训练培训中开设"互联网+"创业思维讲解、"互联网+"时代商业机会分享、创业失败案例分享、创业项目机会分析、路演与评分、总结与点评等课程，从创业机会识别、商业模式设计、创业计划书撰写、路演PPT制作与展示等不同角度，为学生创业思路进行落地实践训练，创客训练营将学校创新创业教育和学生个体发展紧密结合，进一步增强创新创业教育的精准性和实践性，激发学生的行动力和创造力。学校针对拥有创业实践项目的学生组织邀请各类商业精英、知名创业校友、创业指导教师、优秀校园创客等嘉宾，从大学生创业实践法律风险与防范、初创企业的成长之路、运营精英的成长之路、创业与投资的相互碰撞、产品思维与创新创业等主题，为学生亲身传授创业知识、创业故事、创业经历与创业方向等内容，近三年举办创业类论坛30多讲，为有意创业的大学生提供了很好的信息共享、相互交流的平台，通过各类论坛培育，有效提升了学生创新创业能力。

2017年，我校经审核批准设立为KAB创业教育基地，并授权开设KAB创业基础课程，通过培训、举办头脑风暴等形式，强化对有创业意愿的学生的指导，与创业意识培训、创业培训、创客训练营、创业论坛共同构成一个完整的创业培训体系。除此之外，学生还可以参加学校创业类社团KAB创业俱乐部举办的各类比赛培训和课外实践活动，通过教授和操练有关企业和创业的基本知识和技能，树立对创业的全面认识，提高创业意识和能力，培育有创新精神的青年人才。

4. 实践带动：以实习实训为重点，催生学生创业实践

学校近年来注重通过实训教学活动的开展，助力实现学生创新创业梦想。出台《专业调查与实习实施方案》《毕业实习管理办法》《校企合作实践教育基地

建设与管理办法》等系列文件，积极推进实践教学内容和方法的改革，强化实践教学在人才培养中的地位和作用，不断完善多学科、多专业交叉融合的"五五四"实践教学体系。推进跨学院、跨学科的公共实验教学平台建设，建成经济学类跨专业综合实验教学中心；整合学校所有经济学类相关学科的师资力量，进行跨专业综合实验实训的探索；与企业合作，共同开发经济学类跨专业综合实验平台，依托平台开展多层次实践教学，每年约2000人通过平台开展学习，学生通过平台可以完成金融投资相关行业的实践活动。

学校以大学生创业孵化基地为平台，提升学生创业实践能力。学校于2013年5月建立了大学生创业孵化基地，于2016年进行了扩建，目前孵化基地总建筑面积达4200平方米，规划了64个房间作为学生创业实践场所，是安徽省A级大学生创业孵化基地，并在2018年成功申报备案省级众创空间。

大学生创业孵化基地的主要功能是为入驻项目提供创业孵化场所，为大学生提供创业培训、创业指导、项目推介等创业服务，入驻项目涵盖服务业、服装业、广告业、教育、计算机、美容、法律、体育运动、艺术、咨询等，各项目组成员结合自己的专业，开展创业项目，把书本理论知识有效地运用到创业实践中。基地设有导师工作坊、创业展示区、创业洽谈区、创业服务区、运动健身区以及共享服务区，学校为大学生创业提供免费的宽带、无线网络、会议室、办公家具等设施，为大学生创业创造良好的工作空间、网络空间、社交空间和资源共享空间。在日常管理方面，学校在孵化基地内成立了项目管理办公室，为在孵项目提供"一站式"孵化服务。通过制度规范了项目的申请、入驻和退出流程，强化项目孵化培育。学校每年进行两次孵化基地项目申报工作，凡在校学生均可通过"个人申报——学院初审——专家评审——学校复审——入驻孵化"的申报流程申请入驻孵化基地，入驻周期为一年。学校对孵化项目实行严格的淘汰机制，所有入驻期满的项目均要进行答辩考核，对不符合继续孵化条件的将予以淘汰。为进一步提升孵化项目质量，学校还组建了大学生创业导师团，建立项目校内校外"双导师"制，并组织开展了"创业沙龙"等一系列的活动，为在孵项目搭建了学习交流的平台。建立创业孵化基地的经验交流推广机制，定期组织召开项目负责人座谈会，提升入驻项目的孵化成功率。学校还加大与江淮创业研究院等校外企业之间的沟通协作，组织孵化基地项目负责人到校外进行培训交流，近距离学习成熟企业的运营模式和市场经验。近年来，学校在推进"新经管"战略的进程中，将大学生创业孵化基地建设与大学生创新创业训练计划项目建设、学科竞赛等进行融合，对已经立项的大创项目和学科竞赛获奖项目实施优先入驻，有效推进了孵化基地项目的质量提升。

5. 项目驱动：培养创新精神和研究能力

（1）规范大学生创新创业训练计划项目管理，培育创新创业实践项目和竞赛项目。学校出台《安徽财经大学大学生创新创业训练计划项目管理办法》，遵循"兴趣驱动、自主实践、重在过程"的原则，鼓励在校本科生开展项目式学习、科研训练和创新创业训练与实践，培养大学生创新精神、创业意识和创新创业能力，培养造就创新创业生力军，提升人才培养质量。大学生创新创业训练计划项目坚持"择优资助、鼓励创新、注重实效、规范管理"的原则，按照"三级三类"实施，项目分国家级、省级、校级三级，每个级别的项目内容包括创新训练项目、创业训练项目和创业实践项目三类。学校对立项项目按类别和次级分别给予资助，完成并通过鉴定验收的创新创业训练项目，学生可按规定取得相应的学分，指导教师可按规定取得相应的指导教师课时。创业实践类项目立项后，可以在申请入驻孵化基地时优先考虑。鼓励项目团队积极参加中国"互联网+"大学生创新创业大赛等创新创业赛事和"青年红色筑梦之旅"等活动（见图 8-1）。

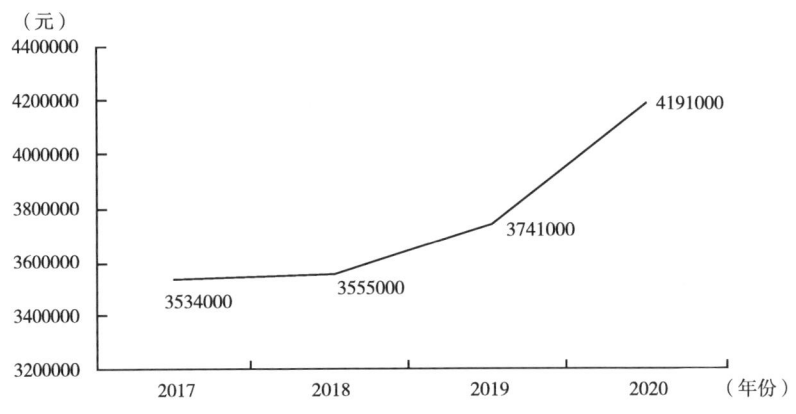

图 8-1　2017~2020 年大学生创新创业计划项目立项经费

（2）设立科研创新基金，培养大学生创新意识和科研能力。学校出台《安徽财经大学本科生科研创新基金管理办法》，学校面向在校本科生设立的科研专项基金，旨在进一步加强学生创新意识、实践能力和综合素质的培养，增强本科生对科学研究和学术探讨的兴趣和能力，全面提高人才培养质量。本科生科研创新基金坚持"择优资助、鼓励创新、注重实效、规范管理"的原则进行资助。科研创新基金项目以创新团队形式申请，鼓励跨年级、专业等具有不同背景的本科生组建创新团队。每个项目须有一名指导教师，负责指导本科生开展项目研究。学生完成项目取得成果如发表论文等，科研按规定取得学分认定。鼓励师生合作，学生参与教师主持的科研项目，其工作得到项目主持人认可，研究项目获得阶段性成果并有参与署名同样给予学分认定（见图8-2）。

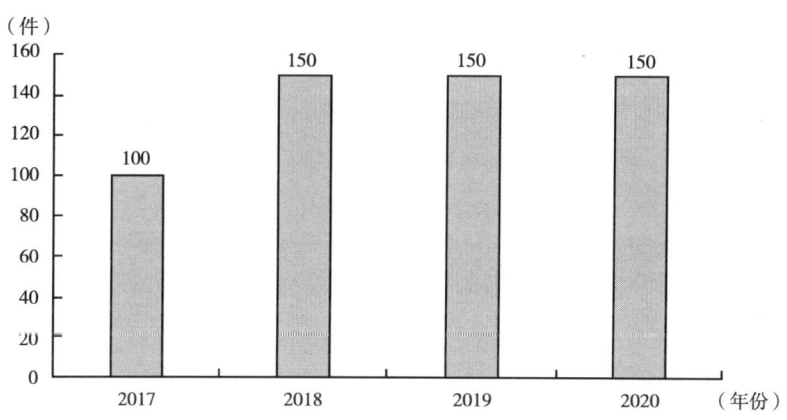

图 8-2　2017~2020 年大学生科研基金项目立项数

6. 政策保障：以完善政策为核心构建创新创业保障体系

（1）组织保障，健全创新创业教育管理体系。学校成立创业学院，分管校长任创业学院院长，教务处处长任常务副院长，其他副院长3名，分别负责创新创业课程建设、学科竞赛、创业实践等。设立创业学院办公室，全面具体落实各项创新创业教育工作。设立创新创业教学部，负责创新创业课程建设和创新创业教育培训。校团委具体负责大学生创新创业孵化基地建设。教务处负责学科竞赛、大学生创新创业训练计划项目等，制定每年度学科竞赛目录导航、赛事组织协调、奖励与学分统计等工作，确定大学生创新创业训练计划项目立项、中期检查、结项事项。科研处负责本科生科研创新基金项目的管理与实施。学科竞赛实行"校—院—系"三级竞赛管理体制，各学院负责专业赛事具体组织实施，设立各项大赛组委会，大赛负责人组织具体赛事实施；教学督导评估中心负责赛事督查，确保公平、公正、有效开展赛事，发挥赛事育人功能。

（2）制度保障，健全创新创业制度体系。学校出台《安徽财经大学大学生学科竞赛管理办法》《安徽财经大学学科竞赛类学分认定指南》《安徽财经大学创新创业类学分认定指南（部分指导教师课时认定）》《安徽财经大学本科生科研创新基金管理办法》《安徽财经大学大学生创新创业训练计划项目管理办法》等系列文件。如在学科竞赛管理方面，从立项、组织、资助、奖励、业绩、考核等层面进行引导和激励，构建学生学科竞赛项目A、B、C三类和国家级、省级、校级三级实施体系，并把各类举办或承办的学科竞赛列入年度学校质量工程重大和重点项目，投入专项资金对参加学科竞赛项目的学生和指导教师给予奖励或工作量认定等。

（3）经费保障，提升创新创业成效。学校将创新创业教育所需经费纳入学校年度预算，为创新创业各项活动稳步、持续开展提供资金上的保障。从资助、奖励、业绩等层面进行引导和加大创新创业教育的激励力度，以创新创业竞赛奖励经费为例，目前参加创新创业类竞赛学生获奖最高奖励可达10万元，指导教师最高奖励可达10万元。在获奖项目给予学生和指导教师奖励的同时，还根据竞赛类型、组队形式、获奖等级等给予指导教师日常指导工作量补贴，学生还可申请相应级别的学分；教师可获得相应级别的教学效果认定，作为职称评定的重要条件，进一步激发了师生参与创新创业教育的热情。

（三）安徽财经大学创新创业教育成效

1. 学科竞赛学生参与规模和获奖逐年提升

学校通过各类创新创业竞赛的组织参加，激发学生参与创新创业的热情，在各类省级以上有影响力的学科竞赛中，我校学生参与人数不断扩大，获奖数量逐年递增。近三年来，学校申报获批省级B类学科竞赛8项，承办A类综合赛事15

项，承办其他类赛事 63 项，组织学生参加各类赛事 167 项。学生在"互联网+"大学生创新创业大赛、"挑战杯"全国大学生课外学术科技作品竞赛、全国大学生数学建模竞赛等各级各类竞赛中，累计获奖 4755 项，其中国际级 64 项、国家级 478 项、省级 4213 项。获奖学生 25000 余人次，学生创新精神、创业意识和创新创业能力明显增强（见图 8-3）。

根据 2021 年 3 月 22 日中国高等教育学会高校竞赛评估与管理体系研究专家工作组正式发布的 2020 年全国普通高校大学生竞赛排行榜，学校在 2016~2020 年全国普通高校大学生竞赛排行榜（本科）Top300 榜单上位列第 148，位列全国财经类高校第 2、全国人文社科类高校第 3。在全国普通高校大学生竞赛五轮总排行榜（本科）Top300 榜单上位列第 160。在 2020 年全国普通大学生竞赛排行榜（本科）Top100 榜单上位列第 86，为我校首次进入此榜单。在 2016~2020 年全国地方本科院校大学生竞赛排行榜 Top100 榜单上位列第 87。

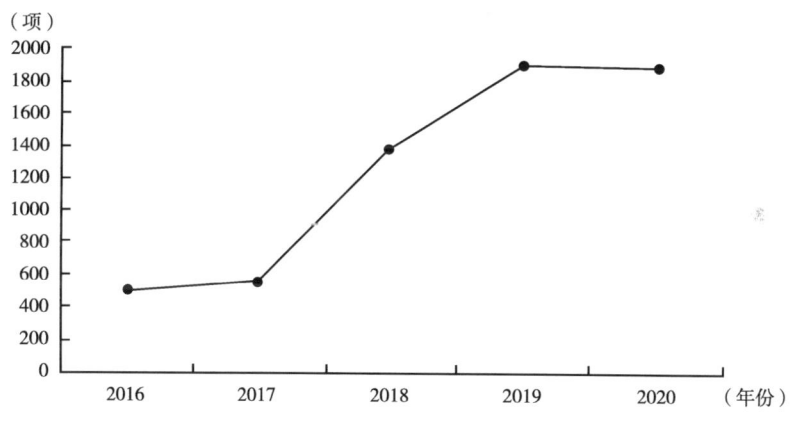

图 8-3　2016~2020 年 A、B、C 类赛事国家级、省级获奖情况

2. 创新创业研究项目数量和质量稳居前列

学校 2017~2020 年的大学生创新创业训练计划项目国家级项目立项数分别为 492 项、500 项、380 项和 381 项，省级项目立项数分别为 194 项、185 项、487 项和 635 项，已连续七年在全省高校中排名第 1 位，其中 2019 年国家级项目立项数在全国地方高校中位列第 1，在全国高校中位列第 6。多个项目入选全国大学生创新创业年会交流，如 2021 年，叶蕾、杨正源的论文《基于黄河流域生

态治理保护和经济高质量发展的耦合协调度及空间关联研究》入选第十四届全国大学生创新创业年会地方高校学术论文。2017~2020年本科生发表的学术论文共2642篇，论文质量不断提升（见图8-4）。

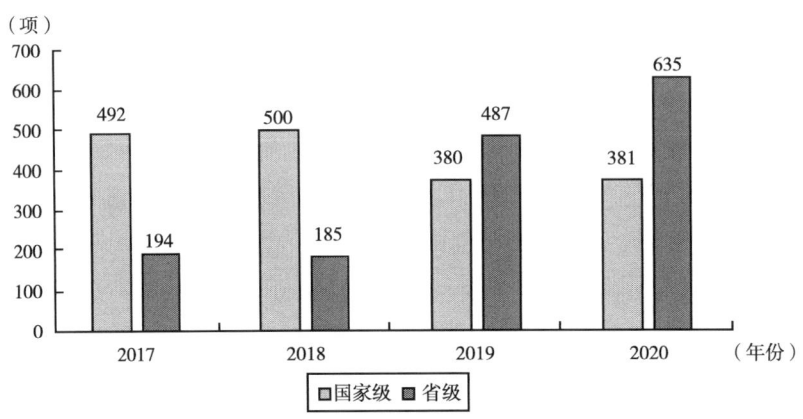

图8-4 2017~2020年大学生创新创业计划项目立项数

3. 搭建平台，创业实践活动取得成效

畅通学校与地方政府部门、企事业单位、社会组织的联系渠道，开展多种形式创新创业教育合作，如与蚌埠市人社局、江淮创业学院、WM众创智慧谷等合作开展创新创业培训活动，推荐项目入驻蚌埠市创新创业产业园等。注重校企合作，突出案例教学，强化学生创业基础训练，如组建了浙江同花顺—金融学院、中兴财务云—会计学院、阿里巴巴跨境电商—国贸学院等14个校企合作实验室，同时，学校还建立了中国注册税务师协会等58个校企合作实践育人基地，安徽省注册会计师协会等82个院企合作实践育人基地。

学校大学生创业孵化基地自成立以来已累计入驻孵化135家项目组，有900余名大学生开始自主创业，累计实际带动就业人数1000余名。其中尚艺文化纪念品有限公司在孵期间成功获得天使投资20万元，先后18次被中国青年网、蚌埠电视台等新闻媒体的采访报道。我校国际经济与贸易专业学生马润泽，在校期间创办蚌埠微赞网络科技有限公司，毕业至今先后创办了七夜酒店管理有限公司、合肥九娘投资管理有限公司、玉禧商务酒店等多家企业，企业总注册资本超1000万元。商学院许为耿同学在校期间先后注册成立以无纸化考试平台为主的

"科科通品牌"两家公司,注册资本分别为150万元和565万元,目前已经覆盖了全国50余所院校,基本以财经类高校为主,平台付费用户达176886人,2020年公司营业额超300万元。

创新创业活动助力脱贫攻坚。将创新创业教育与脱贫攻坚深度融合,学校将怀远县万福镇砖桥村和灵璧县尹集镇圩疃村两个扶贫点纳入"互联网+"大学生创新创业大赛"青年红色筑梦之旅"赛道,组建创新创业团队,深入扶贫点调研,进行创业活动。其中"千家万福团队"在指导教师的带领下,通过社群营销的方式线下帮助砖桥销售农产品;为打通线上销售渠道,与当地扶贫企业协商后接管了淘宝店铺的运营;积极开设扶贫课堂,帮助砖桥村民了解电商法律等知识;开发了"乡情易村"平台,实现三级村务公开,让更多人可以关注砖桥的发展。项目组自主拍摄的扶贫微视频《接力》在第二季"我的2020——全国高校师生扶贫微视频征集展示活动"专栏中展播,展示了我校师生参与脱贫攻坚的先进事迹和感人故事。大学生创新创业成果,服务精准扶贫,实现创新创业教育和脱贫攻坚深度融合。

4. 创新创业教育扩大了社会影响

安徽财经大学持续推进创新创业教育,培养创新性人才,得到了社会关注和认可。2017年11月29日,人民网、凤凰网大力宣传了我校围绕实践育人探索创新创业人才培养的新理念。2018年12月4日,安徽教育网、中安在线分别刊载了题为《安徽财经大学:以学科竞赛为抓手 构筑"新经管"人才培养新模式》和《安徽财经大学以学科竞赛为抓手培养经管人才》的文章。2019年1月14日,江淮时报以"两会"专刊的形式,整版报道了题为《以学科竞赛为抓手培养创新性"新经管"人才》的文章。2019年4月16日,《中国青年报》第7版报道了我校创新创业教育的成效情况,题为《安徽财经大学:"六轮驱动"催生五百名校园创客》。2019年4月22日,人民网刊发了关于我校学科竞赛人才培养情况的题为《以学科竞赛为引领 培养创新性人才》文章,4月25日,人民网再次报道了关于我校实践教学改革情况的题为《全面深化实践教学改革 跑出实践育人"加速度"》文章。2019年7月1日,《中国教育报》以《多点突破 纵深推进"新经管"战略工程"》为题对我校推进教育教学改革进行了大幅报道。近年来，学校先后出版了《知行统一路：大学生创业案例与创新创业教育研究》《以学生为中心的高校学生事务——以安徽财经大学为例》《以学生为中心的高校学术事务——以安徽财经大学为例》《"新经管"建设探索与创新》等多部专著。

四、推进创新创业教育发展的进一步思考

（一）坚持价值引领，完善课程体系，优化教学模式

1. 坚持立德树人的育人目标

开展创新创业教育，首先需要明确的就是育人目标的问题。习近平总书记在全国教育大会上把"培养什么人、怎样培养人和为谁培养人"作为高等教育的根本问题，并提出坚持中国特色的社会主义教育发展道路，培养德智体美劳全面发展的社会主义建设者和接班人。随后教育部启动"六卓越一拔尖"计划2.0，并将2019年定为新文科建设启动年，目的在于全面提升高校服务经济社会发展的能力。2018年，安徽财经大学就提出了建设"新经管"的战略，基于此，财经类高校在开展创新创业教育中，首先应该思考的是如何结合新文科建设不断培养创新人才的问题。回顾国内外创新创业教育的发展历程，不难发现其产生发展的根源在于解决社会的就业问题。而我国的创新创业教育与西方国家显著的区别在于更加重视人的全面发展，而不是仅仅将人看作生产力发展的工具。因此，我国创新创业教育是含有鲜明的价值导向的，其育人目标可以理解为基于中华民族伟大复兴背景下的，以立德树人为核心，以创新创业意识、能力为重点，立足服务经济社会发展，培养德智体美劳全面发展的经管类复合型应用型人才。

2. 完善创新创业教育课程体系

深化双创教育，健全课堂教学、自主学习、结合实践，优化课程体系，打造一批创新创业教育特色示范课程，在课程体系设置方面，首先需要思考的是课程设置的方向性问题：是基于单纯的创新创业需求，还是基于人的全面发展。服务创新创业是目标，但不是创新创业教育的最终目标，创新创业的最终目标需要与高校人才培养的总目标相契合。因此，在创新创业的课程设置方面，首先应该明确其着力点应该是在学生综合素质的提升上。特别是作为财经类高校，相较于理

工科类院校，在技术开发等方面存在着先天的劣势。在创新创业教育的重心上应扬长避短，发挥财经类院校在经管法等学科方面的优势，把激发企业家精神和社会责任感作为创新创业课堂教学的重点。

具体在课程设置方面可以从以下几个方面进行改革。一是将创新创业教育纳入通识教育。在课程内容设计上，要实现现有的理论普及型向兴趣激发型课程的转变，要充分整合校内课程资源，把金融、会计、管理等学科的相关内容进行整合，将激发学生主动参与创新创业的积极性作为课程内容设计的重点。二是将创新创业教育融入专业教育。要结合学生所在专业的研究开发相应的课程，并在现有专业课程的基础上主动融入创新创业教育的相关内容。三是要开发创新创业类交叉课程。创新创业教育由于其本身具备的学科交叉性的特点，因此在课程开发上更应注重综合性。尤其是在新文科背景下，更要关注培养学生创造性解决实际问题的能力。四是要建立分层分类的创新创业培养体系。要转变以往同质化的教育教学方式，对不同年级、不同群体有针对性地开发课程。注重思政教育与创新创业教育相融合，要将学生社会责任感的培养与创新创业教育相结合，避免出现创新创业教育的功利化现象。

3. 优化创新创业教育教学模式

在教学模式方面，根据主体教育理论和个性教育理论，创新创业教育需要转变原有的教育教学模式，把调动学生主动学习的积极性放在首位。因此，创新创业教育的教学模式需要从原来单纯的课堂讲授向互动式、情景式教学转变。一是要推进案例教学。通过启发式、讨论式、参与式的教学方式，培养学生独立思考、解决问题的能力。在案例教学的过程中，教师的作用重在启发，学生需要独立自主地去思考创新，对提升未来学生解决问题的能力极为重要。二是探索项目化教学，将教师的科研创新项目或企业社会委托的项目作为教学内容，通过引导学生组建团队、沟通协作等方式，引导学生深度参与，实现师生共创。在项目化课程进行的过程中，教师负责组建学生团队，给予指导性意见，学生作为项目推进的主体，相互学习、共同探讨，还可以依据项目的成果开展创业实践。三是要拓展实践型教学。要充分发挥第二课堂的作用，把大学生创新创业训练计划项目与创新创业竞赛、创新创业实践等环节结合起来，形成由课堂教学、理论研究到竞赛完善再到实践的完整创新创业教育流程，实现"教—学—赛—创"一体化。

（二）构建新创业教育的协同机制和保障体系

1. 加强校内部门协同机制

首先，学校应在战略层面做好顶层设计，把创新创业教育纳入学校整体规划。要从人才培养模式、教育教学方式、人事管理机制和内部协调机制等方面入手，推进全校各部门对创新创业教育形成统一的共识。要把二级学院作为创新创业教育的主体，调动全校资源服务创新创业教育。要对照上级教育主管部门的要求，出台细化的扶持政策，鼓励各学院结合专业特色开展创新创业教育。要以制度化的方式进一步推动校内各部门之间的协调合作，加强教学、科研和社会服务的良性互动，形成校内课程资源、竞赛资源、活动资源、教师资源的有效流动，提升创新创业教育的实效。

其次，做实以创业学院等为代表的专门性创新创业教育机构，牵头落实学校关于创新创业教育的相关政策措施，整合校内课程、教师、场地、活动等资源，统筹协调全校创新创业教育。

最后，充分发挥学校创业孵化园区的作用，进一步落实对学生初创企业的资金、场地、经验等方面的扶持。创造条件，积极争取，采取校企合作的方式引入校外专门机构合作进行管理，把创业孵化园区建设成为创新创业实践教学、成果转化的重要依托。

2. 完善"双创"教育制度体系

创业引领，构建"安徽财经大学创新创业教育123"模式。以安徽省"三地一区"两中心、着力打造科技创新策源地为目标，打造一批服务产业升级转型、创新驱动发展具有创新精神的应用型复合型人才。建成安徽省乃至全国政校企产学研一体化创新创业体系。经过两到三年时间，结合学校学科专业背景和已有资源，丰富和完善创新创业教学体系、实践体系、孵化体系，形成教育资源库；开展进阶式创新创业教育，厚植创新创业文化氛围；培育规模化、梯队式的双创师资队伍，孵化优秀创新创业项目，构建"安徽财经大学创新创业教育123"模式。践行学校服务社会的功能，开展STEAM小创客体验服务活动，承接本地企业科研外包、员工培训服务工作，多方位支持本地区教育、经济发展。通过创业学院建设，形成创新创业教学与专业教育融合的教育格局；与蚌埠市相关企业新建创新型研发中心，开展多学科交叉融合研究，充分发掘优质项目与人才，促成科技成果转化；有效促进学校内各院系之间、学校与社会之间的资源共享，形成互助、合作、协调的有效机制，打造生态圈，紧密服务地方经济建设，为安徽省培养拥有高度创新能力和实践能力的复合型人才。

3. 构建"双师型"师资队伍

作为财经类高校，应特别注重打造"双师型"教师队伍和兼职教师的培养力度，支持鼓励教师进入行业企业进行实践锻炼。经管类专业中的金融、会计、税务等属于实践性很强的学科，需要教师深入企业了解最新的动态。通过培养"双师型"教师和兼职教师队伍，可以很好地满足创新创业教师的实践性需求。改革教师队伍的评价考核方式。对教师指导创新创业竞赛、创新创业实践等工作要纳入教师考核评价体系，提升教师参与创新创业教育的积极性。可以设立专门的教师创新创业发展基金，针对在创新创业课程开发、实践教学、科学研究等方面表现突出的教师给予奖励。完善教师分类评价体系，根据教师的特长建立分类的考核评价标准，对现有的教师岗位进行细化分类，对从事创新创业教育的教师进行分类考核，建立多元化的教师考核评价体系。

（三）打造"新经管"，持续优化具有"安财"特色的创新创业教育模式

在"新经管"背景下，安徽财经大学将以创新创业竞赛和创新创业研究为重点，持续深化学科竞赛和大学生创新创业训练计划项目在创新人才培养方面的引领性作用；以创新创业教学和创新创业培训为抓手，不断强化教育教学在创新人才培养方面的基础性作用；以创新创业实践为牵引，进一步强化大学生创业孵化基地在创新人才方面的导向性作用；以创新创业相关政策的完善为支撑，进一步构建具有安财特色的全方位、全过程、全覆盖的"六轮驱动"创新创业教育模式。

1. 将创新创业类学科竞赛向深度和广度推进

以"互联网+"大学生创新创业类竞赛项目为抓手，建设德智体美劳"五育并举"实践平台，提升青年学生的爱国情怀、社会责任感和创新创造精神，展现高等教育塑造力。优化竞赛形式与内容，围绕"十大新兴产业"组建项目团队，开展创新创业活动，尤其通过产业命题赛道、企业出题、高校答题等方式，解决实际问题，激发学生创新创业创造动能，助推科技创新成果转化应用，服务国家创新发展，提升高等教育创造力。加强宣传引导，及时总结推广好赛事、好项目、好团队的好经验与好做法，选树大学生创新创业成功典型，丰富宣传形式，培育创客文化，营造敢为人先、宽容失败的环境，形成支持大学生创新创业的社会氛围。做好政策宣传宣讲，推动大学生用足用好税费减免、企业登记等支持政策。鼓励企业冠名各级各类创新创业赛事，鼓励企业出题，发挥校企协同育人功能。

2. 提升大学生创新创业训练计划项目和科研创新项目质量

以大学生创新创业训练计划项目和科研创新基金项目为载体，落实新发展理念，秉承"兴趣驱动、自主实践、重在过程"的原则，坚持择优资助、鼓励创新、注重实效、规范管理，按照"三级三类"实施，（"三级"指国家级、省级、校级，"三类"指创新训练项目、创业训练项目、创业实践项目），安排专项经费支持大学生有效开展项目式学习、科研训练、创新训练与创业实践等活动，设立重点支持领域项目，聚焦"十大新兴产业"，强化重点领域创新创业成果培育与产出，学生发表的高品质学术论文或创业成果推荐参选全国大学生创新创业年会或应用于企业，建立起具有安财特色的大学生创新创业训练与实践体系，持续激发大学生创新创业活力，不断提升创新创业人才培养能力，为实现安财"新经管"发展战略和高等教育高质量发展奠定坚实基础。

3. 构建多元化的创新创业培训体系

以提升在校大学生创新创业的实践性为目标，统筹学校、政府、企业三方资源，构建以校内培训为主体，政府、企业共同参与的多元化创新创业培训体系。充分发挥校内 KAB 创业教育基地的作用，继续选拔培育校内优秀教师参与培训课程讲授，扩大 KAB 创业培训覆盖面。继续加强与地方人社部门、科技部门的合作，开展网络创业培训、SYB 培训等，通过线上线下相结合的形式，吸引政府资源加入学校创业培训中。加强与江淮创业研究院等社会机构的联系，引入校外创业培训机构共同开展创客训练营,把培训的内容向企业管理中的真实案例转移,把培训的主阵地向实体企业转移,不断提升创新创业培训的实战性和实效性。继续拓展创业论坛的深度,深化与政府、企业以及其他高校的合作,聚焦大学生创业中的热点难点设置论坛选题,打造区域性的大学生创新创业交流平台。

4. 打造立体化的创新创业实践体系

依托学校现有的大学生创业孵化基地,把大学生创业实践与大学生创新创业训练计划项目、创新创业类竞赛以及各类创新创业类培训有机结合,形成从"创新创业培训,到申报大学生创新创业训练计划项目,到入驻孵化基地,到开展创业实践,到参加各类创新创业竞赛"的创新创业实践体系,形成学校创新创业的重要亮点和示范基地。努力打造专业化的孵化基地管理运营团队,形成集创业辅导、运营管理、一站式服务等多方面为一体的管理制度。不断拓展"创新创业教育专家库",进一步扩大校外兼职实践导师比例,打造一支专兼职相结合、校内外优势资源互补的高素质创业导师队伍。积极开展与企业、投资机构、行业组织或专业团队等社会力量的对接,鼓励校内在孵项目走出校园、走进企业、走向社会,加大对孵化基地重点项目的奖励支持力度,提升孵化项目才成功率。

本章参考文献

[1] 王章豹. 大工程时代的卓越工程师培养 [M]. 上海科技教育出版社, 2017.

[2] 常东坡, 赵国杰, 王树恩. 当代科技创新的特点与科技创新人才的培养 [J]. 自然辩证法研究, 2005 (4).

[3] 侯定凯. 创业教育——大学致力于培养企业家精神 [J]. 高等教育研究, 2001 (5).

[4] 张冰, 白华. "高校创新创业教育"概念之辩 [J]. 高教探索, 2014 (3).

[5] Katz J A. The chronology and intellectual trajectory of American entrepreneurship education: 1876 – 1999 [J]. Journal of Business Venturing, 2003 (18).

[6] Entrepreneurship D W O. The changing Face of Entrepreneurship Education [J]. Journal of Small Business Management, 2013 (5).

[7] 曹胜利等. 中国大学创新创业教育发展报告 [M]. 万卷出版公司, 2009.

[8] 李志义. 创新创业教育之我见 [J]. 中国大学教学, 2014 (4).

[9] 王占仁. "广谱式"创新创业教育的体系架构与理论价值 [J]. 教育研究, 2015 (5).

［10］黄兆兴等．众创时代高校创业教育的转型发展［J］．教育研究，2015（7）．

［11］高向斌．主题教育：我国走向新世纪的一种教育理论［J］．中国教育学刊，2005（4）．

［12］张煜．坚持个性教育理念 提升思想政治理论课教学实效性［J］．学校党建与思想教育，2013（11）．

［13］刘兰娟，刘志阳．财经院校"服务+"创新创业人才培养模式——基于上海财经大学的实践［J］．世界教育信息，2018（8）．

［14］成希．研究型大学创新创业教育生态系统构建研究［N］．湖南师范大学，2018（12）．

［15］郝杰等．美国创新创业教育体系的建设与启示［J］．高等工程教育，2016（2）．

［16］苗青．剑桥大学创新创业教育对我国的启示［J］．河北师范大学学报，2018（3）．

［17］孙秀丽．英国大学创新创业教育体系的研究及启示［J］．广东外语外贸大学学报，2019（3）．

［18］樊熙梦等．美国、英国、日本搞笑创新创业教育现状［J］．吉林医药学院学报，2019（12）．

［19］刘双喜等．日本高校创新创业教育的发展及启示［J］．河北农业大学学报，2017（12）．

［20］李志永．日本高校创业教育［M］．杭州：浙江教育出版社，2010．

［21］李清杨．中日韩创新创业教育的比较与启示［J］．辽宁师专学报，2019（5）．

第九章

"新经管"建设路径：教学质量保障工程

安徽财经大学围绕"新经管"建设人才培养的目标定位，分析教学质量影响因素以及教学质量保障体系的构成要件，逐步构建起了以提升教学质量为目标，以全流程的教学质量管控为核心，以教学质量评价为抓手，涵盖教学全过程的多层次、系统化的教学质量保障体系，通过近几年的运行实践，切实保障了我校教学活动的有效开展，提升了我校人才培养质量。

一、教学质量保障基本分析

（一）基本概念

1. 教学质量

教学质量是对教学水平高低和教学效果优劣的评价，最终体现在培养对象的质量上。教学质量的衡量标准是学校的培养目标与社会对人才培养的要求。前者是对培养对象的具体质量要求，后者规定受培养对象的一般质量要求，也是教育的根本质量要求，衡量人才是否合格的质量规格。高校的教学质量以人才培养质量提高为中心，涵盖了科学研究质量和社会服务质量等多个方面。从高等院校的核心任务来看，培养高素质人才是亘古不变的主题，人才培养质量提高是高等教育质量的核心体现。

2. 教学质量保障体系

教学质量保障是高等院校针对高等教育产品质量提供证明证据的一系列活

动。英国的戴安娜·格林将教学质量保障定义为对高校教育质量的控制、审核和评估，并保证质量、提供质量信息的一整套标准体系。[①]

高等教育质量保障体系主要是指高等教育从业者在高校人才培养、科学研究、社会服务等多个方面保证教学质量，并且使相关教育机构对教学质量提升坚定信念，统一目标，熟练运用相关理论对组织结构和相关程序系统统一架构，这种科学的系统构建可以看作对高等教学质量评估的体系化和结构化进程。高等教育从业者可以从以下三个方面来理解高等教育质量保障体系：一是组织架构，明确质量控制人员以及质量操作人员；二是质量标准体系，制定教学质量评价指标与标准体系，一方面成为高校教师与教育工作者的"指挥棒"，引导他们正确地开展教学工作，另一方面使教学质量评价有了参照系；三是运行体制，在各种政策与制度指引下，保障体系的各个组成单元能够协调一致行动，并按照质量评价标准要求，开展科学的教学质量评价，妥善处理评价结果并及时反馈。

（二）基本理论

纵观国内外高校的教学质量保障体系的建立，大部分高校都以全面质量管理理论（Total Quality Management，TQM）为基本指导理论。全面质量管理是指"一个组织以质量为中心，以全员参与为基础，目的在于通过让顾客满意和本组织所有成员及社会受益而达到长期成功的途径"，其最明显的特点就是"三全"，即全过程质量管理、全员质量管理、全组织质量管理。[②] 全过程质量管理是将产品质量从产生、形成到实现等各个环节以及相关要素都明确实现有效控制；全员质量管理是指让全员都参与到质量管理体系之中；全组织质量管理是指组织各个层级管理者共同参与的质量管理。

全面质量管理理论要求高校的教学质量管理要遵从全面性的标准，即把教学质量形成过程的各个环节、各相关要素都纳入监控范围。其主要包含事前监控、事中监控、事后监控。教学质量监控不是单一的工程，而是一个全面的、系统的工程，因此要确保对该系统中的相关人员进行全面实时监控，进而使系统全员树

---

① Diana Green. Defining Quality [J]. Assessment & Evaluation in Higher Education, 1993 (1).
② 刘立户. 全面质量管理. 北京大学出版社, 2000.

立质量意识，促使全校人员积极地参与到教学质量保障体系之中，齐心协力向着提高教学质量这个目标努力。

（三）基本政策

高等教育质量保障政策是高等教育政策的重要组成部分，此政策是国家和相关政府部门对高等教育质量的认定以及重要规定。中华人民共和国成立以来我国的高等教育质量保障政策可以大致划分为四种范式：一是建制—规范化（1949~1984年）；二是改革—平衡化（1985~2000年）；三是项目—集成化（2001~2014年）；四是卓越—国际化，即高等教育强国战略（2015年至今）。[①] 从四种不同的政策范式来看，我国的高等教育质量保障在相关主要矛盾的认识、追求的主要目标以及需要高效解决的问题等方面发生了一系列重要改变。

高等教育发展水平是衡量一个国家发展水平和发展潜力的重要条件。正如习总书记指出的，"我们对高等教育的需要比以往任何时候都更加迫切，对科学知识和卓越人才的渴求比以往任何时候都更加强烈"。[②] 2015年，我国推出关于"双一流"大学的建设政策，开始进行高等教育强国的建设。对此，陈宝生部长指出，"建设高等教育强国，必须牢牢抓住全面提升人才培养能力这个核心点"。[③] 这一观点意味着在新时代我国将高等教育质量保障政策问题相关的认定提升到了一个全新的高度。在"教育强国"战略引导下，近几年来许多政策举措开始围绕着"教育现代化""提升高等教育国际影响力"发力，进而提出"深化高校本科专业供给侧结构性改革，建立健全专业动态调整机制，做好存量升级、增量优化、余量消减""建设国家级和省级一流课程—'双万计划'""致力于打造出一大批具有高阶性、创新性和挑战度的线下、线上、线上线下相结合、虚拟仿真和社会实践'金课'"等一系列具有创新性的相关政策举措，全面推进人才培养方式改革。

---

① 钟勇为，缪英洁. 新中国高等教育质量保障政策范式变趋与思考——基于1949~2019年政策文本的分析 [J]. 教育发展研究，2020，40（7）：29-35.
② 张烁. 把思想政治工作贯穿教育教学全过程 开创我国高等教育事业发展新局面 [N]. 人民日报，2016-12-9.
③ 叶雨婷. 教育部长陈宝生：办一流大学本科教育是根 [N]. 中国青年报，2018-11-2.

二、国内外高校教学质量保障的经验借鉴

（一）国外高校教学质量保障经验借鉴

1. 英国高校教学质量保障经验借鉴

经过多年的历史发展，英国高校对于教学质量保障体系的探索从以下两个方面进行：一种是以高校自律为焦点的内部质量保障体系，另一种是由社会全面监督的外部质量保障体系。

（1）内部质量保障体系。有效的内部保障体系构建是整个英国建设高校教学质量保障体系的基础。教学质量保障的构筑过程离不开各大高校主体的群策群力。英国高校是独立的法人实体，在教学质量保障体系的缔造中有着高度的自主权。高校自主构建内部保障体系时主要考虑两个层面的保障体系建设：一种是学校与院系角度的内部质量保障体系，另一种是主抓教育教学层面的内部质量保障体系。英国各大高校从新专业审批、年度质量控制、定期评估和外部审考官评估四个基本方面入手来聚焦内部教学质量保障体系建设，确保这两个层面的保障体系建设机制发挥最大效用。

新专业审批。在教学内部质量保障体系的构建中，专业审批是不可忽视的起始点，有关专业审批的缜密性与科学性或多或少地会对教学质量产生影响，因此英国高校大多都严格把控专业审批与课程审批，从根本上确保内部教学质量保障体系正常运行。

高校若想开设一个新专业，学院首先需要向高校教务处下设的学术服务部针对新专业设立提交相关申请材料，教务处下设的专业机构进行例行审核后得出专业是否可设。在新专业建设申请获得许可之后，有关的课程模块设置还需要进一步进行审批。只有课程模块内容、课程模块与专业开设的契合度以及课程模块构建的可行性等环节都达到审批标准之后，学院方可正式开课。

年度质量监控。在英国高校内部教学质量保障中发挥着类似于"检察官"的作用，主要是因为它具有精准监察的特点，同时又能体现出特有的质量保障方法。年度质量监控以提高内部教学质量为主要目标，利用实时监控手段，并且在

监控的过程中对数据进行梳理分析，以高校内部制定的教学质量标准为基准对其整理分类，最后将监察结果数据透明化，向政府、高校内部以及社会三方定期发布监控报告。这些定期公布的监控报告可以为英国高校内部教学质量保障体系构建提供信息源，为提升教学质量活动开展提供相关参考依据，同时将监控有效报告进行同步存档。

定期评估。定期评估是英国高等教育质量保障署（QAA）为促进内部教学质量提高而实行的针对性的、科学有效的方法之一。不同高校可以自行组建评估小组，其最终负责人要由QAA直接任命。定期评估的对象从之前的学校层面逐渐转变为高校内部的不同学院层面，作用对象范围不断缩小，开展周期依照具体现实状况而定。评估小组会制订相关评估标准，不仅要对各个学院相关教学质量待审查材料进行审核，还会在评估周期内开展走访、座谈会等活动，来获取高校内部教学质量保障的相应数据。针对评估过程中收集的一系列数据进行精准分析与审查，提出相应的改进意见，以此来促进高校学院内部教学质量活动的顺利开展。

外部审考官评估。外部审考官评估是英国各大高校拥有的特殊的内部教学质量保障手段。各大高校重点邀请政府或社会不同领域声望高、受拥戴的代表性人物加入外部审考官评估小组。评估小组会对高校以及各个学院不同层面进行严格审查，如会对学院的专业设置是否符合标准、课程设置是否科学合理、学生成绩如何监察分析等方面进行审查。除此之外，评估小组还会针对院校内部教学质量保障过程、教学质量保障标准、教学质量保障方法等层面进行全方位、统一的检测和考核分析。外部审考官评估小组针对以上评估结果综合得出检测报告，并将该报告及时反馈给被评估高校，高校能够以此检测报告为基础及时反思自身的内部质量保障体系，为内部教学质量的多元化、科学化发展提供依据。

（2）外部教学质量保障体系。英国高校的教学质量保障工程的建设除了内部保障体系的构建以外，还邀请政府和其他社会力量构成的外部质量保障体系通力合作，构筑出具有英国特色的教学质量保障体系。社会力量主要是通过各种中介组织、专业认证机构、新闻媒体平台等发挥优势。政府和社会力量在不同的领域内相互配合、同心协力，以共同的社会责任在英国高校本科教学质量监控方面发挥着不可或缺的作用。

政府。在外部教学质量保障体系中，政府扮演着举足轻重的角色，主要是通过颁布一些政策法规、开设社会中介组织、提供财政资金等间接方式参与到高校教学质量保障体系构建过程中。在英国高校教学质量保障体系工程的各个历史阶段，英国政府陆续颁发了许多教学相关的政策法规来对教学质量进行监管和规范，这些政策法规为教学质量保障体系构建发挥了指导作用，为高校教学质量的发展夯实了基础；高等教育质量保证署（QAA）这一社会中介组织逐渐发展成为在英国具有高度影响力和社会声誉度的社会中介组织，为英国各个高校的教学质量监控提供了便利条件；财政拨款成为英国政府保证高校教学质量的基础，英国政府设立了针对教育的财政拨款机构，教学质量保障体系发展过程中所需的大量资金均由该机构进行提供，并根据各项评估结果对高校进行拨款。政府可以通过灵活调整拨款数额的增减，来对高校教学质量保障进行正确引导和规范质量标准。

社会力量。社会力量主要由社会中介组织、专业认证机构、新闻媒体等组成。英国社会中介组织的典型代表就是高等教育质量保障署（QAA），QAA主要是利用专业评估、学科资质审核以及制度审查等手段来对英国高校的学术水平和教学质量开展评估工作。该机构一方面围绕英国各大高校的教学活动制定出适合院校自身发展的质量标准以及专业教学指南；另一方面对高校教学活动的开展与管理进行有效监管，完善教育教学标准，及时向各界极具影响力的人士推送高校教学质量的相关监察报告，以此来提高高校教学在社会中的公信力；专业认证机构主要围绕各大高校的专业教学质量和专业在社会中的需求度进行切实有效的外部监管，如英国机械工程师协会、普通医师协会等是英国典型的专业认证机构，通过对申请者的资质水平进行精确评估，来确保对行业标准的精准控制，为高校教学质量发展提供基本保障；英国各大高校的教学质量发展同样离不开新闻媒体积极的外部监督，英国的综合性日报《泰晤士报》（TIMES）就是一个典型的例子，自1960年开始，《泰晤士报》以第三方公开监督的方式保障英国教学质量开展活动高度透明化，对高校教育质量保障内容以及重要性程度进行分类，制定出相应的评价指标，并且聘请专业人士收集与教学质量有关联的相应数据，按照制定的指标体系进行对照和评估排名,将排名的结果发布到《泰晤士报》上,切实做到对教学质量进行公开化、透明化动态监督。

2. 美国高校教学质量保障体系现状

(1) EAQS系统。美国大学的EAQS系统是一个集合学校使命到具体课堂教学构成的系统,此系统由学校、学院、学系三级,甚至全校教师共同构建和维护。除此之外,学校还开设教学支持中心以及院校研究办公室来对系统进行维护和支持。

校级任务:明确学校使命与通识教育矩阵。为了构建一个全校统一的教学质量保障体系,学校一级的任务主要有两个方面:一是制定学校的教育使命,二是明确学校通识教育的具体学习内容和效果评价方式。明确的教育使命是教学质量保障体系构建最为关键的一步。大多数高校也开始重视通识教育的重要性,通识教育可以帮助学生丰富知识内涵,为学生的未来职业生涯规划、长远发展、终身学习乃至进入更大的世界舞台做好准备。

学院任务:专业设置和专业教育矩阵。学院是教学质量保障体系构建的第二级,学院有自主决定专业设置的权力。因此,每个学院都不遗余力地在专业设置、制定专业学习计划、保障专业教学质量等方面付出大量的实践。新专业设置成功与否对学院领导人来说是一个重大的问题,从开设新专业到专业逐渐成熟往往需要十年之久,这也就意味着一个新专业需要大量的资金投入。为此,在决定开设新专业之前,要对其做全面深入的专业评估,尤其要精算资源的投入和其他产出。对于专业的质量而言,首先要确定学生在知识掌握、技能学习和职业伦理等方面的具体标准和要求,学院可以根据这些专业质量标准,与相关专业教师共同构建出科学合理、适合本专业发展的专业教育矩阵。

学系任务:构建课程矩阵和课堂教学质量保障。学系是一个学术单位,它的构成主体是专业。学系的主要责任是为了给教师教学提供支持保障以及监督课堂教育教学质量,具体表现在教室安排、课程排课、资源获取、教师评教体系构建、处理学生意见等。针对教学管理而言,每个学系的系主任主要有两个重要职责:一是提供教学支持,如教学时间安排、教学资源保障、有效解决教师教学问题、及时处理学生学习问题等;二是安排教师的学年工作评价以及下一学年的工作任务，系主任还需要负责安排教师的每个课程需要完成的课时工作量，同时对教师的教学工作做出综合评价。所以说，课程教学质量保障离不开系主任对工作的认真负责。

教学支持中心和院校研究办公室：培育学校教学质量文化和收集分析教学信息。教学支持中心核心功能就是为教师提供课程教学方面的问题咨询与培训，推广传播新的教学方式和教学经验，以此来帮助教师提升自身教学水平，促进全校范围内的教学改革，进而提高本校的教学质量。

院校研究办公室是属于学校的行政机构，其主要任务是对学校各方面的信息进行收集，用来支持学校的管理决策。从具体的教学质量保障方面来看，院校研究办公室的主要任务有两个方面：一是系统地、全方位地收集关于教育教学的可行性信息并进行科学分析，便于支持学校的教学决策；二是外部认证机构在对学校进行教学方面的评估或是专业评审时，该部门能够做好信息方面的支持工作，提供相应的可行性帮助。

(2) 教学质量保障体系和教学评估。教学评估方式主要有两种，分别是校内评估和校外评估。美国大学的校外评估通常有两种方式：一种是由专业评估认证的各种校外机构对高校质量发起的认证评估，另一种是由官方认证的专业协会或者是专业组织对学校开设的专业教学进行的专业评估。美国高校的这两种评估方式主要是为了检测教学质量是否达标，同时兼顾相关咨询评估，主要是检查被评估单位是否达标，不能达标的学校可能会停止办学，不合格的专业也可能会被裁撤，因此评估结果对于学校或者是专业的命运有重大的影响。

(二) 我国高校教学质量保障经验借鉴

1. 我国高校本科教学质量保障体系的分类

与英美等西方国家相比，我国的高等教育起步相对较晚，我国对本科教学质量保障体系的探索也相对较迟，自1985年开始至今，我国的教学质量保障体系一共经历了四个发展历程，呈现出"百花齐放、百家争鸣"的局面。从世界视角来看，我国与英国不同，我国高校的教学质量保障体系并没有全国统一模式。从自身视角来看，我国高校本科教学质量保障体系构建主要是通过全面质量管理体系、ISO 9000 标准管理体系以及通过社会和数据监控等方式与手段进行。

（1）全面质量管理体系。对高校本科教学质量保障体系的构建与探索时，全面质量管理体系是我国相对运用最为广泛的一种质量保障体系类型，它指的是"一个组织以质量为中心，全员参与为基础，通过使客户满意和所有组织成员认可，达到成功的方法和过程"。[1] 以全局性、过程性和总体性为基本思想特征，以客户为焦点、团队合作为基准、可持续发展为根本目标作为基本理念，在团队向心力的引导下，全面性地促进教学质量提高。

我国高校在进行教学质量保障体系探索过程中将全面质量管理理念引入其中，首先是因为教学质量保障与全面质量管理在组织形式上相似，都具有过程性、整体性；其次是两者的最终目标趋于统一，都是追求全面提高质量；最后是因为两者都具备开展教学质量保障活动时必须有共同的质量文化引导的思想基础。学校将全面质量管理思想引入管理体系之后，始终将提升教学质量作为总体的目标追求，并且将一些教学及教学管理工作纳入教学质量保障体系之中，高校教职员工全员参与，将质量保障理念付诸实施，对质量效果进行评价分析，寻找差距并加以改进，并形成一个良性循环。这样，可以使质量保障组织成员之间的凝聚力增强，形成共同的质量文化，并且针对最终目标相互配合，促使教学质量保障工作更流畅地开展。

（2）ISO 9000 标准管理体系。将 ISO 9000 管理标准的基本思想融入我国高校教学质量保障工程的建设之中，是促使我国高校教学质量保障体系发展的另一种强效手段。这个管理体系已经被一些国家制定为管理体系标准，适用于工业、经济等领域，在教育领域也普遍适用，其作用主要体现在预防、控制、改进三个方面，具有目标性、管理性、发展性三个主要思想特征。

我国立足于 ISO 9000 标准特点去构建属于自己的高校教学质量标准。首先，将包含预防、控制、改进三种方法运用到教学质量保障机制构建中，能够预防教学过程中容易出现的问题，以及针对问题、失误能够及时控制并找出偏差，并纠正偏差来确保教学质量。其次，质量标准有目的性、管理性、发展性等特点，教

---

[1] John Brennan, Tarla Shha. 高等教育质量管理 [M]. 上海：华东师范大学出版社，2005：17.

学质量保障的终极目标就是依据目标思想指引，充分运用各项管理方法来促进教学质量科学、可持续的发展。这一标准最为关键的一点就是要特别注重消费者的需求情况，通过消费者来对质量管理进一步完善以促使不断进步与发展。针对这一观点，学校在进行教学质量保障体系构建的过程中，容易树立起"以学生为中心"的管理理念，在教育体系中，学生才是顾客，教学质量保障所做的一切都是为了学生更长远的发展。为了确保质量管理在每一个环节都能在严格把控之下展开，从传统的结果来评估管理就逐渐演变成控制整个教学过程，特别要重视预防的作用。运用这种质量管理体系最典型的代表是西安交通大学，该校在逐步构建教学质量保障体系的过程中，以基础课程教学为焦点，以教师培训、进修为枢纽，信息化进程为着力点，评价考核结果为支点，使教学质量管理系统更加合理、完善。

（3）社会数据监控管理体系。我国高校在逐渐完善本科教学质量保障体系的构建过程中，还将社会数据监督系统运用到教学质量保障体系构筑过程中，这是我国高校构建教学质量保障体系的第三种范例。在大数据时代，运用数据监控这一外部手段的高校教学质量保障体系具有以下特点：首先，能够充分利用数据网络来构建教学质量保障体系；其次，将保障过程中产生的各种标准详细量化；最后，数据支持以确保保障及时。运用这类保障模式的代表高校有北京大学、桂林电子工业大学等。北京大学充分利用网络环境保护网，打造出有关教学质量的一致监察体系。桂林电子工业大学则是将高校教学全面质量管理和网络教学质量监控两种方式结合起来，进而实现一致管控。

2. 我国高校本科教学质量保障体系的特征

（1）教学质量保障理念的多元性。高等教育现实环境显示，高校教学质量受多重因素影响，因此，我国高校教学质量保障体系也呈现出不同的类型与特点，相对繁杂。但是，我国针对高校教学质量保障短板，对高校教学质量保障不断进行深入探索，逐渐意识到转变固有理念才是质量保障的起始点。全面质量管理、ISO 9000标准以及数据监控机制这三类保障体系大多都出自工商管理领域内，宗旨是以客户的基本需求为指导、客户满意度为最终目的、质量标准为标尺，全面运用各种管理手段来提高教学质量水平。教学质量的提高不是一蹴而就的，是一个动态的、变化的过程。因此，我国的教学质量保障体系要以多元性理念为指导，才能发挥更大的价值。

（2）教学质量保障的发展性。伴随着我国高等教育的飞速发展，我国的教学质量保障体系也在不断发展进步，呈现出发展类型多变、发展方式多样化动态变化特征。几十年以来，我国教学质量保障体系从初设阶段到发展水平评估阶段，都离不开对体系标准的连续实践。从我国教学质量发展进程来看，既包括片面化发展，也包括各方面交叉融合发展，现阶段又引入各种类型质量管理理论等，展现出了教学质量发展的多样化局面。政府、各大高校和社会各界针对教学质量的发展方式坚持不懈进行探索，不论是通过借鉴、引入他人还是自身原创，都做出了不可或缺的贡献。任何领域都需要不断进行发展，高校教学质量保障体系建设也需要发展进步，正是因为多方齐心协力才为我国教学质量保障提供了发展动力源泉。

（三）各国教育保障体系对我国教育保障体系构建的启示

1. 政府维度

（1）政府职能转变，促使教学质量保障主体多元化。在我国高校教学质量保障体系的构建过程中，政府处于领导地位，高校、社会中介组织等更多的是依附于政府管理，进而使我国高校、社会中介组织在教学质量保障体系构建过程中的作用相对薄弱，这也是我国高校教学质量保障主体单一性的主要原因。政府在教学质量管理中占有的职权大，高校自身质量保障意识薄弱，再加上社会监管能力弱，进而限制了我国高校教学质量保障体系的发展。因此，我们应该从政府职能出发，让一些职能做出转变，给予高校、社会中介组织更多的自主保障功能，从而促使教学质量保障多元化发展。

（2）健全拨款机制，加大对教学质量保障资金的投入。高校教学质量保障体系的建设过程具有长期性、烦琐性、复杂性等特点，在构建的过程中需要健全的教育拨款机制为其提供大量的财政资金支持。我国政府在对高校教学质量保障提供财政支持时往往采取的是单一式的直接拨款，因此高校在教学资金自主权方面局限性过大。大多数高校特别是地方高校政府拨款额度较小，可用资金十分有限。因此,我国各级政府要针对当前国情,大力发展经济的同时还要进一步加大对教育资金的投入力度;政府要充分放权,并颁布相关政策法规,进而保障高校在财政资金投入方面具有充分的话语权,使高校在资金支持方面能够聚焦自我管理、自我控制。同时也要针对高校的未开发资源,充分做到资源利用最大化,进而使学校内部财政水平提升;政府要充分利用各大监管机制,使其最大限度地发挥作用。另外,还要推进多元化拨款主体的构建进程,将传统的单一制拨款主体进行全面化改革,促使高校教学质量保障拨款机制多元化发展,使政府、高校与社会三者能够高度配合、团结协作。

(3)完善政策法规,提高教学质量保障的规范性。高校构建教学质量保障体系离不开国家政策与法规的鞭策与支持。在立法方面,我国没有明确的有关教学质量保障的法律法规,基于此种情况,我国应该首先针对教学质量保障相关工作进行重新构建,并且意识到法律法规的重要性,出台相应的政策法规,区分政府、高校以及社会三者在质量保障方面的职责,将教学质量保障工作不断合理化、规范化、明确化,让政策法规在构建与运行教学质量保障体系中发挥更大的作用。

(4)凝练科学的教学质量保障标准。高校教学质量保障标准在高校教学质量保障体系构建中起到"引路标""指南针"的作用,它指引着高校教学质量保障的发展方向,直接关系到高校教学质量的提升,其重要性不言而喻。以政府为导向的教学质量保障标准构建往往具有传统的固定思维与一定的强制性,高校自身是没有制定教学质量标准的自主性的,仅仅是政府的从属部门。因此,在国家全面推进新工科、新医科、新农科、新文科的时代背景下,要给予高校一定的自主性,让高校根据自身的学科专业特点来凝练教学质量保障标准。

2. 高校维度

(1)提高高校教学质量保障主体意识。在教学质量保障活动中,高校被置于政府的从属地位,没有自己的主体意识,只是政府指令的实行者。这一现实情况对开展一系列教学质量保障工作产生极大的影响,教学质量水平也因此停滞不前。首先,我国高校的任务应该跳出原有固定思维的禁锢,转变角色,在政府权力下放时把握机会,提高自身教学质量保障的自主意识。同时要树立自身的主人翁意识，在教学质量保障活动中将自身与政府以及社会置于同等重要的地位，打破原有的附属感。其次，我国高校应该自主着力建设符合自己发展目标的教学质量保障体系，不仅要与政府沟通合作，而且要与社会相互配合。最后，高校教学质量的发展具有周期性和长期性的特点，并且直接关系到整个教育环境中的教学质量与社会发展水平。所以高校要坚持自身办学理念，不断提高自身内部质量保障主体意识，促进高校教学质量保障工作。

（2）营造良好的高校教学质量保障文化。质量文化不是与生俱来的，而是在不断实践的过程中积极地引导和孕育的结果。高校教学质量保障活动开展过程得益于质量文化的深入指导，质量文化在其中扮演着不可或缺的角色。文化的影响不是一朝一夕，而是日常生活中潜移默化的，与高校教学质量保障活动开展过程中的方方面面息息相关。从高校内部质量文化建设视角来看，仅仅依附于政府引导，忽视自身发展水平，容易陷入一种故步自封的状态，不利于教学质量保障发展的推进。在这种缺乏高校教学质量文化的情况下，院校全员没有一致的价值观，对高校教学质量保障活动的推行缺乏激励力，犹如一潭死水。有文化才有思想，才能促发展、谈创新，因此，我国高校应该加大力度积极建设院校内部质量文化。

三、安徽财经大学教学质量保障的探索与成效

教学质量是高校的生命线。在高等教育普及化、人才需求多元化的新时代下，构建一套科学的、完善的教学质量保障体系，为人才培养质量的提升注入新力量，是高校发展的必然趋势。

高校教学质量保障体系是指高校通过构建科学的教学质量标准、适合自身发展的规章制度，结合各种评估方式，全面整合教学资源，确保培养出符合现代社会需要的高素质人才，组建一个能够进行自我质量管理、及时纠正偏差的高效运行机制，主要包含高校自身的内部教学质量保障体系和政府、社会通过对高等学校认证、评价等措施而建立的外部质量监督体系。

在实施"新经管"发展战略以来，学校高度重视教学质量保障工作，已经

建立了较为系统的教学质量保障与监控体系。总体说来,我校质量保障与监控具有以下特点:一是注重全过程的保障与监控,即前馈(事前)控制、过程(事中)控制以及反馈(事后)控制。前馈控制主要通过培养目标制定、制度体系建立达成,从广大教师与学生思想认识改变开始,充分认识到教学质量保障的必要性与重要性,从而端正教与学的态度,变被动为主动;过程控制重点放在教学过程把控,我校设立了领导干部、督导、学生信息员共同参与,形成齐抓共管的教学过程监控体系;反馈控制主要通过各种考核评价及评价结果的合理运用来达成。二是注重全方位、多主体的监控。我校设置了校院(处)两级领导、校院两级督导、教师、学生等多名人员参与其中的、彼此担负不同责任的教学质量监控体系,从不同视角对教学质量实施全面监督。三是实现"三全育人"。学校党委进一步加强组织领导,共同合理统筹各个领域中的不同资源,保证各个环节的正常运行,推进新知识传授、素养提升与理想信念、价值观、道德感四者的高效结合,开展了"四位一体"财经类高层次应用型人才培养体系建设,扎实推进"三全育人"综合改革试点工作。四是强调学生的作用。学生在高等教育主体中占有重大地位,作为主要的参与人、体验者,在学校构建教学质量保障体系过程中扮演着不可或缺的角色。"以学生为中心"和"以学生发展为中心"的指导思想必须全面贯彻到质量保障体系的架构进程中。采用一系列方式来激发学生的参与积极性,重视学生在质量保障体系中的作用,对学生的有用建议思考并采纳,发挥学生的主观能动性。在教学活动开展的过程中,全面分析学生的学习情况,注重学生视角观察学生学习体验,得出评价结果之后及时反馈到教学管理部门,反思和改进教学质量提升工作。五是强化质量文化意识。学校坚持以人才培养为中心,以"树标准、重执行"为原则,持续推进教学质量文化建设。学校不断探索由本科教学投入保障、本科教学过程保障、本科教学质量保障、本科教学反馈与持续改进系统构成的教学质量保障运行体系。

1. 教学质量保障体系的主体内容

(1)先进的教学质量标准体系。早在2014年开始,学校不断对现有各项教学相关文件进行全面梳理和完善,全面修订质量标准相关文件,系统建立了涵盖各个教学环节的质量标准。2014年，学校出台《安徽财经大学本科教学管理工作规范（试行）》，全面规范本科教学管理工作。在课程建设环节，创新设计了《安徽财经大学本科示范课程建设管理办法》；在人才培养模式上，学校实施"大类招生，中期分流"培养模式；在毕业设计环节，学校鼓励以调研论文、学科竞赛获奖、项目研究等替代本科毕业论文的人才培养新模式。经过近几年的不断完善，学校执行的专业设置、课程构建、社会实践、课堂学习、专业学习、课程评估、教师评估、学生就业等各教学环节质量标准符合主要教学环节的不同特点需求，能够完全满足各专业人才培养目标的需要。

（2）完善的教学质量保障组织体系。学校近年来不断探索校院两级管理模式，管理重心不断下移。学校开始构建"以校级为主导、学院为主体、系（部）为基础、学生教学信息委员会为辅助"纵向四级教学质量保障体系：一是学校设有教学工作委员会，负责评议学校教学发展规划、教学改革以及教学质量监控开展过程中出现的问题，每学年开展相关工作会议或专题会议，既能够对学校教学质量及时诊断，又能够对提升教学质量做出准确决策；学校成立由经验丰富的退休教师和在职教师共同构成的教学质量督导组，针对专业的教学活动进行指导、监察、鞭策。二是学院（部）教授委员会已逐步发挥了重要的教学决策作用，学院也开设相关专业教学督导小组，主要职责是对学院下属的教学工作进行督察。三是各学院（部）设立主要教学系、院（部）直属教研室（教学分部）和实验中心，具体负责各专业、实验室的日常教学管理，处理来自教师与学生的各类质量信息。四是学校开设两个学生信息督导组织，分别是学生教学信息委员会和学生校长助理团。学生教学信息委员会的主要职责是对各班级的教学情况以及班级的学习信息进行全面系统地搜集，并及时进行反馈；学生校长助理团则系统搜集、反馈学生对学校教学、科研、管理、服务等各方面的意见和建议，落实到相关职能部门。

（3）系统的制度保障体系。制度是保证一切工作开展的基础与前提，要把制度保障落实到方方面面，从而推动教学质量保障工作的高效进行。教学质量保障要把规章制度贯穿到教学质量保障的全过程，建立健全长效机制，形成系统完备、有效管用的制度规范体系，真正实现教学质量管理有章可循、有据可依。安徽财经大学针对"新经管"建设工程，在原有的制度体系的基础上，修订形成了由目标保障、教学资源保障、人才培养过程保障及教学质量监控与评估保障、管理保障五部分构成的教学质量保障制度体系，如学校修订完善了《安徽财经大学教学督导工作管理办法》《安徽财经大学领导干部听评课管理办法》《安徽财经大学教学事故认定与处理办法》《安徽财经大学本科教学校级学生信息员管理办法》等规章制度。

（4）科学的教学质量保障体系。以2015年正式发布的《安徽财经大学大学章程》为纲领，以教学质量标准为基础，学校已逐步构建起以提升培养质量为目标、以质量监控系统为核心，覆盖教学全过程、全方位、多层次、系统化的教学质量保障体系，全面保障育人质量。

学校教学质量保障体系的运行以校内质量监控系统为核心，围绕人才培养的各个环节，按照"办学定位—招生—培养过程—毕业就业"的闭环结构，以提升人才培养质量为目标，通过常态化的质量监控，查找人才培养过程中存在的各类问题，及时采取纠正与预防措施，实现质量持续改进。学校教学质量保障运行模式见图9-1。

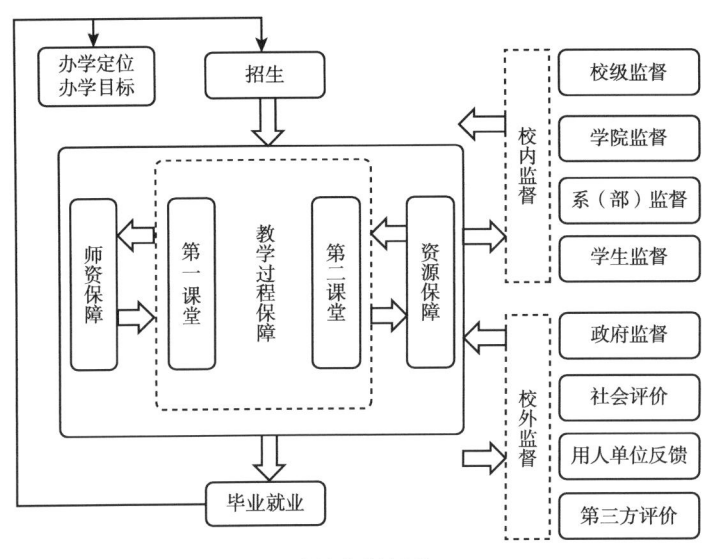

图9-1 教学质量保障运行模式

(5) 信息畅通的教学质量反馈体系。学校教务处对通过各种方式和途径获得的教学质量信息进行汇总、梳理、分析,并通过党委会、校长办公会、专项教学工作会、教学院长会议、专项约谈等多种途径,将信息反馈给各教学单位、相关部门、教师和学生,及时进行改进提升,并对改进效果进行跟踪再督查。

(6) 精干的教学质量保障队伍。学校在管理人员编制紧张、教学管理任务繁重的情况下,在健全基层教学组织的基础上,采取加强教学管理人员业务培训、严格基层教学组织负责人考核、提高管理人员待遇的一系列措施,逐步建立了一支熟悉情况、专兼结合、年龄合理、学科分布均衡、在岗与退休相结合的高素质本科教学质量管理队伍。其中,1 名副校长直接分管教学,1 名校级督导员负责教学督导工作,教务处设置教学督导与评估中心,人事处设立教师能力发展中心,各学院(部)设教学副院长 1 名、系主任 2~4 名,教务秘书 1~2 名,各专业实验室主任若干名。同时,学校在教学治理结构上,以学院(部、所)为单位成立教授委员会,由 5~11 名委员组成,设主任委员 1 名,副主任委员 1~2 名,负责本学院教学管理、制度监督,对教学、学术、学位事宜进行审议、决策。

学校自 2004 年建立督导制度,实施校院两级教学督导,现有专、兼职校级督导员 17 人,院(部)级督导员 120 人,成员由热爱教育事业、关心学校教育教学发展的具有高级技术职务的老教师组成,负责对教学质量实施全方位的督导监督,为保证教学质量的不断提高做出了重要贡献。

2. 教学质量保障体系的有效运行

(1) 坚持立德树人,确立人才培养规格。学校坚持社会主义办学方向,紧紧围绕"培养什么样的人,怎样培养人,为谁培养人"这一根本问题,把立德树人的成效作为检验学校一切工作的根本标准,深化"三全育人"综合改革,突出思想引领,强化教育实效,为学校事业高质量发展注入"源头活水"。

(2) 建立调整机制,学科专业结构进一步优化。为适应经济建设和产业转型升级对人才培养的需求,学校不断加强学科专业建设。"十三五"以来,学校共撤销"社会工作""国际政治"等 12 个专业,新增"数字经济""人工智能""网络与新媒体"等 6 个本科专业,本科专业总数 57 个,基本形成经济学、管理学、法学学科为主,文学、理学、工学、艺术学等多学科专业协调发展的结构与布局。

（3）强化专业建设，着力打造人才培养更高的专业平台。"新经管"建设工程开展以来，学校陆续出台了《安徽财经大学"一流专业"建设方案》《安徽财经大学"一流专业"建设标准》，着力在转变理念、创新体制机制、加强投入等方面对重点专业进行扶持，将学校优势特色专业打造成全省乃至全国一流专业，充分发挥其示范引领作用。2018年以来，学校新增经济学、财政学、金融学等20个国家级一流本科专业建设点，新增财政学、会计学等11个省级特色（品牌）专业，新增应用统计学、工程管理等4个省级专业综合改革试点。

（4）开展全方位的质量监控，教学质量保障得以实现。教学质量监控在教学质量保障体系中发挥重要作用，是促进教学质量提升的有效手段。通过不同事前、事中与事后等不同阶段、不同类型的监控，可以做到提前预防危害教学质量事故的发生，及时发现教学质量事故并加以制止，查找原因并予以改进。随着"新经管"建设工程的推进，学校进一步拓展教学质量监控的内涵与外延，强化对学校"新经管"实施情况、人才培养执行情况、各类教学质量工程项目申报、教学运行效果评价、学科竞赛组织等其他教学环节的质量监控。学校教学质量保障体系在原有的基础上，增加了领导干部听评课制度，让领导干部深入了解课堂一线，对教师课堂质量教学有一定了解；拓展了校院两级督导的职责范围，从传统的注重课堂教学质量把控、试卷与毕业论文质量督查，扩大到国家级一流专业与一流课程建设督查、教学质量工程项目进展督查，以及创新创业项目开展效果、课程改革效果、实验实践基地使用情况等专项督查，督查工作基本覆盖了教学质量的各个环节；引进现代化的技术如超星学习通平台，实现教学资料集中上传，学生出勤签到操作简单、统计准确，课堂讨论形式更为丰富，作业布置、提交与修改更为便捷。运用这一平台自身的功能，还可以获取教学质量监控的大数据，通过大数据分析可以更全面、准确地发现教学质量不同方面存在的问题及可能的原因，利于后续有针对性的改进。学校极其看重实行常态性的监控与评估，构筑起常规性检查与临时性抽查相结合、自上而下监督与自下而上反馈相结合、过程性评教与终结性评教相结合、教学质量督导制与教学信息反馈制相结合的本科教学质量监控体系，初步形成了"四三三"教学质量监控体系实施常态化监控："四级监控主体"是指"以校级为主导、学院为主体、系（部）为基础、学生教学信息委员会与校长助理团为辅助"的四级组织同时对教学质量实施有效督导与监控。"三个重点时段"是指实行期初、期中、期末"三段式常规教学检查制度",期初重点检查方向是针对开学准备、教室教学资源配备、课堂纪律、后期保证等方面,保障教学秩序正常运转;期中主要以鼓励召开师生座谈会、查阅教学档案、开展学生专业满意度调查为重点,以及对教授为本科生上课、教师课后辅导等情况进行专项检查;期末主要以加强考风考纪建设为重点。"三项监控重点"是指对教学保障、教学过程和教学效果进行全面检查(见表9-1)。

表9-1　　"四三三"教学质量监控体系监控内容及方式

级别	实施主体	监控内容	监控方式	监控类别	实施时间
校级	校领导、处级干部	课堂教学	听课评课	教学过程	依计划在学期内实施
	教务处教学督导组	开学准备、资源使用、课堂教学	教学检查(召开师生座谈会、查阅教学档案、开展学生满意度调查)、听课评课	教学过程	期初、期中、期末
	后勤集团	教室、多媒体等教学保障	巡查	教学保障	日常监控
	图书与信息中心	网络、各类图书等资源保障	检查	教学保障	日常监控
	教务处	课堂教学	网上评教	教学效果	期末
	学生处	毕业生就业情况、社会单位满意度等	跟踪调查、问卷发放、网络信息反馈、第三方社会机构参与	教学效果	年度
院(系)级	学院教学督导组、系主任	开学准备、资源使用、课堂纪律	召开师生座谈会、查阅教学档案、听课、抽查	教学过程	期初、期中、期末
系级	专任教师	教学大纲、课程资源、教学方法等	同行评议、集体备课、系内交流	教学过程、教学效果	日常监控
	专职辅导员、本科生导师	学生学习与生活	班会、谈话、调研等	教学过程、教学效果	日常监控
学生	学生教学信息委员会、校长助理团等	课堂教学、教学资源保障等	课堂信息反馈、参与教学管理信息反馈、网上评教等	教学过程、教学保障、教学效果	日常监控

经过十多年的探索与总结，"四三三"教学质量监控体系日臻完善，全员化、全过程、全方位的教学质量监控系统成为学校教学质量保障体系的核心动力，推动整个保障体系高效运转。各类质量监控信息运转流畅、反馈及时，已经初步形成有组织、有标准、有评估、有监控、有信息反馈和持续改进的提升机制，质量评估与监测进入常态化。

（5）积聚数据优势，深挖状态数据潜力。从2010年开始数字化校园项目建设，在历经多年的数据积累后，学校充分认识到数据挖掘和分类整合、深度利用的重要作用。2017年，智慧校园建设启动，经过四年的不断努力建设，针对数据资源进行统一全面建设，制订相关标准，将前期教学数据在平台上进行分类整合，学校统一后的数据资源平台将发挥重要作用，为提升教学质量提供全面保障。

以上报数据为契机，完善学校教学状态数据库。学校充分利用每年填报《高等学校基础信息报表》《全国普通高校教学基本状态数据库》等材料之机，认真学习其数据层次和内容结构。并借此在师资队伍、学生、教学管理与建设、教学效果、教学条件、学科建设与科研、校园文化七个方面开始重点加强自身教学状态数据库的建设，依据上报数据的形式与要求，定期对各类信息数据进行采集与统计分析，规范校内各类信息数据库建设。

强化信息反馈，激发系统动力源泉。在学期初主要对开学准备、资源使用、课堂纪律、后勤保障等情况进行重点检查，保证教学秩序的正常运行；期中主要以召开师生座谈会、查阅教学档案、开展学生专业满意度调查为重点，以及对教授为本科生上课、教师课后辅导等情况进行专项检查；期末主要以加强考风考纪建设为重点，所有检查情况均做实时记录，并存档保存。在质量监控管理过程中，在校级督导员带领下，依托教学督导员、"三个中心"与学生组织，以检查评估、反馈激励环节为主，专门负责教学质量监控，主要以教学督导员与学生为主体进行质量信息的采集。

此外，学校广泛利用其他信息反馈渠道全面收集与有关教育教学相关的反馈信息。例如，通过召开本科教学工作会议、教学工作专题研讨会、教职工代表大会以及校领导带队走访、调研各基层教学单位并主持召开座谈会等，征求、听取、收集、整理各方面对本科教学工作的意见和建议。

质量信息的处理与反馈是教学质量保障系统运转的关键关节。对应不同渠道的质量信息，学校均设有对口专岗人员负责信息的收集整理，不同的监控主体有着明确的质量信息处理流程（见图9-2），整个质量监控体系保持着畅通的信息收集、处理与反馈。

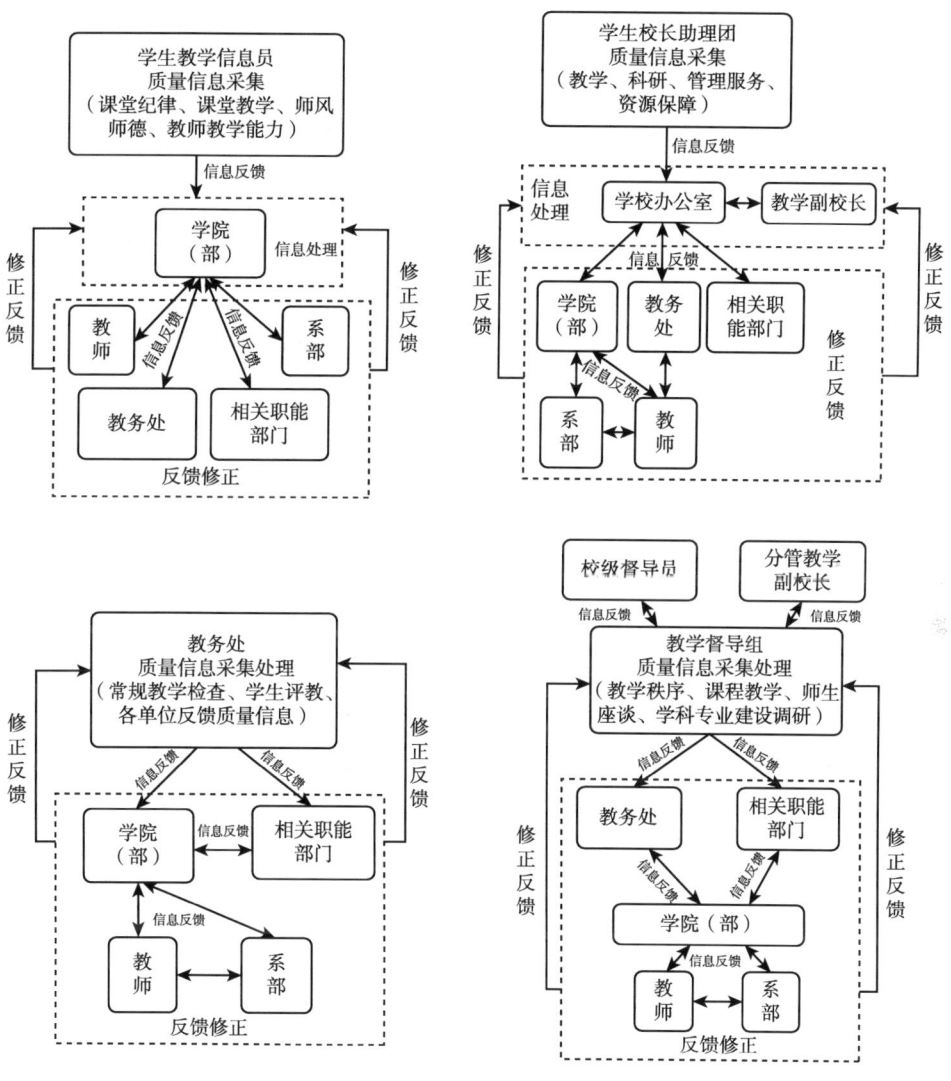

图9-2　质量信息处理反馈流程

(6) 规范信息公开，接受社会各界监督。学校把教学质量信息向政府报告，向社会公开。作为应尽的义务，主动接受社会监督。学校建设了信息公开网站，定期向社会公开教学质量等信息，向社会展示学校风貌和办学特色，以高度的社会责任感赢得社会各界的信任与支持。

本科教学质量报告。按照教育部及安徽省教育厅相关规定，学校从2012年开始采集年度教学状态数据，对学校师资队伍建设、人才培养思路与特色、教学条件、教学建设与改革、教学运行管理、教学质量监控、学生学习效果、科研与社会服务、特色发展等方面进行全面的梳理，充分利用质量报告撰写的契机对学校教学过程中存在的问题展开总结分析，提出具体的解决思路与措施。质量报告不仅起到了公开质量信息、接受社会监督的作用，而且发挥了自我反思、自我诊断、自我激励和自我约束的作用。

毕业生就业质量年度报告。学校每年组织向毕业生和用人单位发放调查问卷，围绕就业基本状况、就业质量、用人单位满意度及期待等方面，进行数据的收集和统计，并据此分析就业发展趋势，提出就业创业工作举措、人才培养结构优化措施和就业创业服务工作提升措施等，为完善"招生—培养—就业"一体化闭环保障体系提供了强有力的支撑。

高等学校办学基本情况报表等年度报表。学校每年如实填报《高等学校办学基本情况报表》《全国普通高校教学基本状态数据库》等教学质量信息，并以此为契机进行校内自我检查评估，积极推进院内本科教学基本状态数据库建设。

(7) 基于教学大数据分析，形成高效的线上教学反馈与改进机制。线上线下融合式教学是现代教学方法与手段改进的必然。对于线上教学来说，畅通无阻的有效信息反馈渠道以及即时的信息获取情况，是提高线上教学质量管理水平最为重要的途径。针对反馈评价，传统的系统评价机制与纠偏措施存在着一定的滞后作用，而利用网络教学平台的开展线上教学就避免了这类问题。随着线上平台教学的大力推进，网络教学平台产生了大量有关教学过程的数据信息，各大高校可以充分利用这类信息源去提升自身的教学质量水平。一方面，可以利用云计算手段、大数据平台、人工智能技术分析来解析教学云平台产生的一系列数据，并将这些信息汇总起来，生成每一位学生的学习报告，进而让教师能够在第一时间了解学生对于知识的掌握情况，对学生的学习起到引导和督学作用；另一方面，利用大数据技术分析手段对于从教学平台处搜集到的教学信息进行汇总归纳总结，以直观的图表形式在教学管理端生成每一节课的课程教学报告，为学校教务督导部门和评价机构提供管理参考。对于教学过程中出现的问题，能够及时反馈给平台，并在使用过程之中逐步完善反馈评价机制，对先前制定的教学评价标准进行动态调整，以便为线上教学质量监控及时提供有效、可行的数据信息参考。进一步来看，教与学结合的大数据教学平台通过分析学习过程与学习成绩之间的算法，为相关教师与学生提供教学预警、学习情况预警，还能够更好地帮助院校管理者更加科学地进行常态化教学预警。总之，与相对传统的教学评价工作相比，充分利用平台的教学管理系统可以实现学生、教师、督导以及学校管理部门随时随地查看评价结果的目标，建立及时有效的沟通渠道，形成实时数据反馈机制，通过教学预警督促学生学习，通过教学预警激励教师改进教学方式方法，不断提高线上教学效果。

（8）大范围问卷调查。2020年上半年，在新冠肺炎疫情的影响下，我校采取纯线上教学的方式开展课程教学工作，全校教师通过超星学习通、中国大学慕课、腾讯QQ、钉钉、微信等平台，开展直播与录播教学，学生居家学习，为了保障线上教学质量，我们面向学生开展了每月一次的、面向教师每学期两次的教学质量大调查，共有514名教师和11717名学生参与其中。通过调查，全面了解各教学平台的教学效果，掌握教师教学准备、教学内容、教学方法与手段、教学效果等方面的信息以及学生的满意度方面的信息，并及时撰写调查报告，通过OA系统与教务处教学督导平台对外公开调查内容。对于学生反映有问题的教师，及时将学生意见反馈给当事人，并要求及时整改。对于教学效果好的教师，给予全校范围的通报表扬，树立教学标杆，保证了线上教学基本与线下教学同质等效。这一做法我们将一直坚持下去。

（9）遴选典型案例并推广交流。对于任何一所高校来说，由于各种原因，教师的教学质量是有高低之分的。为此，我校教务处在每个学期都开展优秀教学案例的遴选工作，将遴选出的优秀教学案例归档，在全校范围进行优秀教学案例推广交流，以起到示范效应。

(10) 开展教学方法与手段培训。我校的教师培训工作分为不同的类型。对于新进的教师，进行师德师风与教学技能培训，并指定具有丰富的教学经验的老教师，通过"师带徒"的形式，开展一年的一对一教学辅导，考核合格方能独立开展教学工作；鉴于部分教师年龄偏大，对现代教学工具没有很好地掌握的实际，教务处定期与不定期邀请教学平台提供方的技术人员或本校有这方面专长的教师，开展现代教学方法与工具使用方面的培训，每学期受训人数达到300人次以上。

(11) 强化教学质量考评结果的运用。为了从根本上调动广大教师重视教学、重视人才培养工作，我校在以下几个方面开展探索：一是每年年末开展教学评价，按照优秀、良好、合格、不合格的等级以及一定的比例，将教师的教学强制分等分级。只有教学评价达到优秀等级的教师，才能获得年度总体考核优秀的参评资格。二是，对于教学考核不合格的教师，年终考核直接进入不合格等次；在职称评定时，增加教学质量评价环节，由校级督导实施。教学质量不合格的教师将取消当年职称评定资格；每两年评选10名"我最喜欢的老师"，获此殊荣的教师将获得表彰与相应的物质奖励。

(12) 设立三大奖项，树立教师教学典范。我校设立了"教学终身成就奖""教学卓越贡献奖""教学杰出青年奖"，重点奖励教学方面成就突出的老教师以及中青年教师中的杰出代表，以期在全校师生员工心目中牢固树立高校本科教学在人才培养的中心地位，带动我校广大教师在注重科学研究的同时，真正重视教学工作，使教学质量保障体系建设最重要的一个环节能够落地生根，在未来能够"根深叶茂"。

3. 教学质量保障体系运行效果

(1) 本科教学工作规范有序。学校在课堂教学、专业建设、课程建设、教学管理、学生管理、师资队伍建设等各方面制度建设完善，岗位职责明确、分工合理、工作流程清晰，形成了凡事"有负责、有准则、有程序、有监督"的教学管理制度体系，各项工作在制度规范下有序开展，本科教学中心地位得到落实。

(2) 教师教学水平提升显著。学校每年从教学工作量、课堂教学质量、质量工程建设与教学效果等多方面全面考察教师教学情况，良好等次以上的优秀等次教师比例近三年均超过85%。学校教师近三年来取得诸多国家级奖励突破，例如，2021年7月，我校财政与公共管理学院《税收学》课程主讲教师廖晓慧以优异的成绩获得由教育部高等教育司指导、中国高等教育学会主办的首届全国高校教师教学创新大赛全国赛一等奖，并摘得本组别唯一一项全国教学设计创新奖，实现了我校在此类高层次高水平教学大赛中的重大突破。

（3）本科教学质量稳步提升。近两年教学督导专家听课评价优良率平均超过90%。学校将学生评教结果纳入年终教师教学考核及教师课堂优秀教学奖评定指标体系，学生的主人翁意识增强，教师对学生的学习关注也明显提高，学生（网上）评教平均分逐年稳步提高。此外，学生教学信息员反馈课堂教学问题逐年减少，提出赞赏比例明显增多；校长助理团收集的信息显示资源保障方面的问题日益减少，建议、提议日益增多。

（4）人才培养质量稳步提高。近三年获得国际级竞赛、国家级竞赛奖励超百项，学生参加的各类学科竞赛、综合实践等获奖率不断提高。学生受到的学业警示率也不断下降，初次就业率稳定在80%以上；近三年，学校国家级大学生创新创业训练计划项目立项数在全国地方高校中名列前茅，立项数在全国地方高校中位列前三等。

（5）教学满意度保持高位。近几年，毕业生对母校的满意度均达到98%以上，总体满意度较高，其中本科毕业生对母校的满意度达到98.5%，毕业研究生对母校的满意度达到99%。用人单位对学校毕业生总体满意度较高，达到99%以上。

四、提升教学质量保障体系效能的进一步思考

不断提高教学质量是高等教育的重要任务，也是一个永恒的命题，教学质量保障体系的建设是一个没有最好、只有更好的过程，要坚持以提高教学水平和人才培养质量为宗旨，在人才培养过程中，贯彻全面质量管理的思想，建立可持续发展的教学质量保障体系。基于此，我校教学质量保障体系建设还需要进一步做好以下工作。

（一）进一步修订完善教学质量保障制度

一方面，对现有教学质量管理制度进行梳理，做好查漏补缺和制订修订工作，促进教学质量管理更加规范化、制度化；另一方面，进一步完善有利于教师树立质量意识、负责任地开展高水平的教学的激励机制，充分调动全校教师投身于教学工作的主动性与积极性，从根本上保证教学质量的稳步提升。

（二）加强教师队伍建设，打造高水平的教师队伍

教师是高校人才培养的根本，只有拥有一支牢固树立教学质量意识，具有较高教学水平的师资队伍，再辅之以制度引领，才能使教学质量保障落到实处。为此，需要持之以恒地在教师中加强责任心教育和师德师风建设，提高教师的整体素养；创新培训形式，加强教师业务培训，打造出更多的教学名师。

（三）加强教学管理队伍建设

1. 进一步凸显教学管理队伍的地位和作用

学校领导率先转变观念，统一师生思想认识，切实认清教学管理在学校教学管理工作中的关键作用，真正把教学管理队伍建设提高到与师资队伍建设同等重要的地位上。同时，对现有教学管理队伍及整体教学工作进行科学客观的分析和评价，落实学校师资队伍"十三五"建设专项规划。

2. 进一步提高教学管理队伍能力素质

科学制订教学管理队伍培训计划，除了学校每年组织开展的集中培训外，鼓励各学院采取"走出去，请进来"的办法，邀请教学管理专家做现场辅导报告或适时组织管理人员到兄弟院校实地考察，学习好的管理经验和做法，相互交流、相互借鉴、相互提高。充分发挥"老带新"和"老带青"的传帮带作用，让工作经验丰富的老同志带领新进人员、年轻同志，使他们尽快熟悉业务，掌握技能。鼓励长期从事教学科研且具有副高级以上职称的教师加入教学管理行列，切实把德才兼备，特别是具有较强管理能力和教学科研能力的人才充实进来，为教学管理队伍注入新鲜血液，为教学管理工作提供新的动力，进一步优化现有教

学管理队伍结构。在教学管理部门内部有效运用岗位轮换机制,消除由于长期固定岗位产生的职业倦怠感,激发工作的兴趣和热情,进一步提高教学管理效率。

3. 进一步激发教学管理人员工作热情

完善部门工作绩效考核体系,对在本科教学、教学管理、教学改革、教学建设、教学研究、学生实践创新等方面积极投入、取得成果的单位增加经费投入,对本科教学各项工作不到位的单位与个人适当减少经费资助,奖优惩劣,促进教学质量与办学效益不断提升。优化现有管理岗位年终超工作量核算的方法,创新设计与教学管理人员从事教学管理工作的时间、承担的工作任务挂钩的考核方式,进一步缩小教学管理人员与同龄教师及科研人员的收入差距。

(四) 建立更加科学的教学质量评价标准

教学质量评价能否准确,是否能够真正发现教学质量方面存在的实际问题,需要有一个科学、准确的教学质量评价标准体系。例如,现有的课堂教学评价大多围绕教学准备、教学内容、教学方法与手段、教学态度等方面展开,且评价指标过于宽泛、评价标准不清晰且过于主观,使评价主体难以准确理解与把握,导致凭感觉甚至喜好来进行评价,这样产生的评价结果有失公允,这样的结果加以应用会造成混乱,难以发挥"指挥棒"的引领作用与反馈效果。科学的教学质量评价指标体系应根据评价对象的性质与特点,站在学科专业发展的高度,围绕教学质量提升这一主题,对指标进行定量化或行为化地分等分级。这样的指标体系能够科学地、客观地反映教学质量的诉求,在使用时也能够为考核主体提供清晰的评定依据,达到准确评价的效果,真正发挥教学质量评价的引领作用与评价反馈效果。

本章参考文献

[1] Pitman T. Reinterpreting higher education quality in response to policies of mass education: the Australian experience [J]. Quality in Higher Education, 2014, 20 (3): 348 – 363.

[2] Vilkinas T, Peters M. Academic governance provided by academic boards within the Australian higher education sector [J]. Journal of Higher Education Policy and Management, 2014, 36 (1): 15 – 28.

［3］Shah M, Jarzabkowski L. The Australian higher education quality assurance framework: From improvement – led to compliance – driven ［J］. Perspectives: Policy and Practice in Higher Education, 2013, 17（3）: 96 – 106.

［4］Edwards F. The evidence for a risk – based approach to Australian higher education regulation and quality assurance ［J］. Journal of Higher Education Policy and Management, 2012, 34（3）: 295 – 307.

［5］John Brennan, Tarla Shha. 高等教育质量管理 ［M］. 上海: 华东师范大学出版社, 2005: 17.

［6］刘立户. 全面质量管理. 北京大学出版社, 2000.

［7］钟勇为, 缪英洁. 新中国高等教育质量保障政策范式变趋与思考——基于1949 ~ 2019 年政策文本的分析 ［J］. 教育发展研究, 2020, 40（7）: 29 – 35.

［8］张烁. 把思想政治工作贯穿教育教学全过程 开创我国高等教育事业发展新局面 ［N］. 人民日报, 2016 – 12 – 9.

［9］叶雨婷. 教育部部长陈宝生: 办一流大学本科教育是根 ［N］. 中国青年报, 2018 – 11 – 2.

［10］吴岩. 新时代高等教育面临新形势 ［N］. 光明日报 2017 – 12 – 19.

［11］高海牛, 胡桃元, 许茂组, 熊国良. 高等教育教学质量保障监控体系的构建与实践 ［J］. 教育研究, 2006（10）: 89 – 92.

［12］刘小强, 高等教育教学质量建设的新方向——高等教育教学质量建设的微观深层研究 ［J］. 中国高教研究, 2010（10）: 89 – 91.

［13］徐向艺. 高等学校教学质量管理的范畴、原则与体系 ［J］. 高等理科教育, 2004（1）: 40 – 45.

［14］江珊. 哈佛大学教学质量保障体系建设探析 ［J］. 高校教育管理, 2016（3）: 86 – 91.

［15］李贞刚, 王红, 陈强. 基于 PDCA 模式的质量保障体系构建 ［J］. 高教发展与评估, 2018（3）: 32 – 40（104）.

［16］李良军. 英国高等教育教学质量评估与监控制度研究 ［J］. 重庆大学学报（社会科学版）, 2004（1）: 146 – 148.

［17］王雪梅. 高校教学质量外部监控手段的类型与应用研究 ［J］. 贵州师范大学学报, 2011（1）: 123 – 128.

［18］王铭. 我国高等教育质量标准"五个度"的分析、评价与操作化研究 ［J］. 高教探索, 2016（11）: 21 – 26.

第十章

"新经管"建设路径：师资队伍培育工程

"新经管"发展战略，其根本任务是在适应新时代新技术新变革背景下，伴随产业结构调整、发展方式转换，对经济管理类高级专门人才的知识、能力、素质结构提出全新要求的需要，在尊重教育发展规律和学生成长规律基础上，以学生为中心，通过调整学科专业建设发展目标以及学科专业人才培养目标，改革优化学科专业人才培养方案，科学建构学生知识结构，注重培养学生专门思维和专业技术以及互联网、大数据、人工智能等综合素养，更好培养适应区域和行业经济社会发展新需求的高层次应用性经济管理类专门人才。① 师资队伍培育是实现"新经管"发展战略基本路径，只有师资力量符合"新经管"的要求，才能实现"新经管"发展战略的目标，培养出适应社会经济发展的"新"人才。

一、师资队伍培育基本分析

（一）师资队伍的含义

在古汉语中，"师资"一词有两种释义：一是作名词，指教师。如《春秋谷梁传》中提到"师者教人以不及，故谓师资也"，宋代范仲淹在《代人奏乞王洙充南京讲书状》中提出"臣闻三代盛王，教治天下，必先崇学校，立师资，

---

① 石旭斋. 地方特色高水平大学建设目标下的安财"新经管"发展战略 [J]. 阜阳职业技术学院学报, 2020, 31 (2): 93-97.

陈正道"①，都体现了教师的含义。二是作动词，指培育、教导。如唐代黄滔在《祭钱塘秦国太夫人》中提到"颜氏子则提育圣人，曹大家则师资诸女"，这里的师资的含义是教导②。在现代汉语大辞典中，师资是指可以当教师的人才。因而，我们认为，师资是指可以从事教育教学工作的人才，师资队伍是指从事教育教学工作的人才所组成的团队。

（二）师资队伍对"新经管"建设的影响

我校"新经管"发展战略的根本目的是提高人才培养质量，而实现人才培养质量提高的关键在于拥有优秀的师资队伍。因此，培养和建设卓越的师资队伍是推动"新经管"建设的主要工作。师资对"新经管"建设的影响具体表现在以下几个方面。

1. 师资队伍的质量影响"新经管"建设的成效

师资队伍是学校办学的主体，教师是学校最为重要和最具活力的要素。"新经管"发展战略是学校为适应高等教育改革发展新形势以及经济社会发展新要求，努力提升学校支撑和引领经济社会发展能力，提出的一项重要战略任务。"新经管"发展战略是学校推行教育改革的重要举措，在创新教育体制和调整人才培养模式方面发挥了较大的作用，也进一步丰富了学校的办学内容。实施"新经管"发展战略，需要对学校人才培养的课程和相应的教学体系进行有效改革，并提出新的教育方法，创新人才培养模式。这要求学校师资队伍建设要跟上"新经管"战略发展需要，否则战略难以实施。尤其是在高等教育改革发展新形势以及经济社会发展新要求下，"新经管"战略的实施，关系到学校能否适应形势所需和保持学校的办学优势，就要求学校必须加大师资队伍培育工作的力度，为战略实施和学校发展培养接班人。培育高质量的师资队伍，不仅是我校推进"新经管"建设的必要举措，也是我国高等教育发展的根本要求。

---

① 李兵，宋宙红. 论庆历兴学对北宋书院发展的影响 [J]. 集美大学学报（教育科学版），2003 (3)：40-45，52.

② 潘亚楼，潘发顺. 关于幼儿教师队伍建设问题的研究 [C].《教师教学能力发展研究》科研成果集（第十四卷）：《教师教学能力发展研究》总课题组，2018：706-711.

2. 师资队伍的结构影响"新经管"建设的内容

师资结构是一个有机整体，是由构成教师结构整体的教师要素依据一定的原则形成相对稳定的数量比例、时空结构与相互联结关系。① 师资结构在宏观上支撑并影响着学校"新经管"建设的内容，师资结构内部因素相互作用、相互联系，从根本上决定了学校提供的教学资源的能力和质量，制约着"新经管"建设的水平，影响学校发展。创新、协调、开放和共享的师资结构，能够与学校"新经管"建设进行耦合，满足其师资结构诉求。但师资结构与"新经管"建设的耦合，必然要求师资结构的不断调整，以满足"新经管"建设内容的需要，否则难以实现"新经管"建设目标。因此，师资结构在很大程度上决定了"新经管"建设的内容和质量，在"新经管"建设过程中，师资结构是持续演进、不断完善的动态体系。

3. 师资队伍的发展影响"新经管"建设的可持续性

学校在高等教育改革和社会发展的新形势下所提出的"新经管"发展战略是一项长期任务和目标，需要几代安财人的坚持和努力，这要求学校"新经管"建设必须具有可持续性，亦即学校"新经管"建设在较长一段时期内能持续发展，并具有不断发展的潜能与后劲。从建设的内容和目标来看，决定学校"新经管"可持续性的举措涉及教育理念、教育资源、教师资源及教学评价等诸多方面，这些方面对于学校的"新经管"建设可持续发展都具有重要的意义，但其中最具战略意义的则是教师资源的发展。如果没有教师的发展，处于静止状态的教师难以推动"新经管"建设的进程，难以促进学校"新经管"建设的可持续发展。重视教师资源的投入、开发和有效利用，不断加强师资队伍的培育，坚持走人才强校的道路，调动广大教师的积极性、主动性和创造性，依靠教师持续推动"新经管"建设，才能适应高等教育改革的要求和社会发展形势，才能提高学校在新形势下的生存能力，实现学校的可持续发展。

---

① 李森，谷陟云. 教师教育结构质量的内涵、特征及提升策略 [J]. 西南大学学报（社会科学），2019，45（5）：78-85，199.

二、国内外高校师资队伍培育的经验借鉴

师资队伍是教育事业发展的基本保障,时任清华大学校长的梅贻琦就曾说过:"所谓大学者,非谓有大楼之谓也,有大师之谓也。"这也就是说,在一所大学里,最重要的不是有多少栋楼房和多少学生,而是拥有良师的数量,良师是一所大学的精神和魂魄所在。因而,从一定程度上说,大学最重要的工作首先就是培育良师,然后通过良师去培养人才。良师的培育过程其实就是师资培育过程,不进行师资培育而仅谈人才培养是远远不够的,因为没有大师就不可能培养出合格的人才,加强师资培育是提升人才培养质量的关键。当前,我国大学师资培育与发达国家相比还有一定的差距,且我校与国内兄弟高校在师资培育方面也有一些差异,积极探析国内外高校先进的师资培育经验,可为我校师资培育提供经验借鉴。

(一) 国内外高校师资队伍培育的主要做法

培育卓越教师是21世纪国际教师教育改革的重要价值取向。经过国内外高校和管理部门的积极探索,目前已经有了一些相对较为成熟的做法,主要表现在以下几个方面。

1. 严格教师职业准入制度

从国内外高校和管理部门的实践来看,严格教师准入制度是通行的做法。从现有情况看,发达国家都在严格执行教师准入制度,如美国、日本和德国等都制定了教师的条例,对教师入职提出了较高的资格要求,除了要求教师要获得相应的资格或等级证书外,还要具备从事教师的一些基本素质。[1] 美国通过教育机构,如 NCATE、INTASC、NPBTS、ABCTE 等制定出"职前—入职—职后"全过程教师专业标准,体系设置较为完善和全面。[2] 我国也有类似的教师资格准入制

---

[1] 彭红科. 发达国家职业教育师资培养的特色、共通经验及借鉴 [J]. 教育与职业, 2019 (3): 89-94.

[2] 姚松, 曹远航. 我国卓越教师研究领域的热点、前沿与发展趋势 [J]. 教师教育学报, 2021, 8 (1): 75-83.

度,从国内兄弟高校的实践看,他们不仅严格执行,而且在此基础上提出更高的要求,如要求应聘教师取得博士学位,或毕业于国外一流大学等。

2. 建立教师培养体系

国内外高校经过长期的探索和实践,纷纷建立了独具特色的教师培养体系,并设立了相应的教师培养项目。美国对新入职教师制定了完善的职业生涯培养,按照是否接受过师范教育,采取分类培养,除了短期(1年左右)培养项目外,还采取长期(5~6年)培养项目,且各州还会根据自身的情况,制定一些教师培养项目;① 英国于2004年也实施"卓越教师计划"项目并制定了《培养下一代卓越教师》文件,引导大学与中小学之间通力合作,提高卓越教师培养质量;② 澳大利亚联邦政府于1999年启动"政府优秀教师计划"(AGQTP),该计划旨在提高教师专业水准和学校管理人员的专业技能,促进教师专业化发展,支持学校高效化管理;③ 德国在2012年推出"卓越教师教育计划",主要目的是改善教师教育质量,强调教师教育在高校的重要性,提升教师的职业吸引力和高校改革的动力,促进教师教育现代化。④ 国内同行高校也建立了教师培养计划项目,如山西财经大学、南京财经大学等高校都已依托学校教师发展中心建立教师培养体系,开展教师培训活动。

3. 健全教师考核机制

教育相对发达的国家对教师都采取了不同的考核机制,从而在较大程度上保证了师资队伍的质量。如美国高校对新教师普遍实行6年左右的试用期制度,在试用期内,如果教师被鉴定为不具备任职能力,考核不合格,则会被辞退;除教授外,一般教师都是实行任期制,在任期结束后,如果没有通过考核或考核成绩达不到校方的要求,则不会续聘。这样做的好处是可以保证留下来的教师具有较好的能力和水平,对提高教育教学质量有很大的帮助。德国也施行严格的教师考

---

① 彭红科. 发达国家职业教育师资培养的特色、共通经验及借鉴[J]. 教育与职业, 2019(3): 89-94.
② 姚松,曹远航. 我国卓越教师研究领域的热点、前沿与发展趋势[J]. 教师教育学报, 2021, 8(1): 75-83.
③ 俞婷婕,肖甦. 澳大利亚政府优秀教师计划[J]. 教育理论与实践, 2008, 28(9): 55.
④ 梁靖,赵华翟. 德国"卓越教师教育计划"对我国"国培计划"的启示[J]. 吉林教育, 2014(23): 47-48.

核制度，规定教师一律由高等学校培养，且必须通过各种教育培训和考核，并取得相应的证书。德国将教师培养和考核有效结合，既提高了教师培养质量，也丰富了教师考核的类别、内容和形式。国内高等院校都建立了考核制度，但考核的形式与内容存在较大的差异。由于我国高校绝大部分教师都是事业编制，考核结果的运用也存在不同的做法。在现行体制下，将教师培训与教师考核结合在一起，在实践中存在障碍。

（二）国内外高校师资队伍培育的经验借鉴

对国内外高校在教师培养上的实践进行概括和总结，对我校开展教师培养工作，提升教师专业素养，提供更优质的教师资源，提高教学质量，促进卓越教师培育工作提供借鉴与参考。

1. 加强对教师培养的质量监督

从美国开展教师培养的实践上看，虽然联邦政府充分放权各州政府开展教师培养工作，各州的高校对于教师培养也采取不同的形式，但联邦政府在这个过程中积极充当裁判的角色，对各州政府和高校开展的教师培养工作进行监督与测评，并根据评定结果进行赏罚，强化对教师培养项目的问责。同样，我国政府部门也推行了很多教师培养项目和计划，并充分授权各地方政府和高校根据自身情况开展教师培养工作，但政府尚未建立过程监督和测评机制，对教师培养质量监管不够。正是因为这样，各高校开展教师培养工作就出现走过场、流于形式的现象，培养质量参差不齐，培养结果也无明确的应用目的。因此，美国的教师培养实践对我们有较好的借鉴意义。我校在"新经管"建设过程中对师资的要求及现状不足的基础上，引入外部监督与测评机制，并建立培养结果的应用制度，不断改进培养方式和内容，提高教师培养质量。

2. 建立教师培养一体化机制

教师不但需要入职前的教育，入职后的教育也非常重要，教师培养应该包含入职前培养和入职后的培养，其培养过程应该是一体化的。德国于2012年推出的"卓越教师教育计划"就建立了职前、见习与职后的一体化培养体系，职前培养主要由大学师范学习来完成，见习期培养由政府和大学共同完成，职后培养由大学和社会机构完成，各个阶段的培养所取得的证书在全国是互认的，培养过程是一体化的。英国2004年实施的"卓越教师计划"项目，也将职前培训、入职培训和职后培训统一于教师培养体系内，职前培训主要是打基础，入职培训主要建通道、搭平台，职后培训是对教师进行个性化、有针对性地培养，促进其卓越成长。从国外先进的实践中我们发现，教师培养需要阶段性培养与顺序性培养相结合。这要求我校在开展师资培育过程中，要注意协调职前培养与职后培养一体化发展，除了注重在教师入职时进行系统的培养外，也要加强教师入职后的培养。尤其在我校，大部分教师都未经过师范教育，入职培训必须强化教育基础知识培训。而在教师职后教育中，要根据教师个人发展和"新经管"建设需要，开展个性化和针对性培养，建立一体化教师成长与发展体系。

3. 创新教师培养方式

教师教育是一个需要长期推进的工作，采取一成不变的方式是难以达到理想效果的，需要不断更新培养理念、创新工作方式，才能实现目标。纵观国内外高校的实践，我们可以发现，教师培养必须与时俱进，开创适合于形势发展的培养项目和形式。因而，我校在推进"新经管"建设的过程中，要适时根据需要创新教师培养模式，采用"理论—实践"与"实践—理论"双重循环培养方式，构建创新型教师专业实践能力培训平台，搭建教师专业能力上升通道。同时，还要积极探索教师培养新模式，深化教师培养机制、课程、教学、师资、质量评价等方面的综合改革，培养出面向"新经管"建设工程和推动学校教育改革发展的"四有"好教师。

三、安徽财经大学师资队伍培育的探索与成效

（一）安徽财经大学师资队伍培育实践

我校师资队伍培育是在全面贯彻党的教育方针，遵循教育规律和教师成长发展规律的基础上，坚持科学性、适用性、前瞻性和激励性相结合的原则，全面加强师德师风建设，不断提高教师队伍的综合素质，促进教师卓越成长，提升学校的办学质量和水平。

1. 严格执行教师准入制度

学校在教师招聘过程中，根据教育部和省教育厅相关文件精神，严格按照相关标准和要求，对选聘教师实行思想政治素质和业务能力双重考察。在新招聘专任教师的考察环节，重点考察应聘人员的政治思想、道德品质、能力素质、学习和工作表现、遵纪守法等情况。将新入职教师岗前培训和教育实习作为取得高等学校教师资格的必备条件。鼓励教师赴国内外知名高校、科研院所访学进修和行业企业进行社会实践，并将上述经历作为职称评审的基本条件。

2. 加强教师入职培训

（1）新入职教师岗前培训。为帮助和引导新入职教师树立正确的教育思想和教育理念，提高新进教师的履行职责的能力，形成良好的师德师风，塑造优秀教师形象，全方位了解学校定位与文化，尽快进入高校教育工作者的角色，从知识的获取者转变为知识的传播者，我校定期开展新入职教师的岗前培训工作。岗前培训以集中授课为主，采取专题讲座、典型报告、教学观摩、课堂教学讲评等形式。培训内容包括高等教育教学基础知识培训、校本培训和教学技能培训，高等教育教学基础知识培训主要通过开设《高等教育学》《高等教育心理学》《高等学校教师职业道德修养》《高等教育法规概论》和《现代教育技术》五门培训课程进行，目的是让新入职教师了解和掌握高等教育的特点、运行管理机制、大学生心理特点、教师应具备的职业道德规范、我国高等教育政策、法规和现代主要教育技术等基本知识；校本培训主要通过开设师德师风、校情校史校规、教学大纲编制、教学设计与教案编写、教学评价方法、教学实践、教研科研项目方法与项目申报等专题讲座进行，教学基本技能培训主要通过组织教学观摩，开展现代教育技术培训、教育方法培训和课堂教学实践培训等。培训采用过程考核和结业考核相结合的办法，过程考核主要评价教师参与培训的时间、收获等内容，结业考核主要是对一些基础知识学习成效的检验。

（2）青年教师导师指导。为了发扬优秀教师对青年教师"传帮带"的优良传统，帮助青年教师尽快适应高校教学工作，进一步提高本科教学水平和人才培养质量，学校实行青年教师助教制度。制度规定青年教师必须承担助教工作，学院（部）应根据实际情况为青年教师安排导师，青年教师在导师的指导下学习开展教学工作。青年教师导师须关心和指导青年教师的成长,其主要职责包括:一是指导青年教师制订助教工作计划,帮助青年教师教学能力发展;二是指导青年教师掌握主讲课程的教学内容、教学方法、教学重点和难点,明确该课程在专业培养方案中的作用,熟悉课程教学的基本要求;三是指导青年教师编写课程的教学大纲、教学方案和讲稿等教学资料;四是安排青年教师讲授课程部分内容,指导青年教师做好试讲准备工作,青年教师承担授课任务,导师应随堂听课,并在课前检查备课情况,课后进行评议总结;五是主讲课程结束后,对青年教师助教工作做出评价,提出青年教师教学能力与水平的意见和建议;六是助教工作结束后,为青年教师提供教学咨询与服务。

3. 建立教师职后培养体系

(1)全面加强师德师风培训。我校一直高度重视师德师风建设,坚持把全面加强师德师风建设和提升教师思想政治素质摆在新时代教师队伍建设的首位,由学校党委统一领导,成立师德师风建设工作领导小组,党委教师工作部牵头负责,各相关职能部门和学院(部)共同参与。

师德师风培训主要通过加强理想信念教育,深入学习习近平总书记关于师德师风的重要论述,尤其是关于"三个牢固树立"、"四有"好老师以及"四个引路人""四个相统一""六要"等重要论述精神,进一步在学懂弄通做实上下功夫,内化于心、外化于行、学做融合、养成行动自觉,树立正确的历史观、民族观、国家观、文化观,增强"四个意识",坚定"四个自信",做到"两个维护",弘扬高尚师德,潜心立德树人,以赤诚之心、奉献之心、仁爱之心投身教育事业。加强中华优秀传统文化、革命文化和社会主义先进文化教育,弘扬爱国主义精神,引导广大教师热爱祖国、奉献祖国。抓好教师党支部建设和"双带头人"培育,增强教工党支部政治功能。重视加强青年教师思想引领,充分了解青年教师思想状况,搭建成长服务平台,帮助其解决实际问题。

学校推动教师全员师德师风培训工作,邀请全国师德教育名家来校讲学,将师德师风教育作为新教师岗前培训、职称评审的重要内容贯穿教师职业生涯全过程,引导广大教师以德立身、以德立学、以德施教、以德育德,争做"四有"好老师。多措并举开展师德建设月活动,定期开展"从教三十年教师""师德先进个人"

"优秀教师""优秀教育工作者"和"我最喜爱的老师"等评选工作，举行教师节表彰大会和教职工荣退仪式，通过校园网、校报、宣传展板、官方微博和微信公众号等形式大力宣传师德典型，加强引领和感召，从而提升教育工作者的正能量。

学校制定出台教师师德师风考核办法，推行师德考核负面清单制度，将师德考核结果作为年度考核、职称评审、评奖评优的重要依据。开辟师德师风监督举报专题网站、邮箱和电话，建立教师个人信用记录，在职称评审、评奖评优和职务晋升中实行师德问题"一票否决"。对违反师德师风"红七条"的行为"零容忍"，依法依规严肃处理，相应给予警告、记过、降低专业技术职务等级、撤职或开除等处分，将师德师风教育、考核、监督和奖惩有机结合。

（2）提升教师专业素质能力。建立教师终身学习制度。推进教师能力发展中心建设，建立健全学校教师培养培训体系，以教育部全国高校教师网络培训中心和国家教育行政学院教育干部网络学院为依托，以新入职教师岗前培训、辅导员实用技能培训、现代信息技术培训、学科专业主干课程培训和教学科研方法培训为抓手，着力提高教师专业能力。各学院（部）每年参加校内外各类培训人次不得低于总人数的30%，将教师参加培训情况纳入单位年度考评指标体系和职称评审基本条件。

推进教师国外研修交流工作。大力提升教师国际化水平，稳步实施国外访问学者计划，每年遴选20~25名学术带头人、学术骨干和培养潜力明显的青年教师赴国外研修，将12个月以上的国外研修经历作为职称评审基本条件。鼓励教师赴国外开展教育教学、科学合作、学术访问、出席重要国际学术会议以及执行国际学术组织履职任务，并提供充足的经费支持。

做好高层次人才队伍培养工作。稳步实施"龙湖学者""学术带头人及后备人选"和"优秀青年学者"等培育计划，充分发挥学科带头人在学科建设中的带头作用，加强人才梯队建设。提升人才队伍管理水平，主动服务创新能力强、发展潜力大的拔尖人才。鼓励拔尖人才积极申报万人计划、长江学者奖励计划、文化名家暨"四个一批"人才工程、百千万人才工程、享受国务院特殊津贴专家等高层次人才项目。

重视教师教学竞赛培养工作。为加强教师教学基本功训练，提高教学水平，促进教师努力钻研教学业务，提高教学效果，学校每年定期举办教师教学基本功大赛，促进新进教师教学能力培养和提升。按照大学教育以培养创新精神和实践能力为核心的要求，大赛以教师专业化发展为指导，以提高教师教育教学质量和专业化水平、树立科学的教学质量观为宗旨。通过举办教学竞赛，一是引导教师运用先进的教学理念，优化教学目标，设计教学内容，创新教学方法，改革考核方式，通过教学改革促进学习革命；二是提高教师现代信息技术与教育教学深度融合的能力，鼓励教师积极探索智慧教育新形态，充分利用信息技术开展教学模式改革，推动信息化手段服务高校教育教学；三是发挥基层教学组织的作用，鼓励以教研室、课程组、教学团队等基层教学组织为基础，建设学习共同体，形成"传帮带"机制，开展教学研究与指导，推进教学改革与创新。

强化一流课程建设能力培养。为积极响应教育部一流本科课程建设"双万计划"，贯彻落实一流本科课程建设推进计划，形成学校一流本科课程建设的规划布局，对标教育部"金课"的"两性一度"的建设标准，深入推进课堂教学改革，切实提高教学水平和教学质量，提高校级、省级和国家级一流本科课程的建设和申报水平，每年定期举行一流本科课程建设培训会，主要讲解大型开放式网络课程（MOOC）、精品线下开放课程、智慧课堂、虚拟仿真实验教学课程等建设理念，以及平台建课实操、课程资料制作讲解和课程运行管理等内容。

建立教学激励与教师荣誉引领制度。为进一步深入贯彻新时代全国高等学校本科教育工作会议精神，坚持"以本为本"，推进"四个回归"，建设一流本科教育，培养一流本科人才，激发教师潜心从事教书育人工作热情。让师德高尚、乐于教学，技艺精湛、善于教学，精心育人、勤于教学，锐意创新、精于教学的一批优秀教师典型充分展现出来，以起到榜样模范作用，带动更多的教师投入更大的精力从事教书育人工作。积极开展教学改革与创新研究，努力提高教书育人的能力和水平，形成全员重视本科教育教学的文化氛围，进一步彰显学校的人才培养职能和教师的教书育人职责，全面提升学校核心竞争力、综合办学实力和影响力。学校在充分调研和广泛征求意见的基础上出台了《安徽财经大学教学成果认定及奖励办法》和《安徽财经大学"教学终身成就奖""教学卓越贡献奖""教学杰出青年奖"评选及奖励办法》等相关制度。教学激励措施和教师荣誉制度，主要聚焦教育教学改革，以教学成果为目标，以教学业绩为导向，激发教师对教育教学工作的热爱和对教育事业的情怀，鼓励教师不断创业，提升自身素质和教育教学能力，引导教师通过不断探索和实践提高教育教学水平。

4. 健全教师考核制度

将教师划分为教学型、科研型、教学科研并重型进行管理和评价，在职称评审中突出考量教师的师德师风和教学业绩，突出教学中心地位。建立健全年度和聘期考核制度，进一步增加教师年度和聘期考核任务，完善多元化的教师评价体系，探索高职低聘和低职高聘等能上能下的教师聘任和职务晋升制度。

绩效工资重点向高层次人才和教学一线教师倾斜，扩大二级学院（部）分配自主权；教师依法取得的科技成果转化奖励收入，不纳入工资总额基数；加大对教学型名师的岗位激励制度。

（二）安徽财经大学师资队伍培育成效

1. 取得的成就

学校紧紧围绕建设有特色高水平教学研究型大学目标定位，实行"新经管"战略，遵循党管人才和人才总量、人才质量、人才结构协调发展的原则，紧紧围绕人才引进、人才培养和人才使用三个方面，以全面提高师资队伍整体素质为目标，有计划地培养和引进高层次创新型人才，通过不断加大投入，来强化师资队伍建设和优化人才成长环境，健全激励考核机制，努力造就一支有理想信念、有道德情操、有扎实学识、有仁爱之心的高素质、专业化师资队伍，为学校"新经管"发展战略的实施提供强有力的人才支撑。

（1）师资队伍规模不断增加，结构更加优化。学校坚持引进人才和培育人才并重的原则，出台和完善一系列人才引进和培育政策，加大了人才引进和培育支持力度，调整人才引进模式，努力做到用事业留住人才、用感情留住人才、用待遇留住人才和用制度留住人才，使师资队伍总量和结构都得到了显著的改善。学校在人才引进、人才培育、人才开发和人才团队建设方面一直坚持专款专用，有效保障了师资队伍建设取得成效。学校现有专任教师1200余人，其中约有一半的教师具有高级职称。同时，学缘结构较好，学历异缘比例提高至81%。近几年来，学校通过制订各种激励政策和优惠条件，大量引进教授和博士，同时强化在职博士培养与支持，大大地提高了师资队伍的博士化率，校内有些重点学科（专业）的博士化率达到了75%以上。当前，学校师资队伍数量不断增加，学历和职称结构有了较大改善。

（2）人才队伍培育计划落实到位，师资队伍整体素质明显提升。围绕建设有特色高水平教学研究型大学总体目标和"新经管"发展战略，学校出台了《安徽财经大学关于加强师资队伍建设的若干意见》《安徽财经大学关于全面深化新时代教师队伍建设改革的实施方案》，修订完善《安徽财经大学高层次人才队伍建设管理办法》《安徽财经大学龙湖学者选聘管理办法》等，大力实施人才队伍培育计划，采取国内外研修与培养相结合的方式，着力提升师资队伍的能力和素质，重点加强对学术水平高、创新能力强和发展潜力大的骨干教师和学科带头人的培养。学校成立教师能力发展中心，建立实施全面的培训体系。五年来，通过各类培育计划，学校有部分教师入选文化名家暨"四个一批"人才、百千万人才工程国家级人选、享受国务院特殊津贴专家等国家级人才工程，有1人获得全国优秀教师称号，有多人入选皖江学者特聘教授、省学术和技术带头人、省学术和技术带头人后备人选等省级人才工程或省级人才称号，还有多位教师获省级教学名师、省级教坛新秀、省级优秀教师等荣誉称号。高水平论文和国家社会科学基金、自然科学基金项目数量稳定增长。

（3）师资队伍国际化水平不断提高。与国外高校加大了交流与合作的力度，进一步扩大国际交流范围，鼓励并积极推进我校与国外高水平大学交流与合作，搭建国际交流舞台，加快师资队伍国际化成长步伐。完善教师出国出境进修访学、学术交流相关制度，加大培养力度，实施"中青年骨干教师出国研修项目""硕士生导师出国研修项目"等，加大力度选派中青年骨干教师到国外高水平大学进行访问学者研究，追踪学科发展前沿，提高学术水平和教育教学能力，提升我校教师的国际学术背景。近五年来，学校选派了200余名教师到国外高水平大学进行访学研修、攻读博士学位，联合国外高水平大学举办国际学术研讨会50余场次。

（4）人事制度改革不断深化，人才工作机制日趋完善。深化人事制度改革，出台《安徽财经大学单位年度考评结果运用办法》，修订完善《安徽财经大学教职工年度考核办法》《安徽财经大学教职工聘期考核办法》《安徽财经大学教职工考勤管理办法》《安徽财经大学人事调配管理暂行办法》等，促进人才资源合理流动和有效配置，不断优化人才成长环境。一是通过分级聘用考核，促使教师保持积极向上的精神状态；二是完善教师职称晋升制度，发挥职称评审对教师职业生涯的导向作用，激发教师潜力，调动教师教学科研的积极性；三是加大收入分配改革创新，教职工收入始终保持与学校发展水平相适应。

（5）注重长效机制建立，师德师风水平取得新的进展。围绕立德树人的根本任务，以教书育人、为人师表为重点，制定《安徽财经大学教师职业道德规范》《安徽财经大学师德师风考核办法》等，加强学术道德教育，构建教育、监督、查处相结合的学风建设工作体系。查处学术不端行为，严格执行职称评审、职务晋升、评优奖励等师德师风"一票否决制"。积极开展师德师风建设，加大对师德师风先进典型的宣传表彰，组织开展"我最喜爱的老师"评选表彰活动、师德师风演讲比赛、青年教师师德师风教育培训班、师德师风专题报告会等活动，不断提升师资队伍师德师风水平。

2. 存在的主要问题

目前，学校师资队伍建设还存在以下几个方面的问题：一是专任教师数量仍然不足，专任教师数量与在校学生总量相比，生师比偏高，这对"新经管"战略下人才培养质量产生了不利影响；二是师资队伍结构不合理，主要表现为师资博士化率比例未超过50%，中青年教师各级职称比例也有待提高；三是高层次领军人才偏少，主要表现为目前学校入选国家级人才工程的二类人才和入选省级人才工程的三类人才数量都偏少，学校总体欠缺高层次领军人才；四是师资队伍教学科研能力偏弱，主要表现在缺乏高层次的教学团队和科研团队，高水平高显示度的教学科研成果偏少。

四、加强师资队伍培育的进一步思考

（一）路径选择

1. 建立首席学术带头人培养工程

（1）创新高端领军人才引进和培养模式。进一步完善实施学校高层次人才引进办法及相应配套措施，重点围绕人才队伍培养工程，实施"高层次领军人才培养支持计划"。大力培养和引进省级学术和技术带头人及以上的高层次人才，着力培养省级教学名师、省级教坛新秀及以上的名师。拓宽引进和培养渠道，加大海外高层次人才引进力度，加速海外高层次人才储备。不断探索新的培养方式，加大高层次人才培养力度，构建定位明确、层次清晰、衔接紧密、促进高层次人才可持续发展的人才培养支持体系。

（2）建立首席学术带头人及后备人选制度。遴选首席学术带头及后备人选，实施"1020"工程，在全校范围内遴选10名首席学术带头，遴选20名首席学术带头人后备人选，加大支持力度，锁定学校重点学科领域极具发展潜力的优秀学术骨干进行专项配套、重点支持。加速培养造就一批进入国内研究前沿的优秀学术带头人。采取政策倾斜、重点支持、合作研究、联合培养等方式，逐步培养一支高水平的学科带头人队伍。

（3）继续推进博士化率提升工程。全面总结"十三五"期间引进人才工作存在的问题与不足，针对人才队伍总体水平不高、能力不强、结构不均衡等突出问题，继续拓宽引进渠道，大力引进海内外高水平博士毕业生。完善人才引进分类标准及管理体制，建立符合学科专业建设需要的人才引进、遴选、评价与淘汰机制，提高引进人才的整体能力水平。

（4）实施团队建设计划。围绕国家和安徽省重大专项、重点实验室、重点学科、各类创新平台，实施"科研创新团队建设计划"，制订相关配套政策，设立创新团队建设基金，支持创新团队的建立及运作，力争五年内建设一批省内领先、国内知名的科研创新团队。实施"教学团队建设计划"，以核心课程体系为牵引，以构建现代教育培养模式为动力，加强示范教学团队和课程团队建设。

（5）实施海外高层次人才引进工程。支持重点学科聘请海外院长试点改革，制订和落实海外人才招聘计划，发挥校友和专业化人才服务机构的作用。支持二级学院实行多元化、柔性化人才引进机制，吸引海外人才到校从事讲学、学术交流、科研等多种形式的活动。

（6）大力推进协同创新计划。继续深入探索建立校校协同、校所协同、校企（行业）协同、校地（区域）协同、国际合作协同等开放、集成、高效的新模式，形成以任务为核心的人事聘用管理制度、寓教于研的人才培养模式、以质量与贡献为依据的考评机制、以学科交叉融合为导向的资源配置方式等协同创新机制，引进一批高水平专家、培养一批拔尖创新人才、产出一批重大标志性成果。

（7）继续推进客座教授和兼职教师队伍建设。聘请国内外知名教授作为我校客座教授，指导我校学科建设和博士点申报，举办学术报告，指导青年教师和研究生成长。按照学校发展需要和上级文件要求，完善兼职教师、专业硕士实践导师等队伍建设。

2. 加快实施教师能力提升工程

（1）实施中青年教师事业发展支持计划。加强新进教师岗前培训，施行校内导师"一对一"培养，帮助新进教师顺利转变角色，更好更快地适应岗位要求。帮助新进教师树立正确的教育理念，培育其良好的职业道德和敬业精神，更好地胜任教学工作和履行岗位职责。帮助新进教师对未来的职业规划有明确的认识和更精准的定位，更好地促进青年教师事业发展。根据学科发展需求和教师自身发展需要，整合、开发、利用校内外培训资源，建立校、院两级培训管理体制，逐步构建教师学位教育、学科实践知识技能培训和高层次研究"三位一体"的培训体系。同时，加强辅导员队伍建设，加大辅导员队伍能力素质教育培训力度，进一步提升辅导员队伍水平。

（2）实施拔尖创新人才培养计划。为加快建设高水平人才队伍，推动"双一流"和"新经管"工程建设，提升教师教学科研水平与创新能力，逐步搭建定位明确、层次清晰、链接紧密、能够促进拔尖创新型人才可持续发展的培养和支持体系，学校将采取多项措施，加大教师创新能力培养力度。一方面，通过选拔一批有潜力的人才，派出到世界高水平大学和知名科研院所学习，让知名大师"一对一"培养，进一步激活或挖掘其创新能力；通过派出到海外高水平大学、知名科研院所进行研修、为其配备学术指导专家、研究团队等多种方式，进一步挖掘其创新能力。另一方面，通过搭建创新平台，让有创新能力的教师进入平台，并采取一定的机制，让进入平台的教师吸收、带动其他教师一起开展创新性研究等活动，最大限度地在校园内营造出全体教师创新氛围。争取在"十四五"

期间，培养出一批研究功底雄厚、创新能力突出的优秀拔尖创新人才。

（3）实施社会实践能力提升计划。为培养适应时代要求的教师队伍，增强高校教师自觉投身经济社会发展主战场的意识与能力，全面提高我校教师队伍思想政治素质和业务能力，为学校提高人才培养质量提供有力支撑，我校将进一步实施社会实践能力提升计划。首先，鼓励各学院和研究机构积极利用各种资源，在学科相关的科研院所、企业和社会组织处设立教师社会实践基地，重点选派45岁以下的青年教师到实践基地参与培训、挂职或开展合作研究，让教师从中获得社会实践知识，更好地了解社会经济发展，提升专业实践能力。其次，要建立与社会实践相关的评价机制，使教师在岗位聘任、职称申报和绩效考核中能体现出参与社会实践的重要性。最后，设立专项经费，保障教师社会实践计划稳定、可持续开展。

（4）实施国际学术交流计划。为鼓励教师开展国际交流，及时了解和掌握本学科的国际前沿动态，不断提高我校的国际化水平，扩大我校的学术影响力，学校将进一步强化国际交流与合作，积极实施国际学术交流计划。一是鼓励教师参加国际学术研讨会，并为教师参会提供必要的经费支持；二是鼓励教师开展国际合作，提升科学研究的国际化水平；三是支持相关单位举办国际学术研讨会，开拓教师视野，活跃校园学术氛围；四是支持教师出国访学研修，并为其提供经费支持和工作量减免。

（5）推进师德师风建设计划。切实加强师德师风建设，以"学为人师、行为世范"为准则，以提高教师思想政治素质、职业规范和道德水平为重点，强化师德师风教育。完善师德师风考核标准与考核评价体系，规范教师育人准则和师德师风监督机制，形成师德师风建设的良好校园环境。开展"我最喜爱的老师""优秀教师"等评选表彰活动，建立良好的师德师风舆论宣传导向，倡导追求真理、实事求是、探求新知的风尚，恪守志存高远、淡泊名利、甘于奉献的精神，营造鼓励创新、宽容失败、真诚合作的氛围，引导教师爱岗敬业、严格自律，提高师德师风修养。对学术不端采取"零容忍"态度，规范学术管理，健全惩治学术不端行为的制度，切实净化学术风气。

3. 改革人才成长体制机制工程

（1）坚持德才兼备，以德为先，严把人才选聘考核政治关。把教书育人成效作为高层次人才考核的重点内容。完善科研评价导向，注重研究成果的学术价值和社会效益，逐步引入市场评价和社会评价，激励高层次人才进行重大创新研究。坚持以"信念坚定、为民服务、敢于担当、清正廉洁"的好干部标准选拔和任用干部。构建多元化干部考评机制，激活干部队伍活力。

（2）加强聘用管理，精细岗位设置，创新用人方式。发挥岗位资源配置对学校建设所产生的作用，积极推进以教师聘用制为核心的全员聘用制改革。精细岗位设置，遵循学科发展规律，按照学科建设需要分类、分级设置教师岗位，按照管理和服务内容、流程设置管理岗位。岗位设置的前提与基础是有明晰的岗位职责、工作目标、任职条件、工作人员权利等，能服务于教学研究型大学建设需要，不因人设岗。在用人方式上，一是要建立分类用人制度，要因岗因需用人；二是要改变因档案管理产生的固化用人方式，积极创新用人方式，将"单位人"变为"社会人"；三是要强化用人单位的自主权，将人员聘用的所有权与使用权相分离，依据协议约定进行用人管理与考核；四是彻底改变行政级别管理导向，建立平等的人事主体关系，实现用人管理由身份管理向岗位管理转变；五是从政策和制度层面建立人员退出机制，提升用人管理效率。

（3）完善分配激励机制。在保障各类人员基本需要的基础上，建立有利于提高内部竞争力的分配机制，绩效工资向高层次人才、业务骨干和做出突出贡献的人员倾斜，对特殊人才采用协议工资制。开展教学名师、科研标兵、教坛新秀等评选表彰，加强典型宣传，发挥示范引领作用。

（二）保障措施

1. 健全师资队伍及人才建设工作领导机制

紧紧围绕"新经管"战略发展大局，坚持校党委统一领导，组织人事部门牵头抓总，有关部门各司其职，密切配合，广大教职工全员参与的党管人才工作新格局。建立人才工作领导小组，重点加强对学校人才工作的统筹和协调，制订学校师资队伍及人才工作方案，加强对基层单位人才工作的检查与指导，督促落实学校人才工作的"一把手"工程，及时研究解决师资队伍及人才工作中的重大问题，健全人才工作运行机制，确保人才工作稳定、有序进行。

2. 健全师资队伍及人才建设规划

根据"新经管"战略目标，集思广益、深入探讨、充分论证学校师资队伍及人才工作方案，并按照学校、学院、系三个层面分别确定各级师资队伍建设目标，做出具体的人才建设规划并付诸实施。

3. 统筹各类资源，加大投入力度

以强化师资队伍建设为根本和出发点，以引进和培养高层次人才为目标，加大在经费、设备和设施等资源上的投入，支持高水平团队建设、领军人才建设和中青年骨干人才培养。同时，鼓励各单位积极探索、广开渠道，积极争取和利用公共资源和社会资源，提高资源统筹能力，以保障师资队伍建设需要。

本章参考文献

[1] 李兵，宋宙红. 论庆历兴学对北宋书院发展的影响 [J]. 集美大学学报（教育科学版），2003（3）：40-45，52.

[2] 李森，谷陟云. 教师教育结构质量的内涵、特征及提升策略 [J]. 西南大学学报（社会科学），2019，45（5）：78-85，199.

[3] 梁靖，赵华罄. 德国"卓越教师教育计划"对我国"国培计划"的启示 [J]. 吉林教育，2014（23）：47-48.

[4] 潘亚楼，潘发顺. 关于幼儿教师队伍建设问题的研究 [C]. 《教师教学能力发展研究》科研成果集（第十四卷）：《教师教学能力发展研究》总课题组，2018：706-711.

[5] 彭红科. 发达国家职业教育师资培养的特色、共通经验及借鉴 [J]. 教育与职业，2019（3）：89-94.

[6] 石旭斋. 地方特色高水平大学建设目标下的安财"新经管"发展战略 [J]. 阜阳职业技术学院学报，2020，31（2）：93-97.

[7] 王鹏. 锦江学院卓越师资建设项目管理研究 [D]. 电子科技大学，2017.

[8] 姚松，曹远航. 我国卓越教师研究领域的热点、前沿与发展趋势 [J]. 教师教育学报，2021，8（1）：75-83.

[9] 俞婷婕，肖甦. 澳大利亚政府优秀教师计划 [J]. 教育理论与实践，2008，28（9）：55.

第十一章

"新经管"建设路径：科研教学融创工程

"科教融合"理念起源于19世纪德国高等教育系统，至今已成为世界高等教育领域的共识。在推进国家创新体系和创新型国家建设的大背景下，我国大力深化科教融合以推动协同育人。中共中央、国务院颁布《关于深化教育体制机制改革的意见》强调"深入推进协同育人，促进协同培养人才制度化。要深化科研体制改革，坚持以高水平的科研支撑高质量的人才培养"。《教育部关于加快建设高水平本科教育全面提高人才培养能力的意见》（教高〔2018〕2号）提出"健全协同育人机制""建立科教融合、相互促进的协同培养机制……以高水平科学研究支撑高质量本科人才培养。"科教融合是现代大学的应然追求和行为取向，更是促进社会发展和高层次人才涌现的有效途径。但当前大多数高校仍存在科教分离的现象，以"知识传授"为中心的育人方式仍占主导地位，"教学、科研两张皮"的问题已经成为困扰我国高校创新人才培养的主要障碍。将"科教融合"理念融入高校人才培养中，以高质量科研推进高质量人才孵化，厘清"科教融合协同育人"在高校的实施状况，剖析国内外高校的成功经验和启示，对我校的科研教学融创工程建设具有很强的现实意义。

一、科教融创协同育人基本分析

（一）内涵界定

科学研究和人才培养是高校的重要职能，同时教学和科研都是实现人才培养的手段，只有将教学活动和科学研究有机结合，才能相互促进共同提高人才培养质量。科教协同强调在高等学校教育中科研教学相互结合，寓教于研，以研促教，明确科研在高校发展过程中起到支撑和引领的地位与作用，实现科学研究在教育中的重要价值。

改革创新是现代高水平大学发展的必由之路，而科教融创协同育人是高校可持续发展的本质要求。科教融创协同育人是高校协同创新的一种形式，通过科教协同模式，以人才培养为目的，坚持资源互补、合作共赢的原则，创新教育教学模式，提升育人成效，同时将优质科研资源等转化为育人资源，扩大资源优势，拓宽人才培养渠道，丰富人才培养内涵，提升人才培养水平，实现全面育人。

（二）研究现状

"科教融合"不仅是高校创新发展的有力手段，也是推进我国创新人才培养的重要途径。科教融创协同育人已经成为我国政府高度关注的焦点问题，国内很多学者也对此做了大量的研究。李忠云（2012）认为科教融合是高水平大学建设的应有之义，协同育人是提高大学生实践创新能力的现实。坚持"科教融合、协同育人"体现了人才培养和科学研究的高校职能，也推进了社会服务和文化传承创新[1]。孙菁（2012）指出科教融合以创新人才培养为前提，是教学和科研相互渗透、相互促进的育人新路径。教学、科研在形式与内容上的融合有助于提升教学价值功效，培养学生科研素养和创新能力，创新人才培养体系，实现全面育人[2]。康琪等（2013）指出科研与教学结合旨在优化资源配置、提高利用效率，有助于促进国家创新能力的发展，深入推进创新型国家的建成。科教结合的重点在于整合其政策和资源[3]。周光礼等（2013）等认为科教融合是高等教育的顶层设计，要把科学研究作为与课堂教学同等重要的教学方式，一方面强调教师要把最新的科研成果引入课堂教学，另一方面强调学生要参与科学研究[4]。李晨

---

[1] 李忠云，邓秀新. 科教融合 协同育人 提升人才培养质量 [J]. 中国高校科技，2012（9）：6-8.
[2] 孙菁. 科教融合：创新人才培养的新路径 [J]. 中国高等教育，2012（17）：32-34.
[3] 康琪，周华东，梁洪力，王海燕. 关于促进科教结合内涵、实质和路径的思考 [J]. 科技管理研究，2013，33（12）：212-214，219.
[4] 周光礼，马海泉. 科教融合与大学现代化——西方大学科研体制化的同质性和差异性 [J]. 中国高教研究，2013（1）：12-21.

(2014) 指出,科教融合协同育人是一种创新人才培养的综合性教育模式,通过科研教学相互促进与融合,提高在校学生理论、实践层次,培育高水平人才。科教融合协同育人有利于推动经济社会发展方式的转变,有利于提高高校毕业生的就业竞争力和高校实现可持续发展[①]。蒋文娟等(2017)认为一方面科教融合被看作高校的先进课程建设理念和重要育人战略,另一方面它也能全面提升高等教育价值功效。在科教结合协同育人实践中,完善和优化运行机制并不断改革和创新人才培养模式,才能使科教结合协同育人进入最佳运行状态[②]。成洪波(2017)研究指出科教融合是现代高等院校的本质要求,同时也构建了应用型人才培育新模式。应用型地方大学必须通过深入贯彻科教融合理念,加强校企联合,引导教师实现教研统一,鼓励学生参与面向区域创新体系建设和产业发展需求的科研活动,进一步完善产学研用结合的人才培养模式[③]。

二、国内外高校科教融创协同育人经验借鉴

(一)国外高校科教融创协同育人经验借鉴

19世纪,科教融合起源于德国柏林大学,后为欧美各国借鉴并普遍应用。德国大学的科教融合主要有两种模式:教学—科研实验室模式和教学—科研研讨班模式。教学—科研实验室以吉森实验室为典型,初期的定位是培养药剂师的训练学校,在教授知识的同时让学生有机会参与研究过程,共享研究结果,引导学生从实际经验学习科学语言和研究方法。教学—科研研讨班模式又称习明纳,以诺伊曼建立的数学—物理研讨班为典型。每个星期学生都在教授的教导下,针对指定的问题经过独创调查研究和圆桌讨论,然后回到实验室进行实际操作练习和探索,下周再回到圆桌进行讨论。

20世纪以后,学术研究和有关科研训练大量地转移到新兴的美国,美国大学曾模仿英国大学模式,主要从事课程教学,后受德国大学影响,创立研究生

---

① 李晨. 高校科教融合的改革和重构[J]. 中国成人教育, 2014 (22): 31-33.
② 蒋文娟, 张淑林, 刘天卓. 科教结合协同育人驱动机制研究[J]. 中国高校科技, 2016 (6): 36-40.
③ 成洪波. 论科教融合与应用型创新人才培养[J]. 高等工程教育研究, 2017 (4): 141-145.

院，形成了研究院与本科生教育分离的二层结构体系。20世纪20年代起，美国研究型大学开始把普通教育和专业教育结合起来，目标是培养全面发展的人。在综合教育的"潮流"下，科教融合在美国本科生教育领域得到普遍推广。本科生科研作为人才培养的一种方式，有效提升了美国研究型大学的综合实力。美国研究型大学的科教融合主要有五个特征。

一是将研究元素融入课程设计。为本科生开设研究型课程，广泛传授科研必备知识，全面提升本科生科研技能与素养。目前，美国众多的研究型大学开设了"一年级习明纳课程"。美国伊利诺伊理工大学结合科研与社会产业并开设相关课程，在课堂上向学生展示学科前沿知识与有待进一步研究的领域，同时开展实验教学、生产实习等科技创新活动，激发学生兴趣，培养学生发现并解决问题的能力。

二是将个性化指导贯穿人才培养全过程。美国大学采用开放式教学模式鼓励学生自主思考，支持多样化课堂教学和个性化网络教学。优化选课体系，保障学生的选课权利，提升学科归属感，塑造个性化知识格局，提升科研创新能力。同时，导师制的推行确保每一位学生都得到了全方位、全时空、全过程的个性化指导。学校为本科生导师的确定提供多元渠道，导师因材施教，帮助学生制订适合本人个性和能力的专属研究计划，对学生的思想、学习和生活进行全面指导。

三是提供弹性多元化研究方向。美国研究型大学本科生在研究项目的内容、形式、时间等方面都体现了弹性、多元的特征。按组织形式来划分，本科生研究项目可分为学生参与项目和独立完成项目，前者是科研学徒制，后者是独立立项制。按时间安排来划分，本科生研究项目可分为学年或学期研究计划和暑期研究计划。学生根据自己的研究兴趣和时间安排选择申请。

四是建立健全科研管理机制。设立专门的组织机构，科学、规范本科生科研管理，完善科研平台建设。如亚利桑那州立大学倡导多学科、跨领域的协同合作研究与创新，通过科研平台搭建，学生可以获得展示科研成果、与他人相互交流学习的机会，老师可以在平台关注交叉学科前沿理论，科研项目的经费管理、绩效评估等信息。同时完善奖励制度，对于学生参与项目、产出成果给予学分或奖学金激励，教师指导学生科研可在聘用、评奖、晋升、终身教职等决策中将获得政策倾斜。建立科研成果的评估机制，反馈项目实施过程及效果，帮助师生和管理者总结经验。

五是全方位为学生科研提供资源。在美国，政府及非官方组织都为高校学生科研提供资源支持。以科研杂志为例，由政府部门或高校主办的本科生科研杂志、本科生科研理事会组织出版的本科生研究指南和 CUR 季刊，积极支持以及指导大学生科研工作。除此之外，美国的本科生科研大会给全国研究型大学本科生科研活动提供交流合作平台，为其科研活动形成合力。一些学术团体也积极鼓励本科生参加其会议，推动本科生科研能力提升。

（二）国内高校科教融创协同育人经验借鉴

改革开放以来，我国高等学校科学研究水平不断提升，但高等教育仍以教师向学生传授知识为主，科学研究则主要由教师承担，对人才培养的直接作用并不明显。20 世纪末以来，我国教育界逐渐认可了科研与教学相结合，在高校实践与发展中显示出其重大作用。当前科教融合协同育人已经上升到了国家战略的高度，科教融合被视为人才培养的重要手段和途径，并成为高水平大学的重要特征。我国高校自科教融创协同育人进入战略机遇期以后，发展势头强劲，广泛探索和深入实践人才培养创新模式。

一是优化本科生科研训练体系。我国研究型大学积极设立本科生科研训练项目，实行本科生导师制，利用完善的科研平台以促进教学水平的提升，以及科研教学资源相互转化的效率水平，并且所有科研平台面向本科生开放。部分研究型大学将包含科研训练活动的创新学分纳入本科生毕业要求中，各类科技竞赛参赛的学校范围也不断扩大、支持手段越来越健全。优秀本科生可以跟随教师参与部分科研项目，也可以自主立项进行科学研究，学生在教师的指导下进行问题发现、文献检索、社会调研、实验设计、论文撰写等研究性学习活动。同时，在教学上进一步改革教学方式，采用探究式教学方式，启发学生的问题意识，增加课程内容的研究性，加强科研成果转化教学案例工作，引导学生将科学研究和专业知识融合起来解决实际问题，强化个性与多元的培养模式的有机结合，不断推进相关工作进程，以健全完善的全链条培养机制为基础，持续刺激学生的创新学习兴趣与潜力。例如，中央财经大学构建实战式新型产教融合育人模式，协调各学院的优秀资源，致力推进科研教学融合、通识教育专业教育融合、产业教学融合。其科学研究基地充分利用学校财经教育资源优势，开展高级研修班、论坛讲座等多层次、多渠道教育培训项目，为高校学生打造了产出科研成果的平台并大力推动了科研资源有效转化，全面创新人才培养体系。

二是全方位打造产学研发展平台。高校通过与政府、企业等机构结成发展共同体，资源技术共享，合作共建高质量人才培养平台。科技英才班模式是高等学校与科研院所联合的典型，其优化人才培养条件，选拔优秀本科生独立成班，共同培养相关学科领域未来领军人才。科技英才班培养全程引入优质的教学资源和师资力量，低年级基础教育在高校进行，由校内教授指导学生学业，高年级专业教育通过指定科研院所的学业导师来指导学生赴科研院所开展具体科研实践，毕业生将优先推荐至合作科研院所继续深造。科技英才班的专题教研班常常指的是学校采用一种启发式、讨论式的课程教学方法，开设一些教研科学技术前沿课、创新型课和实验实践课，并定期组织学生开展专题学术沙龙、组建科研创新团队等，营造浓厚的创新氛围，让学生在学习国家科研科技前沿知识的同时提升创新意识和科研素养。另外，通过与相关企业合作开办实验班，设立奖助学金，搭建协同育人平台等方式加强校企互动，可以充分利用学校学科优势和企业实践资源，积极调动学生独立自主性。西南财经大学积极与地方政府共同合作，联同美国道富银行创办金融科技实验室，同时利用企业优质资源，加强校企协作共同搭建产学研协同育人平台，选择与钉钉、阿里云等高水平企业联合，以培育优秀财经人才为目标，开展关于高素质人才培养所需的理论知识和实践技能活动。所有平台均面向在校大学生开放，为学生提供科研机会和提高专业能力。

三、安徽财经大学科教融创协同育人的探索与成效

（一）完善融创制度，强化育人特色

学校全方位探索科教融创协同育人机制，加强制度建设，营造良好学术育人氛围。强化育人特色，为本科生提供多维度的个性化指导和实践机会。

1. 持续完善制度设计，实施本科生导师制、教授为本科生授课等制度

学校先后出台《安徽财经大学关于科研促进教学优化协同育人机制实施办

法》《安徽财经大学科教融合协同育人实施办法》《安徽财经大学本科生导师制管理办法（修订）》《安徽财经大学教授为本科生授课规定》等，从制度建设层面支持本科生科研训练顺利实施，支持有研究能力的学生早进实验室、早进团队、早进项目。

2. 重点强化育人特色，依托项目、竞赛和学生社团等第二课堂提供个性化指导

一是设立大学生科研创新基金项目，完善过程管理，常态化举办"科学研究方法"系列讲座和专题培训，鼓励以教师参与的课题和研究成果为大学生申报科研创新基金项目作指导。近年来，大学生科研创新基金项目申报数量逐年增加，学生的科研意识和参与科学研究项目能动性逐渐增强，立项数量稳中有升，近三年来成功立项650项，成果数量和质量也逐步提高，学生科研能力得到提升。同时，学校高度重视参与大学生创新创业训练计划，通过校院联动机制，整合资源优势，举办创业案例征集活动，连续举办安徽省大学生创新创业教育研讨会，将理论研究和创新教育实践相结合。学校的国家级、省级大学生创新创业训练计划项目立项总数2568项，连续多年在全省排名第一，在全国地方高校中位列前列。二是坚持以学科竞赛推动科教融创协同育人，合理布局、精心谋划、多管齐下。组建多学科融合指导教师队伍，将学生参加学科竞赛列入培养方案必修项目，优化学科竞赛激励机制，给予获奖师生资金奖励，学生的学科竞赛成绩可替代毕业论文，教师可获得工作量和相应级别的教学效果，认定作为职称评定的重要条件，进一步激发了师生的参与热情。在2016~2020年全国普通高校大学生竞赛排行榜（本科）Top300榜单上列第148位，列全国财经类高校第2位，全国人文社科类高校第3位。三是充分发挥学生社团作用，以学生经济研究学会为抓手，通过举办学术讲座、大学生学术论坛以及社会实践等系列活动，着力培养大学生科研兴趣，营造良好的科研氛围，提升大学生学术素养和科研水平。学生经济研究学会会刊《大学生经济探索》创刊于1978年，是我国第一家大学生自办的经济期刊，已成为校内学生学术交流的重要平台。学校坚持为广大学生搭建自身学术平台，已连续举办十二届大学生学术论坛，通过学生自办学术论坛，学生得到了展现自己学术成果的机会，也得到了导师、专家有针对性的建议与指导，

学术修养和科研水平进一步提高。学校还积极邀请专家、教授为大学生提供论文写作、信息咨询以及其他各项活动的指导，保障其开展学术科研活动。近年来，学校多次举办会刊编辑培训、科研方法培训，培养学生的专业写作能力。

（二）制订培养方案，创新育人模式

学校以"新经管"建设工程为契机，及时制订"新经管"工程培养方案，构建融入科研元素的课程框架，积极探索实践科技英才班模式，为有能力的学生提供更多科研、教学资源。

1. 构建融入科研元素的培养方案，持续推动思想政治理论与实践、通识教育、学科基础课、专业理论与实践、创新创业实训、应用与发展教育六大模块深度融合，将新技术课程体系嵌入课程框架。"新经管"建设工程培养方案展现了新思路、新方法，例如，依据最新的知识碎片化和网络化特征，设置专题讲座课程模块，用以优化学生知识结构、增强学生综合素质。讲座课程分为四个主题，每个主题均设置有最低学分要求，学生需要参加一定数量的学术讲座并完成作业才能获得毕业所需学分。这些专题讲座由教师或团队结合近期学术前沿或自身科研内容开设，或邀请校外教师、专家开设，学校每学期进行一次开课报备工作，各主讲教师对每学期讲学内容进行修订、充实和完善，各开课单位定期召开讲学类课程总结会议，交流经验，查找不足，为进一步完善课程框架、推动科教融创协同提供借鉴。加之跨专业综合实验模块和前面提及的学科竞赛学分模块等，"新经管"建设工程培养方案从形式上推动了第一课堂与第二课堂相融合，以形式为载体，进而在内容上推动了科教融合协同育人的实践发展。培养方案中传统的第一课堂的教学内容和形式也在逐渐发生转变，学校鼓励教师把最新科研成果和教研成果融入本科课堂教学，将研究成果转化为教学资源，提升课堂教学质量，鼓励教授为低年级开设通识课程或学科基础课程，倡导知名教授开设新生研讨课，激发学生专业兴趣和学习动力。

2. 创新培养模式，积极探索专业实验班模式，与专业协会官方认证教学机构、科研数据公司等合作，选拔有能力和研究潜力的学生，单独开设各类培养专业人才的实验班。目前学校开设并运行的实验班有：财政学拔尖班（FEC）、税

务师方向实验班（CTA）、会计学专业 ACA 方向实验班、ACCA 方向实验班、财务管理专业 CIMA 方向实验班、投资学专业（CFA 方向）实验班、金融工程专业（FRM 方向）实验班和工商管理实验班。以会计学专业 ACA 方向实验班为例，采用"学历＋国际执业资格"相结合的培养方式，将 ACA 课程嵌入会计学专业本科教学计划中，采用 ICAEW 授权的全英文国际版教材，由 ICAEW 总部认证教学机构（IAS）派遣具有国际注会资格的优秀教师进行中英文双语教学，为学生提供高标准的专业教育，使其成为国际性、精英型高级专业人才。学生在取得大学本科学历与学士学位的同时获得国际会计师 ACA 资格的初级证书以及通过 ACA 中级阶段的考试，并在大学毕业后可对接英国利物浦大学或西交利物浦大学会计学硕士，硕士期间可获得 ACA 中级课程的免考和进行 ACA 高级课程的学习，也可选择申请国外排名前 30 的名校硕士。在实践中，继续深造硕士研究生的学生被格拉斯哥大学、曼彻斯特大学、拉夫堡大学、爱丁堡大学、巴斯大学、布里斯托大学、卡迪夫大学、悉尼大学、伦敦国王学院、南安普顿大学等国外著名高校录取，硕士研究生录取率 12 级达 33%，13 级达 51.9%，14 级达 29%，15 级达 37%，16 级高达 60%。数据表明，学生在实验班学习期间，获得了良好的科研训练，科研能力提升，科研潜力得以挖掘，实验班的人才培养质量较高。

四、加快科教融创协同育人的进一步思考

科教融创是一项全面性、系统性的工作，需要制度、政策的引导支持，需要高校内部创新体制机制，集合外部资源力量，需要打造充满生机活力的平台和队伍，共同推动科教融创协同工作全面开展。

（一）贯彻科教融创协同育人理念

以科教融合促创新育人是现代高水平大学的必然要求。在全面推行科教融合模式的前提下，首先需要树立并贯彻科教融合理念。一是切实提高认识。对于高校教育者来说，要切实牢固树立科教融创协同育人的理念，要从人才培养的高度看待科研教学融合的大局意识。二是加强学习。随着时代的不同，科教融合模式

也会有相应的变化，高校管理者和教育工作者都需要通过不断学习和培训来提升自我的理论与实践知识水平，在理论和实践方面对科教融创协同育人进行有益的尝试和大胆革新。三是深入贯彻理念。不断加大对教学硬件设施建设的资金投入，不断提高科研成果转化效率，在教学研究的各个环节促进科研与教学的深度融合。

（二）完善科教融创协同育人制度

1. 协同育人机制

高校应探索建立自上而下的科教协同领导小组，统筹协调、共同参与，从优化生源、共享资源、多元资助、教学设计等方面进行改革，对青年学生实行学术导师制、学术研讨制、课外学分导向科研等创新制度，设立科研教学融合创新基金，完善经费保障制度，鼓励大学生积极参加科研训练项目，给予充足的经费支持，为学生的科研实践成果提供物质奖励。另外，建立平台共享协同机制，加强校地、校产、校企合作，其共建的实验室和科研平台的同时向科学研究活动和教学育人活动开放，提高科研训练参与度，增强学生创新能力。

2. 教师评价机制

完善教师评价考核制度，全面进行制度改革。完善涵盖评价科教融创育人效果在内的绩效评价机制，统筹教学和科研管理，坚持教学科研并重的原则，制订有利于教学和科研互促共进的政策措施。建立考核机制，将科教考核结果与教师工资待遇、职称评审、职务晋升、评奖评优等挂钩。注重教书育人质量评价，引导教师把科研成果用于教学，如设置科研学分、增加科研评价体系中教学研究成果、强化对职称评定指标体系中教学能力的评定。健全奖励制度，鼓励教师开展研究性教学，承担课题以及指导大学生参与论文发表等科研活动，并给予相应奖励。

（三）创新人才培养模式

1. 促进教学改革

推动科研与教学深度融合，科研是教学的平台和载体，在人才培养过程中要将科研的思维方法和技术贯彻到教学中，在教学内容和形式上不断更新与丰富，加强课程建设，结合科研发现教学理论的不足。教学是科研的理论指导，由教师指导学生参与具体的科学研究，并将本科生科研纳入课程体系中去，采用启发式案例教学方法，增设教研科学技术前沿课和实验实践课，引导学生参与讨论，在实践中发现存在的短板。同时开展学术讲座、报告会、研讨会、学术经验交流及各学科年会等活动，为学生提供大量优质科研教学资源。

2. 推动学科交叉融合

立足本校的主体学科和优势学科，构建适合学科交叉研究的人才培养体系。学科交叉融合立足于积极响应国家战略，服务社会发展需求，通过深入推进科教融合，实行多学科培养机制，跨领域学科交叉融合有助促进学科融合创新，打造交叉研究高地，提升科研资源转化为教学资源和生产力的效率，促进重大原始创新、颠覆性技术突破和知识转移转化，培育高素质交叉科研人才，构建多学科创新型人才培养模式，以期满足社会发展对交叉创新人才的需求。

3. 搭建协同合作平台

一是加强校际合作。校际合作能够发挥不同高校的优势特长。首先，要增强校内资源的开放性，吸引其他高校进行合作；其次，要积极主动寻求合作机会，共享其他高校的科教融创资源；最后，要积极与国内外高校合作，整合各方资源，不断推进科创融合国际化，培养高素质国际人才。二是加强与高水平科研院所合作。科研院所具有多方面优势，如科研项目、团队建设等，高等院校的优势则主要体现在学科建设和人才队伍上。高等院校和科研院所开展深度合作，通过聘请科研院所科研人员担任高校老师，在科学研究的过程中向学生传授发现问题、解决问题的思路和实际操作的能力。三是加强与高新技术企业合作。促进科研与教学成果相互转化，在实践中不断优化科教融合，才能培育出创新能力强的高素质人才。这需要完善监管制度，健全开放机制，在正确的方向上积极整合各类社会优质资源支持本校科研与学术发展。

本章参考文献

［1］刘献君．学科交叉是建设世界一流学科的重要途径［J］．高校教育管理，2020，14

(1)：1-7，28.

［2］许祥云，张茜．美国本科生科研核心能力图景、培育路径及其启示——基于美国研究型大学的教育实践［J］．比较教育研究，2020（4）：26-33.

［3］周光礼，马海泉．科教融合与大学现代化——西方大学科研体制化的同质性和差异性［J］．中国高教研究，2013（1）：12-21.

［4］蒋文娟，张淑林，刘天卓．科教结合协同育人运行机制与模式［J］．中国高校科技，2017（3）：7-11.

［5］单立楠，徐丽萍，夏文莉，项品辉．浙江大学科教协同育人关键作用探讨［J］．中国高校科技，2019（8）：46-49.

［6］成洪波．论科教融合与应用型创新人才培养［J］．高等工程教育研究，2017（4）：141-145.

［7］蒋文娟，张淑林，刘天卓．科教结合协同育人驱动机制研究［J］．中国高校科技，2016（6）：36-40.

［8］宋福明．科教融合在高校发展过程中的作用及其促进方法研究［J］．江苏科技信息，2015（19）：29-30.

［9］李晨．高校科教融合的改革和重构［J］．中国成人教育，2014（22）：31-33.

［10］王平祥．现代大学科教融合的内在逻辑与实现路径［J］．国家教育行政学院学报，2014（7）：50-53.

［11］康琪，周华东，梁洪力，王海燕．关于促进科教结合内涵、实质和路径的思考［J］．科技管理研究，2013，33（12）：212-214，219.

［12］李忠云，邓秀新．科教融合 协同育人 提升人才培养质量［J］．中国高校科技，2012（9）：6-8.

［13］孙菁．科教融合：创新人才培养的新路径［J］．中国高等教育，2012（17）：32-34.

［14］周光礼，马海泉．科教融合：高等教育理念的变革与创新［J］．中国高教研究，2012（8）：15-23.

［15］房宏君，朱玉芳．国外科教融合育人研究及改革进展［J］．时代经贸，2018（34）：94-95.

第十二章

"新经管"建设路径：信息技术融入工程

信息技术的发展和变革正在孕育新一轮的技术革命，与此同时也对教育产生了深刻的影响，它不仅影响着教育教学方式、教育内容的变革，也深刻影响着教育的核心——人才培养。培养什么样的人才才能够满足新时代发展的需要？地方财经类院校究竟如何才能在信息时代的潮流中掌好船舵成功实现变革？本章将围绕这几个问题展开讨论。

一、信息技术推动教育变革的基本分析

信息技术的飞速发展使信息技术融入教育教学越演越烈，这种时代趋势为教育的内容、方法以及模式的变革与发展带来了新的思路和动力——教育信息化，而促进教育形式和教育内涵的改革和发展是教育信息化的根本目的。教育信息化不只是教育的某个环节或某种方式与信息技术结合，其关键在于充分利用信息技术的融合力，将各种信息技术贯穿教育教学的全过程，围绕社会发展和学习主体的实际需求，收集全国乃至全世界最优质的教育资源并借助信息技术突破其在传统教育教学中的时空限制，并逐步改变传统的教育教学模式、方法和过程，进而提升教育教学的质量和效率，最终将以知识传授为主的教学理念和教学方式变革为以能力素质培养为主的教学理念和教学方式。这种变革不仅是信息技术与教育教学融合的结果，也是教育信息化的本质——通过融入信息技术促进教育教学改革与发展。"融合"信息技术要求实现信息技术与教育教学的相互促进、协同发

展，因此要比"运用"信息技术付出更大的精力与时间。一方面，信息技术要进入教育教学过程，改变教育教学模式，形成新的教学方法和模式，发挥信息技术对教育教学改革的推动作用；另一方面，要实践新的教育教学理念和模式，必须有与之相适应的信息技术提供支撑，同时也为信息技术的发展提供了新的方向。①

（一）推动信息技术融入教育教学的因素

一是信息时代社会发展变革和教育教学改革都要求推动信息技术融入教育教学。当前，伴随大数据、云计算、人工智能和"互联网+教育"等多方面的新兴信息技术的高速发展推动人类社会信息化进程不断深化，人类智能与计算智能在创新力的作用下相互结合并产生出更大的创新力，高新技术产业随之加速发展，萌生了新一轮的产业和技术革命。在此背景下，教育要培养适应时代要求的创新人才和高技能人才，教育体系正在受到强烈的冲击，创造了知识型社会所需要的新型教育体系。并且中国经济发展已经进入发展转型的新阶段——从粗放型经济发展阶段逐步转变为全面提高质量的发展阶段，高质量发展需要大量创新型人才提高国家整体创新能力，而培养信息时代的创新型人才离不开教育教学的信息化，因此，信息技术融入教育教学是促进教育领域创新改革的重要手段，是解答我国教育发展难题的正确方法，是我国迈向教育强国的重大抉择，是信息时代教育教学的重要支撑，这即是"信息技术与教育教学融合"这一主导性概念的时代背景。

二是开放教育资源运动扩大了教育教学资源的时空范围，促进了传统教育和学习方式的创新，推动了教育系统的变革与发展，也成为"信息技术与教学融合"乃至"全球教育教学信息化建设"的强大驱动力。开放教育资源运动将全国甚至全球的教育教学资源借助互联网广泛传播，推动了全球教育与学习的创新实践，并且为创建和发展以学习者为中心的学习环境提供更多的可能性，进而助推了全球教育信息化进程。信息技术融入教育教学的范例之一就是慕课，我国慕

---

① 殷丙山，唐嘉怿. 信息技术推动教育变革——"信息技术发展与教育改革国际论坛"概述 [J]. 中国远程教育，2014（1）：89-92.

课自 2013 年起步,从"建、用、学、管"等多个层面全面推进,目前上线慕课数量超过 3.4 万门,学习人数达 5.4 亿人次,如今,我国慕课的数量和应用规模位居世界第一。①

三是信息技术自身的快速发展为信息技术同教育教学融合奠定了坚实的技术基础。现阶段,信息技术呈现出形态多样化发展的态势,移动计算、云计算等信息技术形态为信息技术同教育的融合提供了更有力的技术支撑。多媒体技术的发展驱动了数字教材的产生和发展,颠覆了传统的纸张教材形式。相对于传统教材而言,数字教材更具便携性、生动性、集约性等优点,依托于二进制存储进而摒弃厚重的纸张使数字教材更加便于携带和查阅,与此同时也实现了资源的节约。更为重要的是数字教材实现了由静态教材向动态教材的突破,除了图文以外数字教材可以同时包含音频和视频,以更加生动形象的形式向读者传授知识。信息技术发展也为"技术"与"教育"的融合提供了硬件支撑,以便携电子产品为载体的学习终端支持了泛在学习、移动学习实施的可能性②,打破了传统教学在时间和空间上的限制,提高了教学与学习的效率。以云计算技术为支撑的应用和服务为研发创造出精准服务于技术教学融合需求的应用软件提供了良好的环境,有利于信息技术与教育教学的深度融合。

相较于传统的教学模式,教育信息化具有以下五大特质。第一,教学资源的丰富性。教育信息化在互联网的支撑下可以提供更多形式多样、内容丰富的教学资源,颠覆了依托单调的纸质版教材的传统教学方式,更有利于激发学生的学习兴趣和发挥学生学习的主动性。第二,教学内容的时效性。信息化教学时代具有知识更新快、信息爆炸式增长等特点,由于知识的生产速度加快,使教学内容更具时效性特征,教师在传授知识的同时也应重视培育学生获取最新知识的能力。第三,教育内容的多样性。教师和学生可以根据自己的个性化需求获取相应的教育内容,在个人兴趣和自身需求的引导下,学生可以变被动学习为主动学习,进而提升学习效率、提高学习质量、丰富学习成果。第四,打破传统学习的时空限

---

① 张烁. 中国慕课,促进"互联网 + 教育公平" [N]. 人民日报,2019 - 4 - 22.
② 李玉顺. 信息技术与教育教学深度融合的发展需求与趋势 [J]. 中国教育信息化,2014(12):3 - 8.

制。通过远程学习等在线学习方式，现代信息技术可以打破时间和空间的限制，充分利用碎片化的时间随时随地学习以提高学习效率。第五，教育教学资源共建共享。信息化的教育教学资源实现全国甚至全世界的优质教育教学资源的互通有无，共建共享可以避免教育教学资源浪费，还可以大幅提高教育教学资源的质量。

（二）信息技术融入教育教学的建设要求

第一，教育教学相关的硬件设施实现信息化。教育教学相关的多媒体教室、信息技术化智能教室，拓展学习相关的数字信息实验室、电子阅览室、宿舍网络系统，以及更基础的校园有线及无线网络，4G、5G信号覆盖等一系列硬件设施在教育教学过程中是最为基础和必不可少的，其信息化的实现是信息技术融入工程进一步推进的前提和基础，也是信息技术融入工程能否贯彻落实的重要保证。同时要坚持"软硬兼施"，即重视教育教学相关软件的设计、建设、选用和维护，将信息技术真正融入教育教学的方方面面，建设真正基于互联网的一体化教学环境。

第二，教育教学所需的信息资源实现数字化。教育教学需要大量相关的资源，如电子教材、电子文献（包括图书、期刊、报纸、网络资源链接等）、多媒体课件、网络模板以及多媒体素材（包括文字、图片、图形、动画、音频、视频）等，并且这些资源都有各类丰富的收集渠道，如学校的有关网站、学科专业网站、教学资源库、网络课程平台、网络资源群组等，这些资源和渠道是信息技术融入教育教学的"基石"，也代表教育教学信息化的软实力。因此，速度更快、质量更高的信息技术融入工程建设离不开以课程为核心的各类教学资源的数字化和信息化建设。

第三，教育教学涉及的各个过程实现信息化。在教育教学相关的硬件设施、软件平台、信息资源进行信息化、数字化建设的同时，更要注重教育教学中的各个过程对这些资源的合理利用，因为这些资源是"死"的，而教育教学过程是"活"的，需要灵活、多变、合理、科学的设计和实施，而教师更是教育教学过程中不可或缺的主体，从而教师也是实现教育教学信息化、推动信息技术融入工程建设的主体。因此，信息技术融入工程要求变革教师重建设、轻应用等传统教育教学理念，培养和提高教师对信息技术的认知和应用水平，使教师有觉悟、有能力将信息技术融入教学模式和教学方法，实现边建设边应用的目标，可以在课堂教学过程中融入多媒体教学、网络教学等方式，激发学生课堂学习热情，提高课堂教学质量；同时在课堂外要培养学生充分利用信息化教学资源的能力和兴趣，提高学生信息技术应用素养。

第四，教育教学相关的管理活动实现信息化。信息技术融入教育教学和教育信息化不仅包括教学信息化，相关管理活动的信息化也是其重要组成部分，能够为教育信息化建设保驾护航。教育教学有关管理活动包括教育教学组织机构、教育教学效果评价工作、教育教学奖惩机制、教育教学改革建设活动等内容，将信息技术融入教育教学管理活动要完善教育教学管理信息化系统和教育教学组织机构的网络化建设，充分利用先进计算机和信息技术优化教育教学管理流程，提高管理活动效率，推动教育教学管理活动实现科学化、精细化、可视化和人性化。

（三）信息技术融入教育教学存在的问题

第一，信息技术演变成"计算机灌输"[①]。信息技术本身只是一种工具，其性质和效果取决于使用者的理念和方法，一些教师虽然在能力上适应了信息技术的发展，但思想观念上却停滞不前，固守传统"填鸭式"的教学理念，将信息技术作为新型"灌输工具"，这种从"人力灌输"到"计算机灌输"的转变违背了信息技术融入教育教学的初衷，并未改变传统应试教育和"填鸭式"教学的本质，信息技术的先进反而成了学生更加沉重的负担。

第二，教育教学资源的信息化建设不深入。一是在完善教育环境资源的同时，没有规范的、优质的、完整的、丰富多彩的教育信息资源，不能体现教育资源信息化的效益。二是全日制本科教育网络资源大部分来自共享资源。而学校和个人参与资源建设的动力和机制缺乏导致有针对性的资源稀缺，加之共享的优质资源不建设、不维护，导致可用资源和特色资源越来越少。多所试点高校的信息

---

① 郑颖，林文雄，吴则焰. 现代信息技术与本科教学融通推动高校回归教学本位 [J]. 高校生物学教学研究（电子版），2017，7（2）：3-8.

化中心与学校网络学院的资源并未整理交流,容易造成资源重叠从而增加不必要的建设成本。

第三,目前普通高校全日制教育参加网络教学资源建设的人员较少[①]。教育教学资源的信息化、数字化建设必须经过方案策划、素材收集、前期上传、后期编辑、互动编程、测试、发布、管理等各个环节。整个过程顺利进行需要组建专业的资源建设团队,进而需要拥有各种技能并且具有协作精神的人才,而这样的人才在当下还是稀缺的。此外,目前还存在部分教职工信息素养不能适应信息时代和知识经济时代要求等问题。

二、国内外高校信息技术推动教育变革的经验借鉴

(一)国外高校信息技术推动教育变革的措施

1. 顶层设计方面

国外名校会根据不同的办学条件、办学理念、校园文化以及愿景期望,对学校的教育教学信息化进行不同的规划和设计。例如,挪威科技大学制定了《校园发展愿景2060》,将建设智慧校园的重点定位在发展、创新、数字化、城镇化四个方面,在信息技术融入教育教学的同时将校园建设与城市发展相结合,打造具有优质教学设施和优越研究条件的先进校园;美国斯坦福大学利用物联网和大数据技术,节省能源成本,展示斯坦福大学的领导力;澳大利亚科廷大学在课堂学习过程中使用各类先进传感器,能够实时获取课堂出勤率等数据,通过进一步分析还可以得出学生的各种学习模式,在此基础上将视频、运作等数据与校际间设施结合起来能够有效改善课堂学习。

2. 体制机制方面

国外名校非常重视信息化组织机构的建设与发展,为了建设更加健全的信息化组织机构,一些名校以更加有效实施信息技术治理为目标,在信息化组织机构中设立校级首席信息官(CIO)职位和办公室,并且为了使信息化组织机构形成

---

① 唐莉. 高校现代远程教育与全日制本科教育在教育信息化上的融合 [J]. 中国成人教育,2013(1):70-73.

决策、管理、服务"三位一体"的机构职能，在其中设立其他分支部门与CIO形成有机整体。例如，斯坦福大学的信息化组织机构包括七个部门，如CIO办公室、战略服务部门和企业技术部门等。而剑桥大学在斯坦福大学七个核心部门的基础上增加了负责学校信息化顶层设计的架构事业部和负责校级核心业务的大项目系统事业部。

在制度规范方面，国外大部分名校都制定了详细的信息化制度规范和政策体系，以实现信息化校园中信息系统和信息资源的有效利用。其中，麻省理工学院的信息化制度体系最为健全，有效运行的IS&T政策主要有7类，并已成为学校政策的有机组成部分。

3. 建设模式方面

虽然国外各高校建设信息化校园的速度和质量呈现上升趋势，但是各高校的建设模式各有特色。例如，斯坦福大学的校园信息化模式具有基于"大数据分析"的特色。斯坦福大学致力于打造决策科学、可持续发展的生态友好型校园。基于"大数据分析"的综合控制与分析程序（ICAP）可以分析和可视化各种校园设施数据，以监控和报告能源使用情况，从而实现快速故障诊断、预测性维护和提高资源利用率。海梅一世大学的校园信息化模式具有基于"平台+App"的特色。这种特色模式充分利用增强现实应用、移动应用、地理门户网站、校园一卡通平台等提供的地图、咨询、路线计算、搜索等服务，收集空间设施、能源消耗以及地理处理服务等有关资料与数据，还支持快速创建各种应用程序以促进数据共享，并增强学习社区的参与度和体验。

4. 应用服务方面

国外名校信息技术应用与服务具有以用户为中心、内容丰富多样、服务细致入微、功能智慧便捷等典型特征。例如，剑桥大学在推进信息技术服务的深入应用方面采取了多种有力措施，特别是对信息技术服务的核心业务进行了系统梳理和归类，提供了教学资源、科研支持、通信与网络、邮件/电话与协作、政策咨询与IT培训等8类共计162项具体服务。此外，国外名校也非常重视智慧服务，南洋理工大学综合利用物联网、建筑信息模型、地理信息系统、混合现实等新型信息技术，建设了可视化的BIM+FM管理平台，提升校园建筑管理效能，从设计之初就将运维管理与智能服务有机结合，有效避免了后期建设和改造维护的难度，降低了运维管理成本。

5. 信息资源方面

在线课程、期刊文献、资料库和许多其他类型的教育信息资源是智慧校园的重要组成部分。在国外名校中，在线课程资源最为丰富、开放共享程度最高的应该是麻省理工学院——该校是世界开放教育信息资源建设的引领者，截至2019年9月，已上线运行193余门高质量MOOC和2400门OCW课程，涉及33个学科，全球超过350万学习者注册学习。美国凤凰城大学研发的个性化学习套件，使学习者能即时访问课程资源，支持订单式培养和多方式获取学位。麻省大学波士顿分校近年来推出的交互式iPad教材不仅包含电子文本，还包括图形设计、交互式视频、问答和其他素材。

（二）国内高校信息技术推动教育变革的做法

1. 与技术型企业合作

苏州大学与华为公司正共同致力为信息技术和高等教育融合发展的未来建设一个数字化、信息化、镜像化、智能化的"云大学"，在此背景下双方签署了战略合作框架协议。

2. 提升教学硬件技术信息化

武汉大学采用"软硬分离"思路，开发跨多个硬件厂商的教室集中管控平台，打通教室各厂商硬件设备，铺设教学信息基础通路。

3. 打造信息化教学环境

华南师范大学依托信息化教育环境，着力推动教育活动方式和教学应用模式的创新与变革，例如，开展线上线下混合教育活动；推行混合多元式教学模式、新型师范生教育模式；推进教育教学质量的综合评价方法应用；促进校际教育教学协作。通过这些实际行动将信息技术融入教育教学，在此基础上逐步实现信息化教育教学的规模化、常态化。

4. 提高数据使用率

中国石油大学通过研究与应用实践，以帮助学校清洗、使用数据并进一步挖掘数据价值为目标，从目标、组织、管理、技术、应用等角度持续提升数据质量，在此基础上提升学校的管理水平和运营效率，进而提高管理层的科学决策能力，最终增强学校的竞争力。

5. 搭建完善的网络服务平台

中国科学技术大学已搭建了较为完善的网络和基础服务平台，建立了统一身份认证体系，并在此基础上开发了各类业务应用系统。通过开发虚拟智能助手，随着知识库的完善和机器人的持续训练，预计将实现解答学校九成左右的用户问题。

6. 打造校园网络生态

复旦大学切实从用户的实际感知出发，除了提升当下的用户体验外还十分关注提升后续体验，以长远的目光着眼于从接入层中分析隐藏在众多接入交换机中的流量状况和异常问题，有助于改善高校建筑中二级网络的生态状况，进而为用户打造舒适的校园网络生态。

7. 推进数据治理体系建设

由于早期数字化校园建设背景的限制，南京理工大学发现各大高校在数据层面的建设较为薄弱，为了加速度过这一阶段，南京理工大学大力推动数据治理体系建设，在全量数据中心建设和数据中台服务的支撑下，以数据的"采、管、用"为目标，着眼提升智慧校园数据服务能力，旨在为学校提供更加全面、高效、精准的数据支撑。

（三）启示

2018年发布的《教育信息化2.0行动计划》中提出，要大力推进智能教育，开展以学习者为中心的智能化教学支持环境建设，利用智能技术加快推动人才培养模式、教学方法改革，探索发展、灵活、智能的教育教学新环境建设与应用模式[①]。从以上国内外高校信息技术融入教育的做法来看，信息技术融入教育无非是从硬件、软件两大方面入手，国外著名大学和我国优秀大学在这两个方面都已经做出了成绩。但是根据我国高等教育实际情况来看，仍存在一些亟待解决的问题。

---

① 中华人民共和国教育部. 教育部关于印发《教育信息化2.0行动计划》的通知［R/OL］.（2018 - 4 - 18）［2021 - 8 - 19］. http：//www.moe.gov.cn/srcsite/A16/s3342/201804/t20180425_334188.html.

第一,国内各大高校的智能教学普遍缺乏顶层设计。信息技术的教育模式研究正处于蓬勃发展的阶段,总体上呈现"百花齐放,百家争鸣"的态势,现阶段还未形成一个成熟完善的框架,教育数据和资源极容易出现"孤岛现象"。因此,为了避免不必要的损失,多数高校在智能教学顶层设计方面仍在观望。由于缺乏顶层设计,高校在智能教学即信息化教学中极易出现"高投入,低效能"的不经济状况,更有甚者会导致教育信息化改革停滞不前。

第二,信息化教学缺乏成熟的示范案例。随着各大高校对于教育信息化改革的重视程度越来越高,高校纷纷响应教育部号召积极落实教育信息化,但信息技术教育改革的诸多实践是在理工科课堂开展的,人文社会科学领域的学科开展的实践相对较少,尤其以财经类等专业为代表,缺乏信息技术应用于教育的"实战经验"。如何充分实现财经类信息化教育模式的优化与创新,仍是一个值得深思的问题。

为了解决以上问题,结合国内外优秀高校的做法,我们可以得到以下启示。

第一,打造信息技术化智能教室,为学生打造智能化、数字化、个性化的学习空间。信息技术化智能教室是以服务学生,开展启发式、探究式与参与式的教学方法改革为目标的智能学习环境解决方案[①]。第二,实现多媒体教室全覆盖。在打造信息化智能教室的同时要保障多媒体教室的覆盖率,确保在智能教室以外,所有教室实现多媒体设备百分百覆盖。第三,完善校内网络基础设施建设。高校信息化教育改革需要坚实的网络基础环境,在信息化教学的大背景下,无论是在信息技术化智能教室还是在自修室、寝室,无论是教学还是学生自主学习都离不开手机、电脑等电子设备,因此各高校必须保证校内无线和有线网络的稳定性和质量,因此完善校内网络基础设施建设、保证学校数据中心大容量的存储资源与高性能的运算能力是至关重要的。第四,紧抓教学资源建设。教学资源是教学的根本,财经类学科中实证方法、理论知识更新相对较快,因此及时掌握最新的资源是至关重要的。在充分利用现有教学平台(例如慕课、学习通等)的同时,各高校应积极构建极具自身特色的教学平台,打造精品课程,实现教学资源的

---

① 古勇,周凌,王培顺.教育信息化2.0背景下卓越法律人才培养模式探索与启示——以中南财经政法大学为例[J].高等教育评论,2019,7(1):31-38.

共享和共建。第五，培育教师对信息技术的认知和应用能力。教师是教育教学的主体之一，因此是信息技术教育的主要参与者、过程主导者和关键行动者。因此，学校通过开展针对教师的各种信息技术培训，提高教师信息素养和信息技术教学能力，实现信息技术与教师的深度融合，推动教师实现信息化、智能化。在此基础上学校需要营造良好的制度和技术环境，形成教师信息化的规范化、专业化机制。

三、信息技术融入"新经管"建设的探索与实践

人才培养是高校的一项基本职能，更是高校教育工作的核心。作为安徽省地方特色高水平院校，为了推动地方财经类院校教育变革，2018年我校发布了《安徽财经大学"新经管"建设总体实施方案》，明确了新时期财经类高校教育变革的新方向。学校努力从传统的财经院校向新型经管院校转变，教育变革方面从被动适应转变为主动引领变革，在此背景下，我校展开了信息技术融入教育教学的工程建设与探索。

教学信息化支撑环境建设是学校实施"新经管"信息技术融入工程计划的基础，包括"新经管"教学硬件建设和"新经管"学习软件建设两大部分，促进"线上+线下"混合式教学的实现。

与此同时，从宏观视野上关注教育教学信息化环境中的软环境，主要包括政策保障和服务支撑等方面。首先，学校的教务处、学生处、研究生处等共同作为教育教学管理部门，除了负责学校、师生、学业等各方面的管理任务外，还坚持研讨、制定、发布、落实各项政策制度，为教育教学信息化的顶层设计以及教师将信息技术融入教学活动等提供政策保障。而服务支撑体系包括对教育教学提质、教师能力提升等提供服务，例如，图书与信息中心和教务处加强合作，共同提升教学平台功能的开发与发展服务，并且设立教师能力发展中心，负责教师信息化教学能力的培训与提升服务。基于此，学校正努力构建一体化、多功能的教育教学信息化服务支撑空间。学校依托信息化教育环境，大力推动教育活动方式和教学应用模式的创新与变革，例如，开展线上线下混合教育活动；推行混合多元式教学模式；推进教育教学质量的综合评价方法应用；促进校际教育教学协

作。通过这些实际行动将信息技术融入教育教学，在此基础上逐步实现信息化教育教学的规模化、常态化。

（一）打造符合信息技术化教育要求的图书与信息中心

我校图书与信息中心（以下简称图信中心）紧紧围绕学校"新经管"建设目标，学科建馆、服务立馆、资源强馆、人才兴馆，坚持"以人为本，读者至上"的服务理念，以深化情报信息服务和网络安全工作为重点，以加强智慧校园、智慧图书馆和文献资源建设为核心，以推进精细化管理为抓手，加快图信中心的现代化、信息化和数字化建设，提升图信中心在学校"新经管"建设、教学科研和人才培养的服务能力，充分发挥好图信中心在学校信息技术推动教育改革中的支撑保障作用。

我校图信中心已进一步优化和完善智慧校园一期、二期建设内容，开展三期主要建设工作。目前已完成统一数据中心、统一门户、统一身份认证工作，已集成PC端单点登录系统30个，移动端单点登录18个，配合其他部门升级和改造应用系统2个。进一步加强网络信息安全建设，确保关键时间节点的网络安全，加快推进基础平台应用、业务系统的升级、改造，大数据分析与决策支持平台建设，详见图12－1和图12－2。

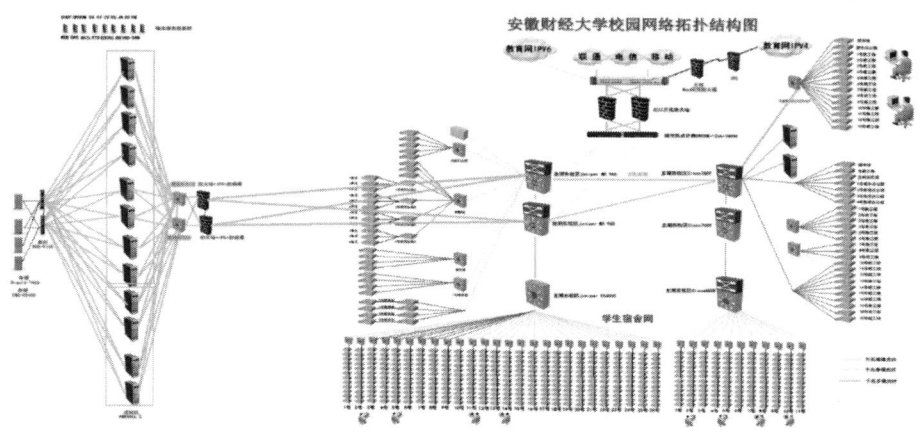

图 12－1　安徽财经大学有线网络拓扑结构图

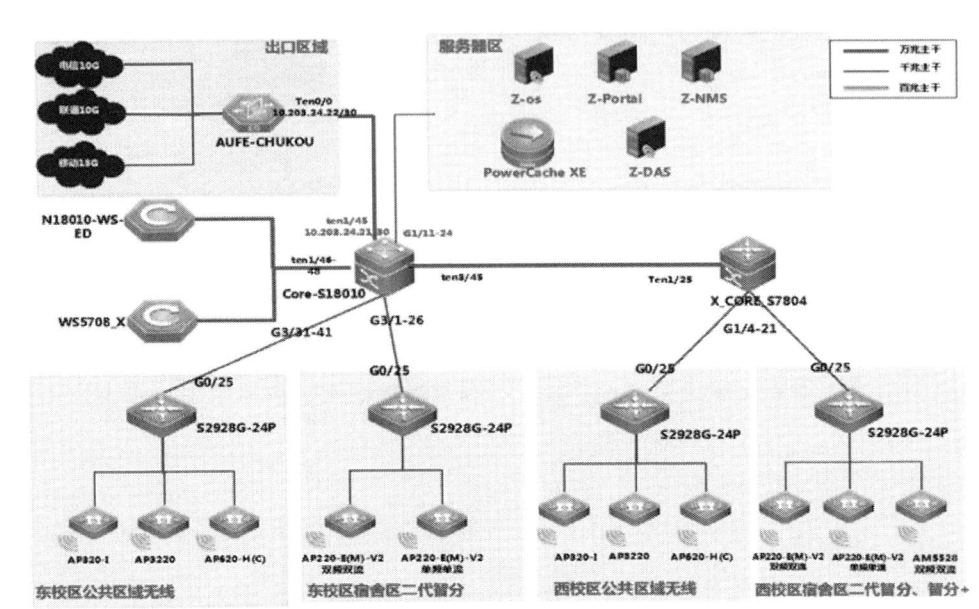

图 12-2 安徽财经大学无线网络拓扑结构图

(二) 打造融合信息技术的智慧课堂，创新线上教育模式

建设智慧教室，以信息技术改造"教""学"的物理空间，颠覆传统的课堂形式，让其变得更加高效、更加智能，更有效地激发学生的学习兴趣、提高学生的学习效率（见图 12-3）。建设标准化考场，实现研究生招生考试、英语四六级考试、艺术类招生考试等远程视频监控巡查，促进考生诚信考试。建设现代化实验室，将理论教学、虚拟仿真实验和实践操作集于一体，让讲授内容更加丰富、直观和生动等。启用"超星"学习通平台，加强对学生线上学习过程管理，提高学习效果。启用本科毕业论文管理系统，加强对学术不端控制与论文指导过程监督，提高论文质量。启用学科竞赛申报审核系统，加强对学生奖励申请与学分认定过程管理，提高工作效率。

(三) 完善智慧校园平台建设，构建线上线下一体化的智慧办事服务体系

智慧校园信息门户已将我校绝大部分应用系统有针对性地与统一身份认证系统进行整合。在保持原有系统运行稳定的前提下，智慧校园信息门户将各个应用

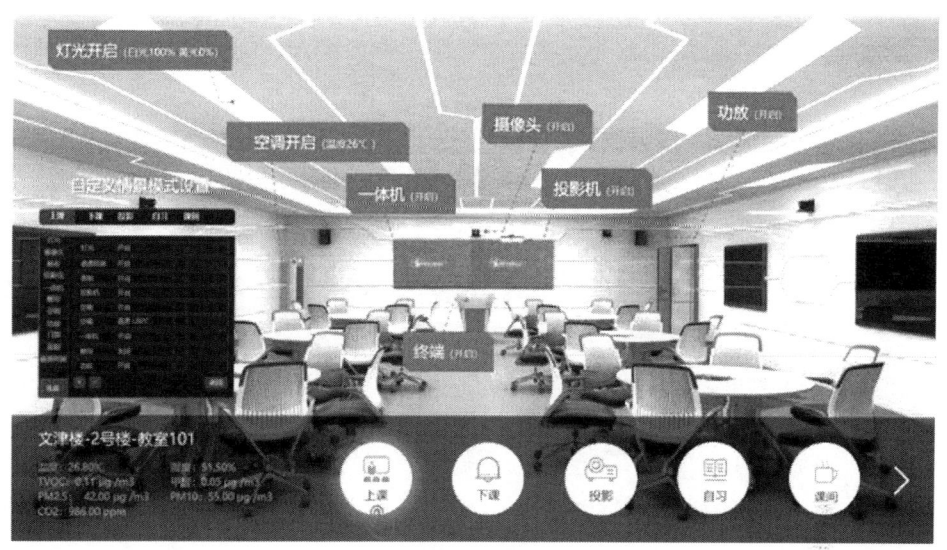

图 12-3 智慧教室

系统纳入统一门户的总体框架内,优化了统一门户、统一身份认证、数据交换与共享三大基础应用平台。目前一站式服务大厅高度集成了 30 项线上服务,涉及教学服务、学工服务、人事服务、后勤等多个服务。

目前学校主要业务系统 30 多套,基本覆盖了教学、科研、管理、社会服务等各个方面。我校智慧校园三期已经开始实施,在原有信息系统使用经验的基础上,充分进行实践调研和理论认证,逐步实现各类信息系统的深度融合。

为了完善中心数据库建设,我校智慧校园数据中心机房建设基本完成,现已正式投入使用。数据中心主要通过虚拟化超融合技术构建校园私有云平台,为学校各类应用提供可共享的网络、服务器和存储资源池。数据中心目前已收集主要业务系统数据 12 个,基本实现对网络监测、本科教务系统、研究生教务系统、科研管理系统、一卡通、纸质图书和电子资源等数据的挖掘、收集与分析,这些数据及数据分析结果能够为网络管理、学生管理和领导层决策提供有力的数据支撑(见图 12-4)。

(四)推进"一张表"工程建设,提高学校整体工作效能

"一张表"工程的建设目标是将学校各个业务系统的数据进行整合,保证数

地方财经高校新文科建设路径创新研究

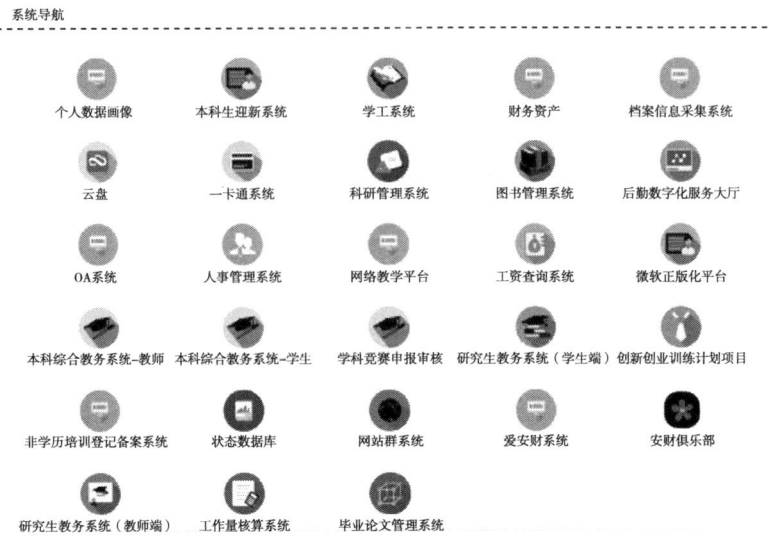

图12-4 安徽财经大学智慧校园一站式服务大厅

据使用时的一致性和标准性;通过有效的共享交换措施,以数据贯通流程,解决重复填表问题,实现数据一次填报、重复利用。①

学校搭建流程平台,开展"一张表"工程建设工作。采用网上办事流程的搭建,采用数据读取、归口部门导入的方式,通过各职能部门提供的数据接口,自动汇总教职工的科研教研课题、荣誉获奖、学术论文及专利专著等成果,将每位教师的成果在一张表单上展示、存储、打印。在流程中,教师确认本人成果无误后即可提交网上审核,能够有效减少重复填表和线下跑路;同时,该表单存储于数据中心,供本人查询和导出,一张表的数据可复用于多套系统。

为了节省师生的宝贵时间并且提升学校工作的整体效率,需要在教师数据收集环节利用信息技术减少重复填报操作,学校以"教师少填表,最多填一次"为目标建立教师个人电子档案库,收集教师数据并进行整合与资源共享(见图12-5)。

---

① 李莉. 基于"一张表"的学院业绩考核系统设计 [J]. 微型电脑应用,2020,36(6):108-111.

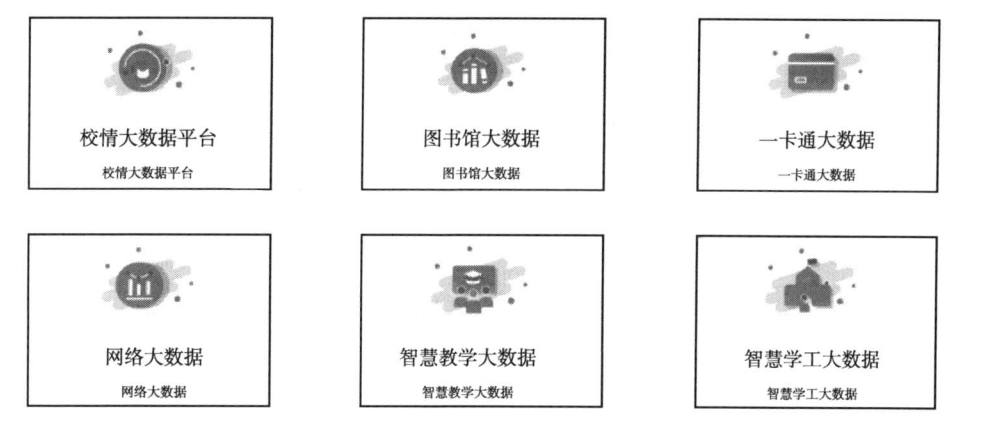

图 12-5　安徽财经大学大数据分析平台

（五）优化技术功能，提升教务管理效率

强化教务管理信息化建设，持续优化与扩展教务管理系统功能，实现智能化排课、智能化排考、智能化学分审查、线上学位申请、线上可信电子成绩单下载、线上学科竞赛学分审核认定等多种功能，满足了师生远程、便捷、多次办理相关业务的需求，真正做到了"让数据多跑路、师生少跑腿"。

利用教务系统规范教学管理。充分利用教务管理系统，开展电子培养方案维护、教学计划执行、教师授课任务录入、课程表编制、选课（预选、正选、补退改选）组织、期末考试编排与考务组织、课程成绩录入等系列工作。

（六）成立教学信息技术化服务中心

目前学校各部门间正在相互配合，着手成立教学信息化支持服务中心以推动教学信息化发展，为了满足教师信息化教学的多样化需求，教学信息化支持服务中心必须具备一体化、多功能的特点，不仅支持与教学相关的课程制作与学术研讨等活动，还能够培训教师的信息化教学技能、文化培育技能以及师范生的信息技能。

为了保证教学信息化系统正常运行，我校组建了专业的技术和服务团队，团队成员由学校聘请的专业人士组成，其中技术团队负责信息化系统的构建、优化升级、检修维护等工作，根据学校的教学需求及时更新调整系统设置和性能；服务团队则通过线上、线下双系统为师生提供专业服务，为在校师生提供系统培训服务，及时解答师生在设备、系统使用过程中存在的疑惑，解决在使用过程中出现的问题，确保教学活动的正常开展。专业化、本土化的技术和服务团队的建立，不仅有力地支持了我校教育信息化工作的推进，也为提高师生信息化教育技能提供了良好的支撑环境。

（七）信息化建设不断投入，从容应对疫情挑战

正是由于信息化建设不断投入，才能让我们在面对突如其来的新冠肺炎疫情从容应对、敢于担当、勇于挑战，保证了在线教学有序有力开展，实现"停课不停教、停课不停学"。2019~2020学年春季学期，本科教学计划应开课程764门，除由于课程性质、环境、教学条件要求等因素拟延迟开课的部分实验实训类课程外，实际线上开课数量达到了745门，开课率达到了98%；资源上传2929914个，课堂活动1787786次，师生讨论1802289个，教师发布活动57819个，教师发布讨论26441个，教师发布作业12253个，教师批阅作业230633个，学生参与活动1729967人次，学生讨论1775848个，学生完成任务点3170232人次，完成作业465001人次。别样的课堂，传递同样的精彩，在全体师生的共同努力下，我校实现了线上线下教学效果同质等效。问卷调查显示，学生对线上教学效果满意率达到95%以上。

另外，疫情期间，我校推出图信中心"闭馆不闭服务"，先后在各类线上数据库、学科服务群内推出了免费访问数据库、远程开放访问的中外文数据库达数十种，有效拓宽了文献资源获取渠道。为帮助部分老师精准查找相关材料，图信中心还通过QQ群、微信群等方式建立文献服务群，点对点地为广大师生提供教材、论著等文献传递服务，满足师生在家开展教学和科研的文献需求，确保师生在校内外均能访问各类数字资源。

四、信息技术融入"新经管"的进一步思考

2019年2月，中共中央、国务院印发《中国教育现代化2035》（以下简称

《2035》),这是我国第一个以教育现代化为主题的中长期战略规划,是我国加快推进教育现代化的行动纲领、贯彻落实党的十九大和全国教育大会精神的重要举措,为我国实现教育现代化架构了顶层设计,明确了实施路径。[①] 我校"新经管"战略中也提出技术信息化是推动教育改革的重要力量,在"新经管"战略的实施过程中一定要加强学校智慧校园建设,创新线上教学模式,打造现代化、信息化校园,这与《2035》的要求不谋而合。在今后的信息技术融入工程建设中,应进一步思考以下几点。

(一)推动智能技术融入教育教学全过程,促进教学模式改革

通过对国内外现有教学方法革新的成功案例进行对照分析可知,信息技术在教育变革进程中发挥着至关重要、不可或缺的作用,在建设智能化学习环境、创新互联网线上教学模式、发掘认知规律等多方面起着综合推进的作用。因而,在遵循基本教育、教学规律的基础上,教育改革要充分利用大数据、互联网等智能信息化技术,为财经类院校师生提供智能、高效的教学与学习空间,促进"教"与"学"方式的创新,全面助推"新经管"战略的实施。

第一,充分利用信息化技术,掌握一般性的人类认知规律,优化学生考核方式,全面提升人才培育质量和水平。信息时代数据已经成为宝贵的资源,大数据技术为挖掘数据、分析数据提供了强有力的技术支撑。将信息技术融入"新经管",可以充分利用大数据技术对财经类院校现有的学习数据进行爬取和分析,对学生的学习过程、学习特征、学习状态和学习效率等进行量化,在此基础上进一步分析影响学习效率的因素,最终通过大样本归纳提炼出学生学习、认知的一般规律。经过实践检验后的学生认知规律可全面运用于教学工作中,有针对性地对学生的学习行为进行干预,提高其学习效率。考核方式的变革也是教学改革中至关重要的一环,传统的分数导向评价方式并不能够对学生进行全面的评价,也就达不到全方位育人的目标。利用人工智能技术跟踪和监测教与学的全过程,形成以数据为核心的感知、采集、监测和分析体系,能够全方位、全过程地对学生

---

① 刘昌亚. 加快推进教育现代化 开启建设教育强国新征程——《中国教育现代化2035》解读[J]. 教育研究, 2019, 40 (11): 4-16.

的学习行为进行监测和评价，在提高考核评价方式的有效性的同时，全面提升了人才培育质量和水平。

第二，充分运用人工智能等信息化技术推动"教"与"学"。信息技术融入"新经管"为财经类院校带来了提升教学质量的信息化产品，如智能教室、智能教育助理等，创新了教学方式、学习方式，开拓了知识获取途径。线上学习空间成为"教"与"学"的主要阵地，师生通过线上学习空间利用信息技术开展教育活动，基于学生在线学习过程的数据分析实现智能对话，为教师提供个性化的教育支持服务。在构建起线上教学空间的基础上，进一步促进"线上＋线下"混合教学生态的形成，构建起虚实结合的教育教学阵地，建立物理与虚拟双空间一体化的教学环境和虚拟学习体验中心、虚拟仿真实验室等，实现课程多样化、教授多样化、资源整合多元化。

（二）统筹建设一体化智能平台，建立长效运行维护机制，完善智能化校园建设与应用

稳定良好的学习环境从学生层面看是其提高学习效率、提升学习效果的有力支持，从教育层面看是其顺利开展、持续发展的有效保障。在信息时代学习环境的改善也必须依托于新一代的信息技术，需要完善相关部门的职责界定、规章制度，同时建立专门服务于信息化教育教学的人才团队，在学习和生活中引入信息化、智能化的基础设施并搭建有关两者的数据信息一体化平台，在提升学习和生活智能化水平的同时收集相关数据反馈，为以后进一步改善和发展提供数据支撑。

第一，提升校园智能化水平，需要统筹建设提供给学生"一站式"学习支持服务的一体化平台，进一步实现业务融合和信息共享。首先，业务融合协同和信息数据共享能够使校园中的各类智能化服务更加便捷和全面，可以综合运用区块链、物联网、大数据和人工智能等技术实现生活和学习中的数据融通、信息共享，进而完成集教学、管理和服务为一体的智能化平台的建设。其次，伴随式数据收集和自动化数据分析在有利于学校及时做出合理决策、大量减轻管理负担、大幅提高服务水准的同时，还有利于学生更加快捷和便利地获取关于学习和生活

的数据反馈，更好支持其全面发展。

第二，提升校园智能化水平，需要让学校信息系统跟进信息技术发展的脚步，建立其长效运维机制。未来各类智能环境、终端和系统平台将随着5G网络、边缘计算等技术的发展而不断发展和普及，随之提升的校园智能化性能和水平导致其环境建设及场景应用愈加复杂，从而对其系统运维的专业性、系统性、技术性提出了更高的要求。因此，运维规程除了满足国家网络安全和信息化的相关规定和标准外，还要根据学校各个阶段的实际情况，保证运维内容对维护校园信息化软硬件的实时关注，还要根据信息技术的发展对师生使用信息化资源和工具的能力进行进一步指导和培训。此外，完善和发展教育教学资源的长效维护机制，并且设立专门的信息化教学服务队伍，提供教育教学资源更新和修正以及其他信息化教学相关服务，才能与长效运维机制共同促进智能化校园长效运行。

第三，提升校园智能化水平，先需要保证校园网络的全覆盖、流畅度和稳定性，进而在此基础上优化接入条件，并提升终端、云端的普及水平及服务能力。智能化基础设施的不断发展与稳定运行以及学习、教学、管理和服务等一系列学校活动都依托校园网络的范围、网速和稳定性，因此学校必须保证校园网络的全覆盖、流畅度和稳定性。并且物联网、云计算、虚拟现实等技术会随着5G商用而不断普及，教育教学领域可将之作为智慧教室、智慧实验室等学习环境和智能学习空间、智能学习助理等产品规模化应用的技术保障。

（三）利用新一代信息技术赋能教育治理，创新教育管理模式，提升教育治理效率

将新一代信息化技术的优势发挥到最大化，利用人工智能、互联网、数字化赋能教育治理，实现教育治理的现代化，提升教育治理的效能。在此过程中要避免陷入制度惯性的"陷阱"，善用智能技术，实现高校智能化管理的目标。

第一，高校管理善用智能化技术，促进高校管理智能化。实现高校智能化管理体系是高校治理现代化的内在要求，智能化技术将会是学校管理智能化道路上的"助推剂"。智能化技术运用有助于学校管理系统实现整体智能化，例如，推动学生管理智能化，能够实现学籍智能化管理，降低学校的学籍管理成本；教师

管理智能化，优化教师管理体系，公开透明的智能考核机制在提高年底考核效率的同时更能够保证公平性；教学资源管理智能化，实现教室、试验室、图书等借用（借阅）的智能化，减少不必要的借用程序，提高管理效率；教室水电也可以实行智能化管理，实行"智能+人工"结合的管理方式，不仅可以及时发现电路水路故障，还能够最大限度地节约水电。

第二，建立健全网络安全监管机制与防护体系。信息化校园中信息安全、网络安全、数据安全是关键，一旦出现信息泄露问题将会造成不可估量的损失，影响正常的教学工作。采用以"人防"为中心，以"技防"为保障，建立健全网络安全责任制度，提高对网络安全工作的重视程度，并做好相应的网络安全预防、预警、应对工作，全面加强党对网络安全的领导。

（四）信息技术化教学应与传统教学一脉相承

信息技术化教学并不意味着在此之前我们的教学就是"蒙昧教学"或者是"笨拙教学"。[1] 传统的教育教学中虽然有一些方法手段与信息技术、大数据分析相比较为落后，但一些教育理念却并不过时，应该结合当代信息技术等先进手段予以继承和发扬。例如，实时收集学习和生活的数据可以根据学生的特性设计教学方案，与"因材施教"的教育理念不谋而合；通过互联网搜集案例以及社会实践等教学可以培养学生理论联系实际、解决实际问题的能力，符合"学以致用"的教育理念；师生共同学习信息技术的知识和技能，继承了"教学相长"的教育理念。传统教育教学活动受限于信息流动的时空范围，传递有限信息量完成基本教学任务已经占据大量时间，因此无法进行课堂深度互动，教学效果自然不理想。并且对学生学习效果的考察也只能采取低频率的抽样方式，覆盖面窄、时效性差以及信息不透明等诸多障碍导致了应试教育、"填鸭式"教学等弊端。而教育教学的信息化看似是对传统教育的一场革命，但实际上只是放松了之前的技术条件限制，增加了依托信息技术的各种更快更好的教学方法和教学工具，提升了教学和学习的效率，而本质上并没有真正颠覆课堂教学的基本框架。

---

[1] 古勇，周凌，王培顺. 教育信息化2.0背景下卓越法律人才培养模式探索与启示——以中南财经政法大学为例 [J]. 高等教育评论，2019，7（1）：31-38.

本章参考文献

[1] 殷丙山,唐嘉怿.信息技术推动教育变革——"信息技术发展与教育改革国际论坛"概述[J].中国远程教育,2014(1):89-92.

[2] 张烁.中国慕课,促进"互联网+教育公平"[N].人民日报,2019-4-22.

[3] 李玉顺.信息技术与教育教学深度融合的发展需求与趋势[J].中国教育信息化,2014(12):3-8.

[4] 郑颖,林文雄,吴则焰.现代信息技术与本科教学融通推动高校回归教学本位[J].高校生物学教学研究(电子版),2017,7(2):3-8.

[5] 唐莉.高校现代远程教育与全日制本科教育在教育信息化上的融合[J].中国成人教育,2013(1):70-73.

[6] 古勇,周凌,王培顺.教育信息化2.0背景下卓越法律人才培养模式探索与启示——以中南财经政法大学为例[J].高等教育评论,2019,7(1):31-38.

[7] 李莉.基于"一张表"的学院业绩考核系统设计[J].微型电脑应用,2020,36(6):108-111.

[8] 刘昌亚.加快推进教育现代化 开启建设教育强国新征程——《中国教育现代化2035》解读[J].教育研究,2019,40(11):4-16.

后　记

古言道："立人先立德，树人先树品"。教育一直是国之大计、党之大计，立德树人是其根本任务。进入新时代，社会主要矛盾已经转化为"人民日益增长的美好生活需要和不平衡不充分的发展之间的矛盾"。而享有多样化、个性化的优质高等教育已经成为人民对美好生活向往的重要组成部分。2018年中共中央正式提出"新文科"的概念。2020年11月3日，"新文科"建设工作会议在山东大学（威海）召开，发布了《新文科建设宣言》，对"新文科"建设做出了全面部署，明确指出新文科建设的方向。安徽财经大学作为安徽省重点建设的多科性高等财经院校，从未停止探索"培养什么人、怎样培养人、为谁培养人"的重大问题。

在教育部力推"新工科"建设发展过程中，我校敏锐地紧跟高等教育改革发展步伐，超前识变、主动求变。2018年1月，在第六次党代会上率先提出"新经管"发展战略。先后出台《安徽财经大学"新经管"建设工程总体方案》《安徽财经大学"新经管"建设工程本科人才培养方案修订等工作方案》等40余项方案、措施、制度，着力围绕"新"字做文章，全力重构和打造新的教学理念、新的教学内容、新的教学手段、新的教学方式、新的教学服务、新的教学管理和新的保障体系，并从人才培养方案修订、专业和课程建设、学科竞赛和实践教学、师资队伍建设、智慧校园建设等方面纵深推进系列教育教学改革，落细落小落实"新经管"发展战略。本书旨在对我校实施"新经管"发展战略以来已形成的育人经验进行总结，为进一步推进地方高校深化新文科建设提供实际参考，也希望为地方高校人才培养提供更多的方法和思考。

本书完成是集体智慧的结晶，是实践探索的总结与反思，更是每一个安财人

后 记

永无止境探索的见证。本书共分十二章。第一章由丁忠明、时大银编写,第二章由陈先年编写,第三章由夏万军编写,第四章由周加来、廖信林编写,第五章由周宁、陈先年、张华编写,第六章由经庭如、李亚州编写,第七章由经庭如、张华编写,第八章由杜斌、经庭如、丁龙华编写,第九章由汪金龙编写,第十章由王平编写,第十一章由方鸣编写,第十二章由廖信林、刘平编写。全书由丁忠明、周加来设计框架结构,经庭如、廖信林、张华进行统稿与整理。

在本书的创作过程中,我们团队多次召开研讨会议,对我校"新经管"发展战略实施效果进行了系统梳理、归纳、总结、反思以及细致的校正与更改,严格把控整体进度,共同努力、共同奋斗,为本书最终的完成与出版奠定了基础。

最后,对支持成果出版的社会各界和专家、学者表示衷心的感谢。限于视野和篇幅、时间的限制,本书还存在不够准确、完整和不妥之处,恳请各位领导、专家、读者见谅并给予批评指正。特别需要说明的是,本书写作过程中,借鉴了国内外高校人才培养、育人体系方面的经验,参考了大量学者的相关著作和论文,在此向他们表示衷心的感谢!当然,我们努力对书中引文进行了注释和说明,但难免存在疏漏,在此表示歉意!

作 者

2021 年 9 月